Communicational approach to teaching

멘토링 교수법

공유·소통·공동체로 함께하는 수학교실

김동중·김 원·안병주·유종숙·이다희
최계현·최상호·하정미·황우형 지음

KYOWOO

김동중 고려대학교 사범대학 수학교육과 부교수
김　원 고려대학교 교과교육학과 박사과정(수학교육전공)
안병주 언남고등학교 수학 교사
유종숙 안양외국어고등학교 수학 교사
이다희 고려대학교 교과교육학과 박사과정(수학교육전공)
최계현 하성고등학교 수학 교사
최상호 고려대학교 교과교육학과 박사과정(수학교육전공)
하정미 광릉중학교 수학 교사
황우형 고려대학교 사범대학 수학교육과 교수

멘토링 교수법

공유·소통·공동체로 함께하는 수학교실

2017년 4월 10일 초판 인쇄
2017년 4월 20일 초판 발행

저　자 • 김동중·김　원·안병주·유종숙·이다희·
최계현·최상호·하정미·황우형
발행자 • 오판근
발행처 • (주) 교 우

주　소 • 서울특별시 동대문구 약령시로 8 교우빌딩 2층
전　화 • 925-2861~2, 편집부 / 925-2825, 홈쇼핑 / 969-5762
팩　스 • 925-2860
E-mail • kyowoo@kyowoo.co.kr
홈페이지 • http://www.kyowoo.co.kr
북스토어(쇼핑몰) • http://www.kyowoo.co.kr

등록 / 1994. 3. 24 제1994-000013호
ISBN 979-11-251-0202-1 (93410)

값 20,000원

머리말

지난 반세기 동안 교수법에 대한 연구는 학생들의 개인차를 존중하는 교실 문화를 만들기 위한 노력이라고 해도 과언이 아닐 것이다. 이러한 개인차를 존중하는 교수법에서 무엇보다 더 중요한 것은 학습에 있어서 지식의 존재론과 인식론을 기초로 하여 지식에 대한 교육학적 접근이 통합적이고 일관성이 있어야 한다. 다양한 교수법 중 개인차를 고려하는 효과적인 교수법 중 하나가 멘토링 교수법이다. 이 교수법을 학교 현장에 실제 적용하고 실행하기 위해서는 교사가 가지고 있는 지식에 대한 존재론적, 인식론적 변화와 함께 지식에 대한 교육학적 믿음의 변화가 필요하다. 이러한 변화는 이론적 측면 뿐만 아니라 실제로 적용하는 측면에서도 중요한 역할을 할 수 있기 때문에, 멘토링 교수법으로 학생들의 개인차를 극복하고자 하는 교사들에게 현장 교수법 측면에서 실제적인 변화를 가능하게 하는 초석이 될 수 있을 것이다.

지식의 본질과 연관된 존재론적인 측면에서 지식 발생의 기원을 우리가 사는 세계와 사회의 측면에서 생각해 볼 수 있다. 즉, 우리가 사는 세계가 주요 근원지이며 사회가 부수적이라고 보는 피아제의 관점과 우리가 사는 세계를 바라보는 사회가 지식의 주요 근원지이고 우리가 사는 세계를 부수적으로 보는 비고츠키의 관점과 같이 크게 두 가지로 나누어 생각해 볼 수 있다. 멘토링 교수법은 지식의 주요 근원지를 사회와 그 공동체로 보는 지식의 사회문화적 관점에서 시작된다고 볼 수 있다. 멘토링 교수법을 실행하고자 하는 교사는 지식이 사회와 공동체에 존재하기 때문에 사회와 공동체의 일원들은 지식을 만들어가는 주체라는 것을 인식하고, 지식 자체의 형식과 접근방식 측면에서는 공동체의 역할을 중요시하는 태도를 가지고 접근할 필요가 있다. 교사들이 현장에서 적용하는 교육과정에서 교실 맥락을 고려하여 상호작용을 향상시킬 수 있도록 학생들의 의견을 반영하는 상향식 교육과정을 개발할 수 있고, 공동체의 역량에 따라서 실제 수업에서 유연하게 접근할 필요성을 포함하는 것이다.

이러한 존재론적인 지식의 실제를 사람들이 어떻게 알아가는지에 대한 인식론적 접근 방식도 그 차이가 있으며 크게 두 가지로 구분하여 생각해 볼 수 있다. 지식에 대한 개인의 습득을 강조하는 습득주의적 관점은 피아제가 주장한 지식의 존재론적 관점을 중심으로 이해될 수 있다. 반면에, 지식을 사회 공동체에 참여함으로써 지식 개발이 이루어진다는 참여주의적 관점은 비고츠키의 존재론적 관점으로 이해될 수 있다 (Sfard, 1998).

멘토링 교수법은 지식의 사회문화적 존재론적 관점을 바탕으로 참여주의적 인식론적 접근으로 해석될 수 있다. 멘토링 교수법을 실행하고자 하는 교사는 참여주의적 관점에서 교사와 학생이 함께 교실의 관행과 문화를 만들어 가면서 학생들이 사고의 주체가 되어서 말하고, 듣고, 쓰고, 읽는 것에 참여하고 동참하게 하는 것이다. 이를 실행하기 위해서는 공동체 의식을 함양해야 하는데 교사와 학생의 관계뿐만 아니라 학생과 학생 사이의 의사소통을 통해서 공동체가 개발한 교실의 관행과 문화에 자연스럽게 참여하면서 의사소통의 갈등을 해결한다는 아이디어가 중요하다고 볼 수 있다.

두 가지 서로 다른 지식의 존재론과 인식론적 관점은 현장에서 사용하는 교수법을 바라보는 관점에서도 크게 두 가지 흐름으로 나누어서 생각해 볼 수 있다. 우리가 사는 세계가 주가 되는 지식의 존재론, 그리고 습득주의적 인식론을 바탕으로 하는 학습과 교수에 대한 이해와 접근 방식은 개인주의적 지식을 바탕으로 하고 있으므로 이기주의적 경쟁심을 고취시키는 교실의 관행과 문화를 형성할 가능성이 많다. 반면에, 지식의 사회문화적 존재론과 참여주의적 인식론을 근원으로 하는 학습과 교수법에 대한 접근은 공동체와 함께하는 참여를 통해서 지식을 개발하는 것이 가능하다는 것을 깨닫게 되었을 때, 공동체 의식을 가질 수 있을 뿐만 아니라 '함께와 배려의 철학'을 바탕으로 개인적 창의성이 아닌 공유된 창의성으로 발전해 나갈 수 있을 것이다. 멘토링 교수법이 효과적으로 실행된다면 교사들은 전통적인 교수법에서 부족하다고 생각되었던 갈등 요인들을 해결할 수 있고, 학생들이 모두 다르다는 것을 이해하는 실천적 방식으로 멘토링 교수법이 적합하다는 것을 알 수 있을 것이다.

위와 같이 교사와 학생이 함께하는 멘토링 교수법을 이해하고 계획하며 실천할 수 있도록 돕기 위해서 먼저 1장에서는 멘토링 교수법의 필요성을 사회문화적 관점으로 시작하여 창의·인성 교육의 필요성을 바탕으로 학습 동기부여적 측면을 강조하면서 살펴보았고, 멘토링 교수법의 생명력이라고 할 수 있는 맥락적 역동성의 이해에 초점을 맞추어서 이 책의 첫 장을 열었다. 이러한 멘토링 교수법에 대한 필요성을 바탕으로 2장에서는 현장 교사가 지난 17년 동안 멘토링 교수법을 개발하고 수정하는 과정 속에서 관찰된 7가지 원리를 소개함으로써 실제로 교사들이 자신의 교실맥락에서 무엇을 중요시했는지에 대한 과정적 원리를 소개했다. 3장부터 6장에서는 멘토링 교수법을 각 학교의 상황에 맞추어 활용하고 있는 중학교의 두 가지 사례와 고등학교 두 사례를 중심으로 각각의 멘토링 교수법의 배경, 수업 전, 수업 중, 수업 후 활동의 실제를 살펴봄으로써 현장 교사들이 멘토링 교수법에서 교실 관행과 문화를 만들어 가는데 실제적인 도움을 주고자 하였다. 7장에서는 교사들이 실제로 이러한 멘토링 교수법을 현장에 적용했을 때 학생들이 수업에 참여할 수 있도록 도움을 주기 위한 수업 참여전략과 교사의 발문 전략에 대해서 생각해 봄으로써 교사들이 두 가지 서로 다른 전략을 이해하는데 도움을 주고자 하였다.

미래 사회에서는 많은 정보를 공유하고 연결하며 협업하여 나타나는 시너지 효과를 바탕으로 새로운 가치를 만들어 내는 역량이 필요하다. 멘토링 교수법은 이러한 미래 지향적 역량을 위해서 효과적으로 활용될 수 있을 뿐 아니라 학생의 사고방식, 대인관계 방식 그리고 의사결정 방식에 변화를 가져와서 공동체 의식을 함양한 시민으로 발전해 갈 수 있도록 도울 수 있을 것이다. 뿐만 아니라 멘토링 교수법의 과정을 통해서 다른 사고들을 이해하고 다양한 사고들을 받아들이며 연결할 수 있는 역량이 개발될 수 있고 공유된 창의성을 경험하게 되고, 이를 바탕으로 자신의 미래 문제해결에 공동체와 함께 새로운 아이디어를 시도하는 가능성을 높일 수 있을 것이다. 이러한 멘토링 교수법의 미래지향적 가치가 현장에서 활발하게 논의되고 미래 세대를 위한 현장 교육의 목적이 무엇이고 어떠한 교육 방식의 가치가 더 강조되어져야 하는지에 대한 심도 있는 논의와 반성적 실천이 이어지기를 소망한다.

많은 수학교사들이 이 시간에도 교실을 바꾸어보려고 고심하고 있다. 이 분들이 이 책을 통하여 돌파구를 찾고 다소나마 갈증을 해소했으면 좋겠다. 여기에 소개한 사례들은 사례일 뿐이다. 독자들이 이를 계기로 더욱 효과적인 자신만의 방법을 만들어 낼 수 있을 것이다.

마지막으로 이 책을 출판해주신 오판근사장님과 (주)교우 직원분들에게 심심한 감사를 드린다.

2017년 4월

저자일동

목차

들어가는 말

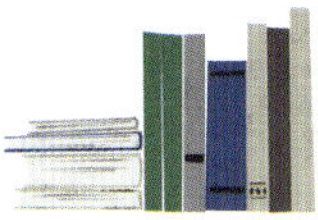

이 책의 집필은 학교 현장에서 멘토링 교수법을 성공적으로 실행하고 계신 선생님들을 만나면서 시작되었다. 우리나라 학생들은 세계에서 수학을 가장 잘하는데, 동시에 수학을 가장 싫어한다. 어떤 것을 아주 잘하면서 그것을 매우 싫어하는 것은 흔히 있는 경우가 아닌데, 우리나라 수학교육은 이런 희귀한 경우에 해당된다. 이러한 현상의 근본적인 원인은 극도의 경쟁사회에서 수학을 경쟁도구로만 사용하기 때문이라고 할 수 있다. 학생들에게는 의미 없는 공식과 풀이과정을 암기하고 익혀서 시험에 좋은 성적을 받는 것이 수학을 공부하는 목적이다. 이러한 목적을 가지고 공부한 결과, 결국 많은 학생들은 수학에 흥미를 느끼지 못하고 수학을 포기하게 된다.

우리나라 수학교육의 근본적인 문제와 함께 수학교실에서 마주치게 되는 또 다른 문제점은 다양한 수준의 학생들이 한 교실에서 같이 공부한다는 것이다. 다른 과목도 마찬가지겠지만 특히, 수학에서 수준차이가 있는 학생들을 동시에 가르친다는 것은 현실적으로 매우 어려운 일이다. 이 책에서 소개하고 있는 멘토링 교수법은 이러한 문제를 고심하던 현장 교사들이 고안하여 오랫동안 실행해온 교수법이다.

멘토링 교수법이 모든 상황에서 가장 효과적인 교수법이라고 할 수는 없다. 그러나 교사의 일방적인 강의로만 이루어지고 있는 수학교실을 변화시킬 수 있는 하나의 방법으로 제안해 보는 것이다.

재미있는 이야기가 있다. 어떤 사람이 친구들에게 어제 강아지에게 말하는 법을 가르쳤다고 했다. 친구들은 이구동성으로 말도 안되는 이야기를 하지 말라고 했다. 그런데 이 사람은 다시 친구들에게 정말 강아지에게 말하는 법을 가르쳤다고 했다. 그런데 아쉽게도 강아지가 말하는 법을 배우지는 못했다고 했다. 지금도 수학교실에서는 교사들이 학생들에게 수학을 정말 열심히 가르치고 있다. 하지만 아쉽게도 많은 학생들은 수학을 배우지 못하고 있다.

본문에서 소개하는 멘토링 교수법은 실제 중학교와 고등학교에서 멘토링 수업을 실행하고 있는 선생님들의 사례들을 소개하고 있는데, 학생들의 수준차이가 많이 나서 어려움을 느끼고 있는 교사들에게 실제적인 도움이 될 것으로 기대한다. 물론 학교와 교실 환경에 따라서 자신에게 맞는 방법으로 수정하고 보완해야 할 부분도 있을 것이다. 그러나 여기에서 소개하는 방법들은 실제 우리나라 수학교실에서 실행하고 있는 방법이므로, 하고자 하는 교사의 의지만 있다면 충분히 자신의 교실에 적용할 수 있을 것으로 기대하고 있다.

다양한 멘토링 교수법이 어떻게 진행되는지 궁금한 독자들을 위해서 진행과정을 간단히 요약해보면 다음과 같다.

1) 멘토링 교수법의 시작

멘토링 교수법을 활용하고 있는 교사들은 강의식 교수법에서 멘토링 교수법으로 전환하게 된 다양한 이유가 있었다. 한 고등학교 교사는 학생들이 수업에 능동적으로 참여하고, 대학 입시에 대비하여 학습의 효율성을 증대하기 위해서 고심한 끝에 멘토링을 도입하게 되었고, 다른 고등학교 교사의 경우에는 다양한 수준의 학생들이 함께 공부해야하는 교실 환경에서 수학을 포기한 학생들에게 도움을 주기 위해서 시작했다. 한 중학교 교사의 경우에는 학생들이 수학을 완전하게 학습하도록 하는 방법을 고민하게 된 것이 계기가 되었고, 또 다른 중학교 교사의 경우에는 학생들의 수학에 대한 태도와 학생들 사이의 관계 개선을 위해서 교수법을 전환하게 되었다. 교사들 사이의 이러한 동기의 차이는 교수법을 구체화하고 이를 실행하는데 영향을 미쳤다.

2) 오리엔테이션

네 교사 모두 학기 초에 실시했던 오리엔테이션은 멘토링 교수법의 실행에 있어서 중요한 요소라고 생각했고, 이 시간은 학생들이 수업 규범을 서로 합의하여 도출할 수 있도록 진행되었다. 또한 멘토링 교수법이 생소한 학생들에게는 교수법에 대해서 소개하는 시간이 되었고, 선배들의 성공사례를 언급하여 교수법에 대해 친숙하게 여길 수 있도록 했다. 그러나 교수법 변경의 계기가 교사마다 다르듯이 오리엔테이션의 기간, 내용 등도 다양했다. 특히 한 중학교 교사의 경우 학생들이 수학에 대한 긍정적인 태도를 함양할 수 있도록 수학에 대한 흥미를 촉진할 수 있는 대화 또는 활동에 초점을 두었으며, 이런 시간을 통해서 학생 및 학급의 성향을 파악하였다. 그리고 한 달 후에는 이 자료를 각 반에 적합한 멘토링 교수법 유형을 결정하는 자료로 사용했다. 한 고등학교 교사는 학생들의 자발적인 수업 참여를 유도하는 것이 오리엔테이션의 주된 목적이었는데, 또래 교사의 역할 및 선정 방식, 혜택 등을 자세히 소개하는 데 초점을 맞추었다. 또한 학생들이 학기 초부터 한 주나 두 주 정도 지나서 서로에 대해서 어느 정도 알게 되었을 때, 학생들에게 다양한 역할을 부여하여 책임감 있는 구성원이 되도록 격려하였고, 향후 학교생활기록부에 활동내역을 기록해주는 방식으로 학생들의 적극적인 참여를 유도했다.

3) 수업 전 활동

본격적인 멘토링 수업 전에 네 교사는 모두 수업의 형태를 결정하기 전에 탐색하는 시간을 가졌다. 탐색 기간에는 각 교사가 중요하게 생각하는 기준에 따라 수업의 형태가 결정된다고 할 수 있다. 예를 들어, 학급 별로 그 특성(학생들의 성적분포도, 학급당 학생 수, 학생들의 성향, 특별 관리 대상 학생의 유무)에 따라 수업 형태를 다르게 결정하기도 했고, 수업 내용과 수준에 따라 수업 형태를 다르게 결정한 교사도 있었으며, 어떤 교사는 수업의 성격(문제를 통한 완전학습 등)에 따라 수업형태를 결정했다.

수업의 형태가 결정되고 나면 교사와 학생들은 수업을 준비하게 되는데, 교사는 멘토와 멘티를 선정했다. 교사마다 멘토링 교수법에서 강조하는 부분이 달랐으며 이에 따라서 멘토, 멘티의 선정방법이 달랐다. 예를 들면, 한 중학교 교사는 학생들의 성향을 반영하여 학생들이 부담스럽지 않게 새로운 교수법에 적응하게 하였고, 학생 간의 관계를 원만하게 유지하게 하여 활발한 상호작용이 일어날 수 있도록 하였다. 또한 학생들의 참여와 의사소통이 강조되는 수업이기 때문에 교사는 조력자로서 역할을 했다. 이 과정에서 한 교사의 경우 멘토들의 선학습 활동을 지원하였고, 다른 교사는 수업 전에 단원평가지를 배부하여 모든 학생들이 풀어 올 수 있도록 하였으며, 미흡한 부분은 웹사이트(다높이2.0)를 활용하여 지원하였다. 한 교사는 3월 한 달 동안 학생들이 서로를 파악할 수 있는 시간을 부여한 후, 학생들의 성적, 성격, 친구 및 교사와의 관계를 고려하여 팀을 구성하였고, 팀 구성과정에서 학생들과 교사의 충분한 대화를 했다. 다른 고등학교 교사는 학생들의 자발적인 참여를 바탕으로 한 멘토(또래교사) 모집을 강조하였고, 본격적인 멘토링 활동을 위해서 다양한 규범(멘토를 또래교사님으로 존칭하기, 또래교사는 학습자가 틀리거나 어려워할 때 생각할 시간 주기 등)에 관한 사전 교육을 하였다.

4) 수업 중 활동

모든 교사들은 멘토링 교수법에서 학생들의 참여를 이끌어 낼 수 있는 다양한 방법을 가지고 있었다. 대표적으로 한 고등학교 교사의 수업은 교사와 학생간의 일대일 지도와 멘토와 멘티 간의 일대일 지도가 동시에 이루어지도록 구성되어 있었다. 또한 칠판에 문제풀이를 진행할 때, 처음에는 교사가 학생들을 지명하여 시작하지만, 그 다음부터는 문제풀이를 할 때 지명된 학생이 다른 학생을 지명하는 릴레이식 추천을 하여, 학생들이 즐겁게 참여하고 수업에 집중하도록 유도했다. 각 조의 멘토는 교사를 대신하여 모둠의 학생들과 설명하기와 듣기 등의 일대일 개별지도를 하였고, 멘티도 자신이 이해한 것을 다시 멘토에게 설명하는 식으로 수업에 참여하게 하였다.

한 중학교 교사는 게임의 특성을 교수법에 적용하여 짧은 게임이 여러 번 진행되도록 수업을 구성하였다. 또한 게임에서 승패를 결정하는 규칙을 세부적으로 정하였는데, 이 규칙에 의해서 학생들의 참여가 촉진되고 게임에 이기기 위해서 학습 동기가 고취되었다. 이렇게 교수법 자체에 학생들의 참여를 촉진하고 동기유발을 할 수 있는 요소가 포함된 경우도 있지만 그 외에 적절한 보상을 활용하는 경우도 있었다.

멘토링 교수법은 학생들의 활동이 주를 이루지만 이 과정에서 교사의 역할도 중요했다. 한 고등학교 교사는 멘토링 활동 과정에서 학급 분위기 조성을 위해서 학생들이 어떤 질문을 하는지, 어떻게 의사소통 하는지에 대해서 관찰하여 이를 기록하였다. 또한 멘토가 멘티에게 설명하다가 막히는 경우, 교사가 바로 설명해주지 않고 전체 학생을 대상으로 다시 한 번 발문하여 다른 학생들이 참여할 기회를 제공했다. 멘토링 활동을 마친 후, 발표하기에서는 발표에 대한 부담을 느끼는 학생들의 참여를 유도하기 위해서 발표의 수준을 낮추어(문제만 적어주기 등) 많은 학생들이 참여할 수 있도록 이끌기도 하였다. 한 중학교 교사는 학생들의 멘토링 활동을 지켜보고 학생들이 도움을 요청할 때 적절하게 개입하곤 했다. 특히 멘토와 멘티의 성취도 차이가 큰 경우 등 의사소통이 원활하지 않을 때 도움을 주었다.

또한 한 교사는 발문을 통해서 멘토링 활동을 도와주었는데, 학생이 설명을 할 수 없을 때 같은 모둠의 학생이 도움을 줄 수 있도록 기회를 주는 발문, 자신감 없는 학생에게는 적절한 발문, 그리고 설명의 오류에 대한 발문 등을 준비했다.

5) 수업 후 활동

학생들이 수업 시간에 참여하는 것뿐만 아니라 수업 후에도 학생들이 지속적으로 참여할 수 있고 학습이 이루어지는 체계가 필요했다. 한 고등학교 교사와 중학교 교사는 수업 시간 이외에 동아리를 운영했다. 한 교사는 멘토링 수업 경험이 있는 학생들을 대상으로 스터디그룹 형태의 동아리를 운영하였는데 수업시간 외에도 친구들과 함께 학습하는 자율 동아리였다. 반면에 다른 교사는 멘토링 수업과 직접적으로 관련 있는 멘토링 동아리를 운영했다. 이 동아리는 서로 다른 학년의 학생들이 자발적으로 참여하여 멘토와 멘티를 정하고 그 안에서 활동 내용을 결정하고 진행하였는데 본 수업에서 학습이 미진한 학생들이 참여하여 동아리 학생들에게 멘토링을 받을 수 있었다.

다른 고등학교 교사는 멘토링 활동을 수업 이외의 활동과 연결시키기 위하여, 멘토·멘티 프로그램 운영, 수학 학력 향상 캠프 운영, 수학 자신감 캠프 운영, 다양한 경시대회 운영, 재능 기부 동아리 활동과 연계하여 운영하였다. 이러한 활동은 수학을 잘하는 학생들뿐만 아니라, 수학 성적이 낮아도 학습에 대한 의지가 높고 학습방법의 개선이 필요한 학생들은 누구나 참여할 수 있게 하는데 도움을 주었다. 한 중학교 교사는 학생들의 참여 촉진과 교수법 개선 및 확산을 위하여 수업에 대한 설문조사를 실시하였고, 멘토링 활동 우수 학생에게 시상을 하였으며, 활동 과정에 대한 자료(학생 제작)를 학교 홈페이지에 탑재하여 전 과정을 공유할 수 있도록 하였다.

멘토링 교수법의
필요성과 역동성

급격하게 변하고 있는 미래사회에 능동적으로 준비하기 위한 방법 중에 하나는 새로운 가치를 창출할 수 있는 창의적 능력과 공동체에서 사람들과의 관계성을 바탕으로, 더불어 협력할 수 있는 인성적 자질을 개발하는 것이다. 이러한 창의적 능력과 인성적 자질은 우리나라 교육과정에서도 지속적으로 강조되어왔다. 그 이유는 미래사회에서는 많은 정보와 지식에 대한 용이한 접근성으로 인해 무엇을 소유하는 것 자체보다는 이를 응용할 수 있는 역량이 더 의미 있는 시대가 도래 하였고, 공동체 안에서 협력을 통하여 더 많은 가치들을 만들어낼 필요가 있기 때문이다. 따라서 미래사회에 대비하기 위해서는 창의성과 인성의 유기적 통합을 목적으로 창의적 능력과 인성적 자질을 개발하고 공유된 창의성을 추구하는 플랫폼 사고의 훈련을 강조하는 것이 필요하다.

플랫폼 사고는 경영학에서 주로 강조되는 것으로, 같은 목표를 지향하는 기업과 소비자가 특정한 플랫폼에 모여서 상호 간에 다양한 의견을 나누고 참여하는 것이다(Sawhney, 1998). 이러한 과정에서 기업은 소비자의 다양한 욕구를 만족할 수 있는 제품을 개발함으로써 이익을 창출할 수 있고, 소비자는 자신의 욕구가 반영된 제품을 구매할 수 있기 때문에 만족감이 향상되어 그 제품을 다시 구매할 가능성이 커지게 된다. 따라서 기업의 이윤 창출과 소비자의 만족도 향상이 서로 영향을 주면서 Win-Win의 관계가 형성될 수 있다. 이렇게 플랫폼 사고에서 강조하는 것은 플랫폼에서의 공유와 참여를 통한 새로운 가치를 창출하는 것이라고 볼 수 있고, 이러한 플랫폼 사고는 공유된 창의성을 실천할 수 있는 교육의 철학적 기반이 될 수 있다.

플랫폼 사고에서 강조하는 공유와 참여를 바탕으로 공유된 창의성을 교육에 적용하고 있는 민족이 유대인이다. 유대인 교육 방법은 하브루타 교육으로 가정에서 이루어지는 자연스러운 토론과 논의를 바탕으로 학교에서도 친구들과 활발하게 의사소통이 이루어지도록 하는 교육 방법이다(전성수, 2015). 이러한 교육 방법은 토론과 의사소통 과정이 중시되기 때문에 우리나라의 수업에서 주로 활용하는 단일방향인 강의식 수업과 차이점이 있다. 두 나라의 교육 방식의 차이를 바탕으로 교육의 효과를 비교해보면, 우리나라의 주입식 교육은 고등학교까지는 효과적이지만 그 이후 대학 진학 이후나 졸업 후 사회 기여도를 비교해보면 유대인들이 압도적으로 높은 기여도를 나타내고 있다. 이러한 차이가 발생하게 된 원인은 다양하겠지만 그 중에서도 유대인들이 하브루타 교육을 통해서 다양한 의사소통을 근간으로 하는 공유된 창의성을 추구함으로써 상당한 교육 효과를 내고 있는 것으로 해석될 수 있다.

교실 수업에서 의사소통 방식이 단일방향일 때 가르치는 사람의 생각과 논리를 학생들은 그대로 받아들이게 되고, 이렇게 해야 시험에서 좋은 성적을 얻을 수 있기 때문에 반영적 사고를 바탕으로 비평적 통합이 불가능하여 확산적이고 창의적인 사고가 어렵게 된다. 그 반면 하브루타 교육 방법에서는 공유된 창의성을 향해 서로의 의견을 공유하고, 논의와 논쟁을 통해서 상대방의 논리 과정을 이해하고, 반박을 하거나 새로운 의견을 제시하여 유사점과 차이점을 비교하게 되며, 이를 통해 시너지 효과를 내는 창의적 역량을 함양할 수 있다. 따라서 하브루타 교육 방법을 통해서 상호작용적 시너지 효과가 있는 창의적 능력이 자연스럽게 신장될 수 있는 것이다.

인성적인 측면에서 우리나라와 비교해보면 교육의 결과만을 추구하는 우리의 방식은, 학생들이 다른 학생과 비교했을 때 지식을 어느 정도 소유하고 있는지가 중요한 이슈가 되기 때문에 개인주의를 바탕으로 하는 과도한 경쟁이 불가피하다. 반면, 하브루타 교육은 의사소통 과정에서 상대방의 의견을 존중하고 경청하며 반박을 하는 자연스러운 토론 문화를 통해서 긍정적인 관계 형성에 도움을 줄 수 있기 때문에 인성함양이 가능하다. 이렇게 공유된 창의성을 지향하는 하브루타 교육은 창의성과 인성이라는 두 가지 측면에서 모두 긍정적인 영향을 미치고 있다고 볼 수 있다.

창의성과 인성이라는 두 마리의 토끼를 잡기 위해 하브루타 교육을 롤모델로 한다면, 가정에서는 아이들과 토론하고 논의하는 환경을 만들어 주어야 하고, 학교에서는 학습자의 활발한 상호작용성과 수업 참여를 실현할 수 있는 교육 방법을 적용해야 한다. 이를 학교현장에 적용하기 위한 한 가지 방안은 동료 멘토링 활동을 활용하는 것이다. 동료 멘토링 방법은 학습자 개인의 특성에 따라 멘토(수업에서 교사의 역할을 수행하는 학생)와 멘티(학습 내용을 배우는 학생)로 구성되어 학생 간의 상호작용과 교사의 적절한 발문을 통해서 수업 참여를 촉진하게 된다. 멘토링 활동은 학교 교실의 상황에 따라 다양한 형태가 존재할 수 있으며, 멘토링을 통한 상호작용과 수업 참여를 통해서 학업 성취도 향상과 수업 만족도에 긍정적인 영향을 미칠 수 있다. 따라서 네 명의 교사들이 현장에서 실천하고 있는 동료 멘토링의 실제적 활동을 수업 전, 수업 중, 수업 후 활동으로 구체적으로 살펴보기 전에 실천적인 측면에서 도움이 될 수 있는 멘토링 교수법의 필요성과 실천과정에서 필요한 맥락적 역동성을 살펴봄으로써 멘토링 교수법에 대한 이해를 돕고자 한다.

1. 사회문화적 필요성

동료 멘토링 활동에는 학습자의 활발한 상호작용성과 수업 참여를 바탕으로 하는 공유와 참여의 교육철학이 포함되어있고 이는 플랫폼 사고와 연관성이 있다. 플랫폼 사고는 기업과 소비자의 공동 이익을 추구하기 위해서 공유와 참여를 핵심 가치로 설정하고(조용호, 2011) 의사소통하는 사고방식이다. 이러한 과정을 통하여 기업이 이윤을 창출하고 소비자가 제품에 대해 느끼는 만족도가 향상하는 것은 당연한 것일 수 있다. 플랫폼 사고가 주목받는 이유는 현대에 급격하게 변화하는 과학기술의 속도를 기업이 능동적으로 대응하지 못하고 있기 때문이다. 이러한 문제가 발생한 원인은 경쟁을 주요 가치로 설정하고 다른 회사를 이기기 위해 자회사만의 기술, 자신만의 창의성 등을 추구함으로써 발생한 것이다. 이러한 현상에 능동적으로 대응하기 위해서는 다양한 생각과 가치를 추구하는 기업들이 모여서 신뢰를 바탕으로 서로의 의견을 공유함으로써 새로운 아이디어들을 많이 만들어 내는 것이 가능할 수 있다.

이러한 플랫폼 사고를 기업 경영의 철학으로 활용하는 구글, 페이스북, 애플 등은 세계 경제를 주도하고 있다. 대표적인 예로 개방적인 사업모델의 대표라고 평가 받는 구글이 있다(조용호, 2011). 구글은 세계 최고의 광고 플랫폼을 가지고 광고를 통한 이윤 창출이 많은 부분을 차지하고 있다. 광고 플랫폼을 통한 이윤 창출을 위해서 상용화된 구글 플레이에 어플리케이션을 개발한 사람들이 전 세계인을 대상으로 판매하거나 공유할 수 있도록 플랫폼을 제공하였다. 여기서 어플리케이션은 무료 또는 적정 수준의 가격으로 공급이 가능하여 생산자와 소비자 모두 이익을 얻을 수 있고, 이 때 구글은 어플리케이션에 광고를 게재함으로써 막대한 광고이익을 창출하고 있다. 이러한 광고 플랫폼을 통한 이익 창출에서 볼 수 있듯이 변화하는 흐름에 대응하기 위한 공유는 필수적인 것이다.

이렇게 공유를 통한 새로운 가치 창출은 우리가 익숙하게 알고 있는 창의성의 개인적인 측면과는 다른 공유된 창의성에 대한 새로운 시각을 가져야 한다는 것을 시사하는데, 이를 위한 사고의 다양성과 융합을 위해서는 사람들의 경험을 연결시키는 과정이 필요하다. 공유된 창의성은 스티브 잡스가 정반대의 성질의 것들도 연결해야 한다고 주장하였듯이(휴먼스토리, 2011; Gallo, 2010) 극단적으로 말하자면 세상의 모든 것을 연결시킬 수 있어야 새로운 창의성이 나올 수 있다는 것이다. 따라서 급격한 사회적 변화에 따른 새로운 가치창조에 대한 사회문화적 필요성을 교육에 실천하기 위해서는 공유를 바탕으로 하는 창의성이 필요하고,

이러한 공유와 참여의 철학을 학교현장 교육에 실천할 수 있는 방안이 멘토링 활동을 통한 교수법이다.

2. 창의·인성 교육의 필요성

창의성과 인성 교육은 교육 정책적인 측면에서 지속적으로 강조하고 있지만 이를 위한 구체적인 방법은 많이 개발되지 않았다. 이러한 방법은 공유와 참여를 통해서 가능할 수 있는데, 가정과 학교 그리고 사회에서 공유와 참여를 실천하는 유대인 교육 방법을 통해서 그 시사점을 생각해볼 수 있다. 유대인의 전통적인 교육 방법은 하브루타 교육인데 하브루타는 "하베르(친구)"를 어원으로 하는 단어로 유대인이라면 반드시 배워야 하는 탈무드의 본문을 친구와 함께 대화를 나누고 논쟁하는 것이다(전성수, 2015). 하브루타의 어원에서 알 수 있듯이 어떠한 특정 주제를 바탕으로 친구와의 의사소통은 효과적일 수 있고, 교사와 학생은 수직적인 관계인 것에 비해 학생과 학생은 수평적인 관계 형성이 가능하기 때문에 토론과 논의가 활발하게 진행될 수 있다.

하지만 하브루타 교육은 교사와 학생, 부모와 학생 간에도 이러한 의사소통 과정을 강조한다(전성수, 2015). 특히, 하브루타 교육은 부모와 교사도 아이와 대화를 할 때 수렴적 사고를 지양하고 발산적 사고를 지향함으로써, 사고의 개방성을 통한 다양성을 존중하여 아이의 어떤 이야기도 경청하며 논의를 이어나간다. 또한 아이가 틀린 답을 이야기하거나 잘못된 주장을 계속하는 경우에도, 부모와 교사는 옳고 그름을 판단하기 보다는 아이의 사고 과정을 지속적으로 반성할 수 있도록 안내함으로써 올바른 주장에 다가갈 수 있도록 도움을 주는 역할을 한다. 따라서 아이들은 자신의 논리가 틀린 경우라도 왜 틀렸는지에 대한 이유를 알 수 있기 때문에 막연한 좌절감이나 패배감을 가질 가능성이 낮아지는 것이다. 이러한 하브루타 교육은 아이들이 자연스럽게 논의하고 참여할 수 있는 환경을 만들어 줌으로써 공유를 바탕으로 하는 창의성을 발달시킬 수 있는 것이다. 왜냐하면 이 교육 방법에서 중요한 것은 상대방의 이야기를 잘 듣고 자신만의 논리를 개발해야 하기 때문이다. 이를 위해서는 고차원적인 사고 과정이 필요하고 이러한 과정을 지속적으로 훈련하게 되면 다양한 사고들을 통합하고 창출함으로써 새로운 것들을 만들어낼 수 있게 되는 것이다.

또한, 상대방의 이야기를 경청하고 공감함으로써 사람 간의 관계성이 향상될 가능성이 커진다. 누군가가 내 이야기를 열심히 들어주고 내 주장을 바탕으로 새로운 논리들을 만든다는 것은 상대의 이야기를 경청하며 공감하는 배려를 했다는 근거가 되므로 토론을 하는 사람 간의 관계가 개선될 가능성이 높아진다. 이러한 과정을 통하여 공동체 의식이 향상되고 인성 교육이 자연스럽게 이루어지는 것이다. 이와 같이 하브루타 교육을 통한 공유와 참여는 창의성과 인성 교육에 도움을 주게 된다.

따라서 창의·인성 교육을 위한 구체적 실천방법으로 공유와 참여를 강조하는 멘토링 활동을 통한 교수법적 실천이 한 가지 방안이 될 수 있다. 물론 이러한 멘토링 교수법의 효과를 극대화하기 위해서는 토론 문화가 뿌리 깊게 정착할 필요가 있고, 유대인과 같이 가정에서 교육 받은 대화와 의사소통 방식이 자연스럽게 학교와 지역사회로 이어짐으로써 공유와 참여를 자연스럽게 받아들이는 가치의 변화도 필요하다. 이와 같은 대화와 토론하는 문화의 튼튼한 기초위에 멘토링 교수법을 실천한다면 공유된 창의성과 이를 바탕으로 하는 인성적 측면의 함양을 증진할 수 있을 것이다.

3. 학습 동기부여의 필요성

수학교육에서 학습을 바라보는 다양한 관점 중에서 의사소통 측면의 접근 방식에서는 참여주의가 동료 멘토링을 실천하는 철학적 기반이 된다. 수학 학습에서의 의미 구성을 바라보는 다양한 관점 중에는 "습득주의"와 "참여주의"가 있다(Sfard, 1998). 이 두 가지 관점은 수학 학습에서 의미 구성의 주체를 개인으로 보는 습득주의와 이를 공동체로의 참여로 보는 참여주의가 있다. 즉, 습득주의에서는 한 개인이 기존의 지식이나 교사의 가르침을 일방적으로 받아들여 스스로 지식을 구성함으로써 수학적 의미를 구성한다고 생각하고, 참여주의에서는 학생과 교사가 공동체에 참여하여 학생 간, 교사와 학생 간의 의사소통 과정을 통해서 지식을 수정하고 발전시킴으로써 수학적 지식을 개발할 수 있다고 생각한다. 따라서 습득주의는 개인이 가지고 있는 지식의 양이 중요하기 때문에 상대방을 경쟁상대로 생각하기 쉬운 반면에 참여주의는 자신이 가진 지식을 상대방과 논의함으로써 더욱 발전적인 방향으로 성장시킬 수 있기 때문에 경쟁보다는 공유와 협동이 중요하다.

지금까지 우리나라 교육에서는 습득주의 관점이 참여주의보다 강조되어 왔고, 학습의 과정보다는 결과에 초점을 둔 입시 위주의 교육 방식으로 단시간 안에 많은 것을 습득하는 사람이 좋은 대학에 진학할 수 있었다. 그러나 플랫폼 사고에서도 언급했듯이 앞으로 미래 사회의 변화

가능성에 대비하기 위해서는 습득주의보다는 참여주의를 강조하는 교육이 필요하다. 특히, 창의성과 인성교육을 지속적으로 강조하고 있는 우리 교육 정책에 비추어 보았을 때 경쟁보다는 협동, 개인보다는 공동체를 강조하는 참여주의 관점이 더욱 효과적으로 보인다.

참여주의 관점에서 학습자는 공동체와 관계성을 바탕으로 수업 참여를 통해 새로운 담론들을 개발하고 발달시킬 수 있다. 이 과정에서 동료 멘토링은 학습자간 수평적인 관계를 바탕으로 하는 편안한 분위기 형성으로 공동체와의 긍정적 관계형성이 가능하게 되고 학생들 간에 자연스럽게 질문을 하고 문제를 해결함으로써 학업 성취도에 긍정적인 영향을 줄 수 있다. 또한 자신의 의견을 적극적으로 발표하고 참여하는 수업을 통해서 학생들의 수업에 대한 만족도는 향상될 수 있고, 이러한 만족도 향상과 학업 성취도 향상은 서로 영향을 주고받으면서 학생들의 수학적 성향에도 긍정적인 영향을 미칠 수 있다. 학습 동기는 학습을 시작하고 지속할 수 있도록 하는데 결정적인 역할을 하는 요인이다. 동료 멘토링 교수과정에서 학습 동기 유발에 도움을 주는 효과적 방법은 공동체와의 관계성, 수업 만족도, 학업 성취도, 수학적 성향을 향상시켜서 포괄적 접근방식이 가능하게 하는 것이다.

지금까지 동료 멘토링 교수법의 필요성을 교육철학적 측면에서 플랫폼 사고를 바탕으로 공유와 참여의 사회문화적 필요성, 교육 정책적 측면에서 하브루타 교육을 통한 창의·인성 교육의 필요성, 학습적 특징에서 공동체 참여와 관계성을 통한 학습 동기부여의 포괄적 접근방식의 필요성 등 세 가지 필요성을 중심으로 논의해 보았다. 결국 동료 멘토링 활동은 사회문화적으로 시대적 흐름에 대비할 수 있고, 교육과정과 정책에서 지속적으로 강조하는 창의성과 인성교육을 실천할 수 있으며, 학생들의 학습 동기 유발을 위한 참여주의적 담론 개발로 정의적 영역에 긍정적인 영향을 미칠 수 있는 것이다.

4. 멘토링 교수법의 맥락적 역동성

동료 멘토링 활동은 공유와 참여의 교육철학을 바탕으로 공유된 창의성과 인성교육을 실천할 수 있고 정의적 영역을 향상시킬 수 있는 교수법이라고 볼 수 있다. 하지만 이를 실천하고 발달시키기 위해서는 사회적인 가치가 중요하다. 즉, 공유와 참여는 상대방에 대한 신뢰가 바탕이 되지 않으면 실행될 수 없고, 플랫폼 사고에서 공유와 참여 과정에서 제시된 의견을 상대방이 모방하여 다른 곳에서 활용을 하는 행위로 인하여 신뢰가 깨지게 되면 더 이상의 공유와 협동은 불가능하게 된다. 따라서, 공유와 협동이 가능하려면 공동체 문화에서 구축해야하는 것은 바로 "신뢰"이다. 신뢰를 통한 공유와 참여로 새로운 가치를 창출함으로써 미래사회에 능동적으로 대응할 수 있기 때문이다.

이러한 플랫폼 사고의 역동성에서 신뢰의 중요성을 바르게 이해하고 동시에 멘토링 활동의 맥락적 역동성에서 멘토링 교수법의 실천과 그 성공여부와 매우 밀접한 연관이 있는 중요한 요소들을 이해하는 것이 필요하다. 멘토링 교수법의 맥락적 역동성에서 성공적 실천을 위해서 반드시 고려되어야 할 두 가지 주요 요소는 교사의 역량과 사회적 규범이다. 사회적 규범은 맥락을 바탕으로 형성되고 교사의 역량에 의존하며 토론 문화의 근간이 된다고 볼 수 있다. 수학교육적 관점에서 두 요소는 교사의 역량에 따른 사회수학적 규범이라고 볼 수 있다. 쉽게 설명하자면, 교육 전문가가 개발한 어떤 최고의 교수법이 있더라도 교사의 역량과 그 역량을 바탕으로 토론 문화를 조율할 수 있는 교실 규범의 두 요소를 고려하지 않는다면 그 교수법을 현장에 성공적으로 적용하고 실천하기 어렵다는 것이다. 멘토링 활동을 바탕으로 하는 교수법에서는 교사의 하향식 교육과정과 학생의 상향식 교육과정의 통합을 통해서 교실 규범과 관련된 문제들을 어느 정도 해결할 수 있다. 그러나 동료 멘토링 활동은 학생과 학생, 교사와 학생 간의 역동적이고 연속적인 상호작용을 바탕으로 교실의 수업이 전개되기 때문에 학생들이 참여할 수 있는 교실 규범과 관련된 문제점들을 교사의 역량에 따라 해결하고 조율할 필요가 있다. 즉, 이러한 공동체와 관련된 맥락적 문제점들을 해결하기 위해서는 결국 교사의 역량과 그에 따른 수정과정이 중요한 요소가 된다.

아래에 제시된 예시에서 한 중학교 교사는 동료 멘토링 활동을 약 17년 간 실행했는데, 초임 교사 시기의 멘토링 활동의 시작으로부터 경력 교사가 되어가는 과정 속에서의 멘토링 활동에 차이가 있음을 알 수 있었다. 이 교사는 수업이 효과적으로 진행되기 위해서 어떠한 변화 과정을 거치면서 발전시켜 나갔는지를 보여주고 있는데, 이는 멘토링 방법에서 교사 역량의 중요성과 맥락을 바탕으로 하는 수정과정을 보여주는 예시이다.

동료 멘토링 수업의 변천 과정

멘토링 수업을 시작하게 된 계기는 많은 학생의 다양한 수준 차이를 실제 수업에서 고려하기 어려운 한계를 느꼈고, 이를 해결하기 위해서 동료 멘토링 방법을 특별 보충 수업 시간에 적용하기 시작했다. 멘토링 활동을 통해서 가르친 학생은 자신감을 갖게 되었고, 배우는 학생은 즉각적으로 질문할 수 있고 동료교사의 비슷한 언어 수준에서 교수 학습이 이루어져서 만족감을 나타내었다. 이러한 장점을 알게 되면서 2-3년 동안은 보충시간에만 멘토링 활동을 진행하다가, 그 이후로는 정규 수업 시간에도 확대·적용하게 되었다. 학생들이 서로 성적을 알 수 없도록 배려를 한 상태에서 학기별 성적을 기준으로 멘토링 조를 편성하였고, 멘토링 활동 횟수로 팀별 점수를 부여하여 조 안에서는 서로 협동하여 학습하게 유도하고 조별 간에는 선의의 경쟁을 할 수 있도록 하였다. 이와 같이 정규 수업 시간에 2-3년 정도 시행을 하면서 수업의 과정을 관찰해보았더니, 지나친 경쟁으로 각 조별 개인주의가 심해지고 조별로 조원들의 특성이 다른 경우 멘토링 활동에도 문제가 생겼다. 이를 보완하기 위해서 한 학기 동안 유지되는 멘토링 조별 편성 방법을 매 단원별 성취도 평가를 통해서 멘토링 조를 새롭게 편성하는 방법으로 변경하게 되었고, 또한 조에서 멘토링 활동에 실패한 경우 오답노트(본인 팀들이 실패한 문제와 유사한 문제 3개)를 풀어서 제출하면 감점된 점수를 만회할 수 있게 했다. 이렇게 촉진된 상호작용을 바탕으로 "Survival 멘토링 게임식 수업" 을 실시하여 아이들끼리 문제풀이에 대해서 서로 의견을 교환하고 오류도 찾도록 하는 활동을 2-3년 동안 지속하였더니 의사소통 활동이 이전보다 훨씬 활발해졌다. 그 후 멘토링 활동의 효과성을 극대화하기 위해서 조 편성권을 학생에게 위임하였고, 참여 점수부여 과정에서 발표를 했지만 실패했을 경우에 감점을 했던 점수부여체계를 단계별 점수 부여 체계로 변경하여 발표를 해도 감점되는 경우를 없애 수업 참여를 더욱 독려하였다. 이러한 방법을 수업에 4-5년 적용하다가 학생과 교실의 맥락을 큰 틀에서 고려하여 의사소통이 활발한 반은 2-2-2구조로, 그렇지 않은 반은 1-1구조로 멘토링 활동을 변화시켜 지금까지 수업에 적용하고 있다.

제시된 예시를 통해서 동료 멘토링 활동은 교사의 역량이 쌓여갈수록 조별 구성법과 멘토링 진행 방법 등 다양한 요소들을 고려할 수 있게 되고, 이를 통해서 학습자의 상호작용과 수업 참여에 도움을 주는 방향으로 교실 규범이 변화되는 것을 볼 수 있었다. 따라서 동료 멘토링 활동은 교사의 역량과 그에 따른 맥락적 역동성을 이끌어 가는 규범과 밀접한 관계가 있음을 알 수 있다. 이와 같이 동료 멘토링 활동을 수학 수업에 적용하려면 너무나 다양한 학생 맥락과 교실 맥락이 존재하고 이러한 다양한 맥락을 고려하기 위해서는 교사의 역량에 따른 사회수학적 규범의 개발과 조율이 중요하다.

따라서 멘토링 교수법을 성공적으로 실천하기 위해서 교사는 다양한 맥락과 맥락에 따른 실천 방안을 고려해야하며, 다른 교사의 수업을 관찰하여 자신이 할 수 있는 부분과 그렇지 못한 부분을 구별할 수 있어야 한다. 이러한 구분은 교사 자신의 역량과 관련되어 있고, 이러한 역량은 스스로가 가장 잘 알 수 있기 때문에 자신이 가진 역량이 어느 정도인지를 냉철하게 판단할 수 있고, 학습자의 수업 참여를 돕기 위해서 자신이 할 수 있는 부분이 어느 정도인지를 조절할 수 있다면 자신만의 멘토링 수업을 만들어 갈 수 있을 것이다. 또한 교사의 경륜과 함께 자신의 역량도 증대되므로 이전에 할 수 없었던 부분을 단계적으로 실천할 수 있는 전략적 접근도 필요할 것이다.

이와 같이, 동료 멘토링의 사회문화적, 창의·인성 교육적, 동기부여 측면의 필요성으로 인해 멘토링 교수법 실천의 중요성을 인식하고 맥락의 역동성을 통해서, 그리고 자신의 역량에 맞는 사회수학적 규범 개발과 수정의 필요성에 대한 인식을 통해서 자신만의 멘토링 수업을 만들어

갈 수 있을 것이다. 이러한 과정에 도움을 주기 위해서 앞서 제시한 "동료 멘토링 수업의 변천 과정"(pp. 29)을 단계별로 자세히 소개하고 그 변천 과정 속에서 도출할 수 있는 멘토링 교수법 개발측면에서 과정적 원리를 제안하고자 한다.

멘토링 교수법 개발에서 과정적 원리

1. 수학적 과정의 실천을 위한 멘토링 교수법

급격하게 변화하고 있는 지식 정보화 사회에서 "창의적 인재와 합리적인 시민을 위한 수학교육"을 목표로 추진되었던 수학교육 선진화 종합 대책이 종료한 현 시점에서, 주변국들의 수학교육 강화에 부응하고 수학을 기반으로 하는 미래의 인재를 양성하기 위한 노력의 일환으로 제 2차 수학교육 종합 계획이 추진되고 있다. 이러한 세계적인 경향과 변화하는 미래 사회에 대비할 수 있는 능동적인 학습자 양성을 위한 종합 계획의 주요 추진 방향은 학습자 중심의 수학교육을 실천하는 것이고, 이를 위한 구체적인 교수학습 방법과 평가 방법의 변화를 통해서 현장 정착을 목표로 하는 것이 특징이다. 이러한 목적 달성을 위해서 수학적 내용을 실천하고 경험할 수 있는 수학적 과정이 교육과정에 녹아들어야 하며, 이를 위해서 체험, 탐구, 활동 및 문제해결, 의사소통, 추론을 바탕으로 하는 과정 중심 수업과 이러한 과정을 평가하기 위한 구체적인 방법으로 단답형이나 선택형보다는 서술형과 논술형 평가, 관찰평가와 자기평가 등을 강조하고 있다(교육부, 2015a).

이와 같은 수학적 과정과 평가 간의 연계성 강조는 수학적 과정이 교수학습 과정에서 실천될 수 있도록 도움을 주는 한편, 학생들이 수학 학습을 통해서 경험하고 탐구하며 성취해야 하는 기준을 제시하고, 학습자의 수학적 어려움에 대한 과정적인 정보를 통해서 개선 방향에 대한 실질적인 도움을 줄 수 있을 것이다. 이러한 실천과 경험을 통한 학습의 유의미성 측면에서 수학적 과정을 강조하는 것은 이미 관심의 대상이었다. 특히, 2009 개정 교육과정에서는 학습자의 수학적 과정 경험을 핵심 가치로 설정하여, 이를 통한 창의성과 인성 함양 가능성을 제시하였고(교육과학기술부, 2011), 2015 문·이과 통합형 교육과정에서는 수학적 과정의 실천을 통하여 수학 교과 핵심역량을 강조하며 수학적 과정을 강조하는 기조를 지속적으로 유지하고 있다(교육부, 2015b).

수학적 과정의 강조는 NCTM(2000)의 규준에서부터 시작되었다. 학생들의 수학적 사고는 수학 학습에서 수학적 내용과 수학적 과정을 통합적으로 경험함으로써 발전되어 간다고 볼 수 있다. NCTM(2000)에서 제시하는 내용 규준은 수학 내용에 대한 것으로 수와 연산, 대수, 기하, 측정, 자료 분석과 확률로 구성되는 한편, 과정 규준은 이러한 수학적 내용을 경험하는 방법으로 문제해결, 추론과 증명, 의사소통, 연결성, 표현을 포함하고 있다.

이러한 과정을 경험하기 위한 세부 내용으로 문제해결은 문제를 해결함으로써 새로운 수학적 지식을 구성하고, 다양한 맥락의 문제에 적절한 전략을 적용하여 해결하고 난 후 해결 과정에 대한 반성까지를 포함한다. 그리고 추론과 증명에서는 추론을 수학에서의 기본적인 측면으로 인식하고, 추측을 한 후 탐구할 수 있어야 하고, 수학적 논쟁과 증명 능력을 개발하고 평가할 수 있어야 하며, 다양한 유형의 추론과 증명 방법을 사용할 수 있는 능력도 포함하고 있다. 또한 의사소통에서는 수학적 언어를 활용하여 동료 또는 교사에게 자신의 생각을 명확하게 전달할 수 있어야 하며, 연결성은 수학적 아이디어 간의 연결성과 수학 이외의 상황에서 수학을 인식하고 활용하는 측면을 포함하고, 표현은 수학적 아이디어를 조직하고 기록하며 소통하기 위해서 표현을 활용하고 문제해결에서 적절한 표현을 선택하고 적용하며 물리적, 사회적, 수학적 현상을 모델링하고 해석하는 것을 포함하고 있다(NCTM, 2000).

이러한 규준의 영향으로 우리나라 교육과정에서 수학적 과정은 수학적 문제해결, 수학적 추론, 수학적 의사소통으로 제시되었다. 즉, 학생들은 문제를 해결하기 위해서 전략을 활용하거나 해결 과정과 결과의 타당성을 설명하고, 또한 새로운 문제를 만들거나 문제 풀이 과정에 대한 일반화를 통해서 다양한 문제들에 적용한다. 수학적 추측을 정당화하거나 사고 과정을 수학적으로 검증하며 창의적인 아이디어로 추론을 하며, 수학적인 언어를 통해서 자신의 생각을 표현하고 타인과 의사소통하며 자신의 생각을 수정하거나 다른 사람의 사고 과정을 이해하는 것을 강조하였다(황선욱 외, 2011).

이러한 수학적 과정을 강조하는 흐름의 연장선상에서 2015 문·이과 통합형 교육과정에서 주목받은 것은 수학 교과 핵심역량으로(김동원, 박경미, 박미미, 2015) 수학적 과정의 문제해결에서는 고려되지 않았던 협력적 문제해결을 추가하였고, 의사소통에는 협력과 존중을 추가함으로써(교육부, 2015b) 이전보다 공동체 의식의 함양을 강조하고 있다. 이와 같이 우리나라 교육과정에서 수학적 과정은 지속적으로 강조되었다는 것을 알 수 있다. 학습자는 수학적 내용과 함께 수학적 과정을 통합적으로 경험함으로써 고등사고능력을 배양할 수 있는 것이다.

수학적 과정의 중요성에 대해서 이 요소들의 선후 관계나 경중을 나누는 것이 쉽지 않지만, 학습자의 흥미와 동기를 유발시켜서 수업에 참여할 수 있도록 해야 한다는 사실은 공통적이다. 이러한 흥미와 학습 동기를 유발시킬 수 있는 방법 중에 하나는 동료 멘토링 방법을 활용하는 것이다. 동료 멘토링 방법은 편안한 분위기를 바탕으로 긍정적인 관계 형성이 가능하고, 학습자의 개인차 고려에 도움을 줄 수 있기 때문에 동기유발이 가능하다. 이렇게 멘토링 활동을 통한 동기유발은 수업 참여에 도움을 줄 수 있고, 이러한 참여는 수학적 과정 경험의 시작점인 동시에 학습 실행의 핵심이라고 볼 수 있다.

하지만 멘토링 교수법을 실천하려면 수업 과정의 연속성과 역동성으로 인해 많은 어려움들이 있다. 이러한 어려움을 해결하는데 도움을 주기 위해서 동료 멘토링 교수법을 17년 동안 실행해온 중학교 교사의 멘토링 수업 변천 과정을 스토리텔링 형식으로 기술한 단계별 내용에서 멘토링 교수법의 원리가 무엇인지 분석하였는데, 이를 통하여 멘토링 교수법을 실행하고자 하는 교사, 실행하고 있는 교사, 시도하다 실패한 경험이 있는 교사에게 실질적인 도움을 주고자 한다.

2. 멘토링 교수법의 변천 과정[1]

1) 멘토링 수업 1단계

멘토링 수업을 시작하게 된 이유는 교사 혼자만의 힘으로 수준차가 너무나 많이 나는 아이들을 이끌어 갈 자신이 없었기도 했지만, 선행학습으로 인한 수준차로 인해 공교육이 사교육에 뒤진다는 여론에 대해 공교육만으로도 이 문제를 해결해 나갈 수 있다는 생각으로 도전장을 내보았다. 수학을 조금 한다는 아이들은 대부분 학원교육에 부모와 아이들 모두 의지하기 시작했던 17년 전 교직에 첫 발을 내딛으면서, 이러한 현실에 굴복하고 동화되기 싫었던 젊은 수학교사의 무모한 도전으로 시작되었다. 선행학습으로 다져진 아이들은 문제풀이에만 집중하고 있었고, 수학에 뒤쳐진 아이들은 거의 수업시간에 방치된 채 수업은 몇몇 소수의 아이들의 대답으로 만족해야했던 시기였다.

아이들의 동기를 불러 일으킬만한 것이 무엇일까 찾아다니던 중, 그 당시 수학교사들에게 부담으로만 여겨졌던 특별보충수업을 당시 신임교사에게 맡겨지는 현실과 마주하게 되었다. 이 수업을 어차피 해야 했던 시기였고, 혹시 즐길 수 있지 않을까, 아니면 모든 아이들을 다 이끌고 갈 수는 없지만 변화되는 아이가 한명이라도 있지 않을까 하는 호기심이 발동했고, 아이들을 한번 활용해보자는 생각을 갖게 되었다. 그런데 특별보충 수업에 해당하는 아이들은 구구단도 외우지 못하는 소위

---

1 스토리텔링 형식으로 기술된 단계별 멘토링 수업 변천 과정은 하정미(2014)의 석사학위논문인 “두 가지 동료 멘토링 방법과 학습 참여의 특징”에서 〈부록 4〉 멘토링 방법의 발전 과정(pp. 71-85)을 발췌하여 인용함.

정말 하위집단의 아이들이었다. 이 아이들을 방과 후 수업에 남겨서 수학수업을 또 듣게 하는 것은 정말 쉽지 않은 일이었다.

고민하던 중 그 아이들보다 조금 더 위에 있는 아이들을 움직여보자는 아이디어를 떠올리게 되었다. 성취도가 중간인 아이들은 그 당시 학원수업에서 흥미를 느끼지 못했고, 학교 수업에서도 흥미를 얻지 못하는 상황이었다. 이 아이들에게 무언가 자극제가 될 만한 것들을 준다면, 이 아이들을 통해서 또 다른 아이들을 움직일 수 있지 않을까하는 생각을 하게 되었다. 특별보충수업을 위해서 중간 수준 아이들 서너명을 일대일로 설득했다. "수학을 잘하고 싶지 않니? 쌤이 수학 과외를 좀 해주고 싶은데... 무료로... 남아서... 쌤이 1학기동안 조금씩 도와 줄 테니까 우리 같이 공부하자." 아이들은 쉽게 마음의 문을 열어주었고 이 아이들과 아주 쉬운 문제부터 하루에 3~4개씩 익히는 수업을 일주일 정도 진행했다. 이들이 배운 3~4개의 문제를 본 수업에 제시하고 일부러 다른 친구들이 모르는 상황에서 이 친구들이 발표할 기회를 부여했고, 아이들은 전날 배운 이 쉬운 문제를 발표하면서 자신감을 얻기 시작했다.

아이들은 이런 교사의 의도를 모른 채 쉽게 수업에 긍정적인 반응을 보였고, 이 자신감을 바탕으로 자신보다 부족한 아이들에게 가르쳐주는 활동으로 자연스럽게 이어지게 했다. 방과 후에 복습한다는 명분으로 옆 자리에 특별보충반 아이들을 앉게 하였고, 아이들은 친구들을 새롭게 사귀면서 자기가 알게 된 작은 지식 하나도 뿌듯해하며 가르치기 시작했다.

특별 보충반 아이들은 교사의 언어보다 중간 성적의 친구들의 언어를 훨씬 더 친근하게 받아들였다. 이들이 가르치면서 배우는 과정을 살펴보다가 이들의 상호작용에서 더 큰 아이디어들을 얻게 되었다. 아이들은 교사에게 질문할 때에는 "쌤 저 이 문제 못 풀어요. 가르쳐 주세요." 라고 한다. 하지만 아이들은 친구에게 질문할 때에는 좀 더 구체적으로 친구의 설명을 듣다가 본인이 잘 안되는 그 핵심만을 묻는 것을 확인할 수 있었다. 선생님 앞에 설 때는 늘 작아지고 자신감 없던 아이들이 친구들에게는 그래도 자신의 모습을 많이 내보이는 것을 확인하면서 가장 좋은 선생님은 또래 친구라는 것을 확인할 수 있었다.

성취도가 높은 경우 아이들은 하나의 지식 습득 후에 오는 만족감은 그리 크지 않았지만, 성취도가 낮은 아이들의 경우는 하나의 지식을 얻고 나서 문제를 풀고 그 문제의 핵심을 파악하고 나서 그 기쁨을 표현하는 것은 실로 놀라웠다. 자신이 이 문제를 어떻게 풀었는지에 대해 마치 영웅담 늘어놓는 것처럼 얘기하면서 친구들에게 그 과정을 훨씬 더 쉬운 용어로 자신이 이해한 그대로 설명해주었다. 지식이 높은 학자들의 대화를 일반인이 잘 이해하지 못하는 것처럼, 교사들의 설명에 성취도가 낮은 아이들은 무슨 외국어 듣는 것 같은 반응들을 보이는 것은 너무나 당연한 일이었던 것이다. 아이들은 교사가 사용하는 용어 하나하나가 넘어야할 산이었던 것이다. 하지만 또래 친구들의 설명은 아이들이 늘 사용하는 평범한 용어였던 것이다. 이로써 멘토링은 교사의 수고를 덜기 위한 하나의 전략으로 시작했는데. 이 전략을 통해서 또래 멘토링이라는 새로운 방법을 본 수업에 적용하려는 아이디어를 얻게 되었다.

2) 멘토링 수업 2단계

멘토링 2단계에서는 본격적으로 멘토링 수업을 본 수학수업에 적용하기 시작했다. 멘토링 조를 구성하기 위한 아이들의 수준 파악을 목적으로 매 학기 초마다 한 번의 진단평가 시험을 보았다. 반별로 같은 시험지를 아이들에게 배부하였고 교사가 전부 수거하여 채점을 한 후, 학생들을 반별로 점수를 기준으로 내림차순 정리하여 아이들을 멘토팀인 A팀과 멘티팀인 B팀으로 구분하였다. 그리고 반 1등과 반 마지막 등수의 아이를 하나의 조로 구성하는 식으로, 멘토를 내림차순 정리하고 멘티를 오름차순 정리하여 한명씩 짝을 지어 멘토링 조를 구성하였다. 2단계에서는 교사가 한 학기에 한 번씩 진단평가를 하고, 그 진단평가의 결과를 분석하여 교사가 짝을 지어주었다.

성적이 낮은 아이들의 자신감 저하를 막기 위해서 아이들에게는 멘토와 멘티 본인의 위치만을 알려주고, 본인의 성적 등수는 공개하지 않은 채 멘토링 활동이 진행되었다. 아이들은 수업시간 매 활동마다 멘토링 활동을 하게 되었고, 아이들의 활동에 대한 매시간 평가는 멘토링 활동 횟수로 팀별로 주어졌다. 예를 들면, 멘티가 문제풀이에 선택을 받게 되었을 경우, 멘티가 문제풀이에 성공하면 멘티가 속한 팀의 멘토도 같은 성적인 +1점을 획득하게 되고 실패하게 되면 똑같이 −1점을 부여했다. 활동은 교사가 문제풀이를 하도록 학생을 지목하는 경우와 학생들이 자발적으로 참여하는 경우로 나누었다. 이런 성공 횟수의 누적으로 아이들의 수업 참여도 수행평가 점수를 부여하였다. 멘토는 +1점을 받기 위해서 멘티를 도와주었고, 멘티는 멘토의 도움을 받아 문제풀이를 하면서 자연스럽게 멘토링 활동이 진행이 되었다.

수행평가 점수는 아이들이 멘토링 활동을 통해서 얻은 +점수와 −점수를 합산한 점수의 누계를 내림차순 정렬한 후 일정한 급간을 나누어 수행평가 점수로 부여하였다. 아이들은 활동 때마다 얻은 점수들을 바탕으로 선의의 경쟁을 벌였고, 점수 획득을 위해서 다른 팀보다 더 많은 멘토링 활동을 하는 양상을 보였다. 점수를 얻기 위해서는 반드시 멘토링 활동을 통해서 문제풀이에 성공해야만 했고, 문제풀이를 할 수 있는 자격은 교사에 의해 지명을 받는 경우는 모든 친구들에게 같은 횟수로 골고루 돌아가지만, 자발적 참여의 횟수만이 점수의 판가름을 내는 결정적인 기회였기 때문에 아이들은 교사가 문제풀이를 위해서 학생들을 지명하기 전에 먼저 나서는 적극성을 보여주었다.

매 시간마다 교사는 아이들의 활동결과를 명렬표에 기록하고 학기단위로 이 점수의 누계를 계산하여 수행평가 점수로 부여하였다. 지난 활동에서 멘티가 실패하거나 멘토가 실패하여 –점수를 받은 경우, 아이들은 그 점수를 만회하기 위해서 점심시간이나 쉬는 시간에 멘토와 멘티가 만나서 수학을 공부하는 보기 드문 광경도 볼 수 있었다. 시간과 장소를 초월한 상황에서 아이들은 수시로 서로 만나서 공부하는 진풍경을 보였고, 이 모습에 학부형이 많은 격려를 해주셨다. 점수의 누계를 가지고 급간을 반마다 일정하게 만들어 수행평가를 부여하였고, 반마다 활동횟수는 다르지만 반 내에서의 정렬화를 통해서 일정한 급간을 만들어 점수를 부여하기 때문에 반별 수행평가의 격차 없이 균등하게 점수를 부여할 수 있었다. 이러한 과정으로 아이들의 중간고사, 기말고사 성적은 급격히 향상되었다.

3) 멘토링 수업 3단계

2단계에서 아이들의 중간고사, 기말고사 성적은 놀라울 정도로 향상

되었다. 하지만 이런 성적의 향상 뒤에 문제점들이 보이기 시작했다. 너무 치열한 경쟁 속에서 활동이 이루어지면서 다른 팀과 문제풀이를 공유하지 않고, 팀 내의 활동에만 집중하고 다른 팀이 발표 할 때는 집중하지 않는 양상을 보이기 시작했다. 더욱이 처음에 보였던 학부모님들과 학생들의 호응이 시간이 갈수록 부정적으로 바뀌기 시작했다. 멘토들이 멘티의 문제풀이 실패로 인해 수행평가의 점수가 감점되는 부분들을 지적하기 시작했다. 왜 우리아이가 수학을 못하는 친구 때문에 점수를 깎여야 하는지 항의를 하기 시작했고, 혹시나 발표할 때 실수가 있게 되면 수업이 끝난 후 그 친구를 향해 상대방 친구가 불평을 늘어놓는 상황이 나타나기 시작했다. 그러다 보니 성향이 정반대인 조들은 그 틈이 더 벌어지기 시작했다. 급기야는 수업 시간 내내 서로 아무 말도 하지 않은 채 화가 나있는 분위기로 수업시간이 어두워지기 시작했다.

그래서 한 학기에 한 번 조를 구성하던 것을 단원마다 새롭게 조를 구성하기 시작했다. 한 단원이 끝나면 단원평가를 통해서 새로운 조를 구성하게 했고, 친한 친구와 계속 같은 조를 하는 상황이 발생하면 상대적으로 친구들과 잘 어울리지 못하는 소외된 아이들이 생길 수 있으므로, 다양한 친구들과의 조 구성이 이루어지기 위해서 한번 만난 친구와는 다시 만날 수 없다는 규칙을 만들었다. 단원이 끝나면 새로운 조 구성을 하고 또 다른 단원이 끝나면 새로운 조 구성을 했더니 불평들이 조금씩 줄어들게 되었다. 아이들의 이러한 활동을 확인하기 위해서 교과서 맨 뒤쪽에 자신의 단원평가 점수와 정기고사 평가 점수를 그래프로 그리게 하는 양식을 한 장씩 붙여주고 스스로 자신의 수학 점수의 변화 그래프를 그리게 했고, 단원별 서로의 멘토와 멘티의 이름을 적게 해서 한번 만났던 짝꿍과 다시 만날 수 없다는 규칙들을 교사가 파악할 수 있도록 하였다. 이 규칙으로 아이들은 다양한 친구와 만날 수 있었고, 본인과 맞지 않은 친구와 만나게 될 경우도 다음 번 활동에서는 새로운 짝을 만날 수 있다는 것을 생각하면서 활동에 임하는 것을 볼 수 있었다.

그리고 팀별 점수 부여의 방식에서 –점수를 만회할 수 있는 아이디어를 생각해내게 되었다. 수업시간에 –점수를 받는 경우가 생길 경우 오답노트를 통해서 점수를 만회할 수 있게 했다. 학생들의 점수를 감점하기보다는 감점된 점수를 만회의 기회를 통해서 회복하는 과정에서 아이들이 자발적으로 움직일 수 있는 방안을 생각해낸 것이다. 자신의 팀이 실패한 문제와 유사한 문제 3개를 만들어서 푼 후에 이를 제출하면 감점된 점수를 만회해 주었다. 다만 이 오답노트는 강제적인 숙제가 아니라 본인들이 희망하면 언제든지 학생들이 가져갈 수 있도록 교사 책상 한 곳에 늘 오답노트 종이를 프린트해 놓았다. 아이들은 이 점수를 만회하기 위해서 거의 모든 학생들이 자발적으로 이 오답노트를 활용하게 되었다. 이 오답노트 활동을 꾸준히 실행하게 했더니 아이들의 오답의 반복이 현저하게 줄어든 것을 정기고사 결과를 통해서 확인 할 수 있었다. 아이들은 자연스럽게 본인의 점수들을 관리하면서 수동적인 공부에서 능동적인 공부자세로 서서히 변화해 가는 것을 읽을 수 있었다. 점수의 누계점수가 똑같이 +1점이라도 한 번의 도전에서 +1점을 얻은 학생보다는 성공 3번 실패 2번으로 +1점을 얻은 학생이 정기고사 성적에서 월등히 높은 성취도를 보인다는 것을 알 수 있었고, 학부모들도 이런 결과에 호응을 보이기 시작했다. 아이들의 이런 활동이 쉬는 시간까지 이어지면서 아이들의 수업시간에 보여지는 활동 외에도 방과 후 시간에 이루어지는 활동 모습까지 궁금해지기 시작했다.

그래서 아이들의 방과 후 활동에서도 멘토링 활동이 이루어질 수 있도록 "Survival 멘토링 게임식 수업"이라는 테마의 수업을 진행하게 되었다. 어떤 문제풀이의 성공만으로 아이들의 성적을 부여하는 것이 아니라 아이들이 공부하는 과정과 자세를 평가하고 싶은 욕구에 의해 이 게임식 수업을 만들게 되었다. 단원평가지 결과를 가지고 학생들의 멘토링 조를 구성하고, 아이들에게 방과 후 시간을 이용하여 채점된 단원평가지를 아이들에게 제시하고, 아무런 힌트나 문제풀이를 제시하지 않고 본인 시험지와 짝꿍 시험지의 오답에 대해서 공부하는 멘토링 활동을 하게 하고 이를 발표하게 하는 수업을 구상하게 되었다. 사교육에서의 기계적인 문제 풀이식 공부훈련이 아니라 아이들이 어떻게 사고하고 표현하는지를 알고 싶었고, 이를 통해서 아이들이 멘토링 활동과정에서 이루어지는 수학적 의사소통과정에 관심을 갖게 되었다.

그런데 아이들의 사고과정을 채점하는 것은 쉬운 일이 아니어서 아이들이 재미있게 수업에 임하게 하고 싶은 생각에서 Survival Game을 착안하게 되었다. 이 방식은 교사주도가 아니라 아이들끼리 문제풀이에 대해서 서로 의견을 얘기하고 질문도 하고 오류도 찾아가게 하는 활동이다. 수학시간에 단순히 칠판에서 문제를 풀고 들어가는 것이 아니라, 문제를 풀고 이 문제에 대해서 본인의 풀이과정을 친구들에게 설명하고 이 설명을 듣고 다른 친구들은 질문도 하고 푼 문제의 오류도 지적해가면서 자연스럽게 수학적 의사소통을 하게 되었다. 이 때 교사는 아이들의 활동을 관찰하고 아이들의 활동 중간 중간에 조력자의 역할만 하였고 이 수업의 주도권은 학생들이 갖도록 하였다. 문제풀이는 한 팀에 한 문제씩 무작위로 주어지고 문제풀이와 설명을 모두 성공한 팀에게는 +2점을, 실패한 팀에게는 –2점을 부여하였다. 점수를 만회할 수 있는 기회는 오답노트를 통해 할 수 있도록 하였더니 아이들의 오답노트의 활동도는 더 높아졌고, 발표자에게 질문을 하거나 오류를 지적하는 활동에는 추가 점수 +1점을 더 부여하였더니, 아이들은 본인들의 발표에만 집중하는 것이 아니라 상대방의 발표에 귀 기울이는 경청의 자세까지 갖추게 되었다.

정말 스릴 있는 수업이라며 아이들은 작은 숨소리마저도 죽여 가며 이 수업에 참여하게 되었고, 이 게임식 수업은 아이들의 입소문을 통해서 다른 선생님들과 인근 학교에까지 전해지게 되었다. 이 수업방식은 다른 학교 선생님들에게 공개되기도 하였고, 이 수업 사례를 듣고 많은 다른 학교 수학선생님들이 수업에 적용해보는 경우도 있었다. 25문제 단원 평가지를 가지고 3시간동안 이 게임식 수업을 진행하면서 단원 마무리 시간을 갖게 되는데, 한 장의 단원평가지이지만 아이들을 단원에 들어간 모든 내용을 그 단원평가지에 있는 문제들에 자연스럽게 녹여들게 하여 친구들에게 서로 질의하며 탐구하는 모습을 갖게 해주는 수업이 되었다. 이 단계에서 아이들의 수학적 의사소통 활동은 놀라울 정도로 발전하게 되었다. 말 한마디도 하지 않았던 소극적인 아이들이 친구들과 자신을 위해서 입을 열게 되었고, 말 한마디가 듣기 어려울 정도의 소극적인 친구의 아주 작은 발표소리에 또 다른 친구가 숨을 죽이며 함께 들어주고, 혹시나 실수하면 본인이 흑기사를 자처해서 나서며 그 친구에게 용기를 북돋워주는 우정들을 보여주는 수업으로 발전하였다. 이런 모습을 지켜보면서 수학교사로서의 뿌듯함을 만끽할 수 있었고 아이들의 놀라운 변화에 감동을 받았다.

이 감동을 정기고사 성적과 연결 짓고 싶은 마음에 아이들의 성적 그래프 그리는 활동을 가지고 점수 향상도를 분석하기 시작했다. 아이들은 자신의 성적을 공개하고 싶지는 않지만 성적이 얼마나 올랐는지는 말할 수 있을 것 같아 멘토링 활동 후에 정기고사 성적의 향상도를 통해서 +점수와 –점수를 부여하기 시작했다. 예를 들면, 멘토가 지난 정기고사에서 90점을 받았었는데 이번 시험에서 92점을 받으면 이 멘토의 점수는 +2, 정기고사에서 40점을 받았던 멘티가 이번 정기고사에서 45점을 받았다면 이 멘티의 성적은 +5 향상도의 점수를 합산하여 이 팀의 향상도 점수를 +7로 계산한 다음 향상도 점수를 정렬하여 가장 많이 올라간 팀 중 1등 팀에게는 수행평가 점수 +3점을 각각 부여하고 2등 팀에게는 +2점, 3등 팀에게는 +1점을 부여하였다.

반대로 향상도 점수를 오름차순 정렬하여 가장 많은 하락을 보인 1등 팀에게는 –3점, 2등 팀에게는 –2점, 3등 팀에게는 –1점을 부여하였다. 그랬더니 놀라운 반응을 볼 수 있었다. 정기고사가 끝나면 시험지를 그 자리에서 채점 한 후 팀끼리 모여서 앉아 점수를 계산하고, 몇 점을 맞았는지 보다는 몇 점이 올랐는지를 계산하면서 멘토와 멘티가 서로를 격려하는 모습과 환호성 지르는 모습 또한 자주 목격되었다. 이 활동을 통해서 점수가 낮은 멘티를 무시하던 모습들이 없어지기 시작했고, 서로에게 향상도를 통해서 팀 점수에 도움이 된 친구들을 격려하는 모습 또한 수업광경의 일부가 되었다. 혹시나 교사가 이 활동을 잊고 넘어가면 학생들이 목소리를 높여 선생님에게 이 활동을 하자고 제안하는 모습 또한 보기 좋았다. 성적으로 아이들을 판단하는 것이 아니라 아이들의 향상도를 통해서 아이들이 노력해가는 모습을 독려하는 활동이 아이들에게 긍정적인 호응으로 나타났다.

4) 멘토링 수업 4단계

3단계 멘토링 활동에서는 단원별 멘토링 조를 다르게 편성할 때 교사의 시각으로 아이들을 일정한 규칙에 맞게 조 구성을 해주었다. 처음 시작단계에서는 성적을 정렬하여 성적이 가장 높은 학생과 성적이 가장 낮은 학생의 결합순으로 멘토링 조를 구성했었다. 그런데 아이들의 멘토링 조를 구성할 때 한번 했던 짝과는 다시 만나지 못하는 규칙을 만들었는데, 성적 변화가 별로 없는 학생들은 계속 같은 조가 되어서 또 다른 규칙을 부여해야 했다. 무엇보다도 아이들끼리의 의사소통이 이루어지는 멘토링 활동에 있어서 서로가 궁합이 잘 맞지 않는 아이들의 멘토링 활동은 시간이 지나면서 원활하게 이루어지지 않았고 나중에는 옆에 앉는 것조차 부담스러워하는 아이들이 생겨나기 시작했다. 36~38명의 각기 다른 성격의 아이들의 입맛대로 할 수는 없지만, 서로 맞는 친구들끼리 멘토링 조 구성을 하면 어떨까하는 생각을 하게 되었다.

그래서 짝꿍 선택권을 교사에게 주는 것이 아니라 멘토링 활동에 참여하는 학생들에게 주고 멘토링 활동을 진행했더니, 모든 아이들이 다 만족할 수는 없어도 교사에게 선택권이 주어졌던 경우보다는 더 활발한 멘토링 활동이 이루어지는 것을 확인할 수 있었다. 초반에는 교사의 선택권이 있던 경우보다는 수업 분위기가 조금은 산만하다는 느낌이 들었다. 친한 친구들끼리 옆에 앉아서 수업에 집중하지 못하고 떠드는 경우도 있었지만, 멘토링 활동 자체가 점수화 되기 때문에 아이들의 성적에 대한 욕심이 멘토링 조 구성에 조금씩 영향을 미치기 시작하더니, 친한 친구보다도 오히려 서로에게 도움이 되는 방향으로 아이들의 행동이 달라지기 시작했다. 처음에는 멘토를 먼저 각 분단의 왼쪽 줄에 성적순대로 앉게 하고, 교실 뒤편에 서있던 멘티들이 멘토들을 선택하게 했다. 멘티들을 먼저 앉힐 경우 아이들이 점수로 인해 상처를 받을까 하는 염려와, 혹시나 선택되지 못하는 멘티가 있지 않을까 하는 생각에서 멘티에게 선택권을 부여했다. 멘티보다는 멘토가 더 적극성을 가질 것이라는 생각에서 1~2년 뒤에는 멘토와 멘티에게 공평한 선택권을 부여하는 것이 멘토링 조 구성에 있어서 소극적인 학생들이 적게 나올 것 같다고 생각의 전환을 하게 되었다. 처음에는 멘토에게 먼저 선택권을 부여하고, 다음 단원 멘토링 조 구성에 있어서는 반대로 멘티에게 선택권을 부여하는 방식으로 교대로 멘토링 조 구성 선택권을 부여하여 수업을 진행하게 되었더니, 학생들에 의해 소외되는 아이들의 수가 현저히 줄어드는 경향을 볼 수 있었다. 그리고 멘토링 조 구성을 하는데 걸리는 시간 또한 많이 줄어서 2~3분 안에 조 구성이 이루어졌다.

또한 아이들의 정기고사 성적의 향상도를 3단계에서부터 수행평가 가산점 부분에 부여하기 시작하면서 아이들이 조 구성을 하는데 활력을 띠었다. 점수가 높은 학생들을 선호하고 점수가 낮은 학생들과의 짝을 싫어하는 경향에서, 아이들은 성적 향상이 높은 학생을 선호하고 성적 하락이 많은 학생이나 참여도가 적은 학생들을 멀리하는 경향이 발생하였고, 자연스럽게 아이들의 멘토링 활동이 더 적극적으로 이루어지면서 긍정적인 학습활동 분위기가 조성되었다. 교사가 매번 멘토링 조 구성을 위해서 많은 시간을 투자하는 번거로움을 덜 수 있었다. 그리고 아이들의 성적순으로 자리 배치를 하던 중, 앉는 좌석에 대한 건의가 들어왔다. 그래서 성적순의 좌석 배치가 아니라 멘티 자리와 멘토 자리만을 지정하고 학생들이 원하는 자리에 가서 앉도록 규칙을 바꾸었다. 교실의 앞쪽이 편한 학생들은 앞쪽에, 뒷자리가 편한 학생들은 뒷자리에 앉도록 배려해주었다. 처음에는 다들 뒤쪽 자리를 선호하더니 멘토링 활동 후 아이들이 문제풀이에 참여할 기회 획득을 위해서 아이들은 서서히 앞자리를 선호하게 되었고, 앞자리를 차지하려는 경쟁이 높은 양상을 보였다. 서로 다 앞자리에 앉고 싶어서 아이들끼리 경쟁하기도 하여 가위, 바위, 보로 결정하는 해프닝도 벌어졌다. 수업 참여도에 있어 아이들의 경쟁이 워낙 높다 보니 아이들이 문제 풀이에 참여할 기회 부여에 대한 규칙들을 만들게 되었다. 한 수업시간에 칠판에 나와 문제풀이를 하고 성공하였을 경우 얻는 +점수는 한정된 학생들에게만 주어지게 되었다. 많은 학생들에게 기회를 주기 위해서 한 시간에 한 학생당 한 번의 기회만 참여하도록 해도 턱없이 부족한 기회였다.

그래서 교사와 가위, 바위, 보로 단시간에 선정하는 아이디어를 얻게 되었다. 교사와 함께 활동에 참여할 학생들이 자진해서 한꺼번에 가위, 바위, 보를 해서 교사를 이긴 학생들이 먼저 선발되었다. 2~3번의 가위, 바위, 보만으로 학생들을 선택할 수도 있다. 그런데 이 방법의 단점은 기회 획득을 아예 못하는 아이들이 발생하게 되어 때로는 선생님과 비긴 학생들만 선택한다던지, 아니면 선생님에게 진 학생들만을 선택한다든지 때때로 그 규칙을 변형하여 많은 학생들이 골고루 참여할 수 있는 기회를 만들어 주었다. 하지만 그래도 계속 참여하기를 원하지 않는 학생도 있고 참여하고 싶지만 매번 선택이 되지 않는 학생들이 발생해서, 이 경우는 2~3주에 한 번씩 한 번도 참여하지 못했거나 참여하지 않은 학생들의 날을 지정하여 그 학생들이 모두 다 참여할 수 있는 기회를 주는 규칙도 정하게 되었다. 아니면 발표를 하고 싶지만 제한된 수업시간이라 모두에게 기회 부여를 못하여 학생들의 발표 욕구를 다 들어주지 못하는 경우에는 〈표 1〉과 같이 발표 희망지를 학생들이 작성하여 수업 후에 제출하면 그것으로도 발표한 경우로 인정하여 점수를 부여하기도 하였다.

표 1 발표 희망지

발표 희망지			
단원명 :		활동일시 :	
멘토 이름 :		멘티 이름 :	
발표문제 번호	교과서 페이지	발표내용	발표 인정 점수

발표에 성공하였을 경우 +1, 실패했을 경우 -1점을 부여했었는데 이 경우 실패하였을 경우 점수를 깎이는 것보다 참여자체를 거부하는 학생들이 발생하게 되었다. 그래서 아이들의 발표를 독려하기 위해 점수를 발표하여 성공하면 +2, 발표했는데 풀이에 오류가 발생하면 +1, 아예 발표하는 것을 하지 않는 경우 0점으로 규정을 바꾸었더니, 아이들의 발표의 횟수도 많이 늘었고 수업에 참여하지 않는 학생이 단 한명도 없는 상황까지 나타났다. "수학 자체는 정말 싫은데 수학수업은 정말 좋아요.

너무 즐거워요."라고 말하는 학생들의 수가 늘어나면서 수학교사로서의 보람을 느끼곤 했다. 반 내에서 수행평가 참여도 점수를 부여하기 때문에 +1, 0, -1점 체계나 +2, +1, 0점 체계는 교사 입장에서는 아무런 차이가 없지만, 학생들이 피부에 와닿는 느낌은 마이너스 점수 체계보다는 플러스 점수 체계가 더 긍정적인 반응을 이끌어 내게 되는 것 같다. 수학을 못해도 앞에 나와서 문제를 풀게 되고 못해도 점수를 얻을 수 있다는 자신감과 더불어 아이들의 발표력 또한 향상되는 일석삼조의 효과를 볼 수 있었다.

더욱이, 조별로 같은 점수를 부여하는 방식은 친구 덕분에 얻게 되는 점수에 대한 긍정적인 반응보다는 친구 때문에 감점되는 부분에서 오는 부정적인 반응들이 높아서, 멘토링 활동 후 발표 점수 부여에 있어서는 조별 점수 부여체계에서 개별 점수 부여체계방식으로 전환하게 되었다. 이렇게 전환하면서 멘토링 조 활동이 약간 부실해지면서 각자 활동이 되는 양상을 보였는데, 문제풀이에 실패했을 경우 오답노트를 조별로 함께하는 방식으로 전환하게 했더니 다시 멘토링 활동은 적극성을 띄게 되었다. 오답 노트 숙제를 하지 않기 위해서 멘토링 활동은 다시 활발해졌고 실패했을 경우 본인 점수에만 반영하기 때문에 친구에게 미안한 감정을 갖지 않아도 되어 아이들의 만족도는 높아지게 되었다.

5) 멘토링 수업 5단계

4단계 멘토링 활동을 진행하면서 아이들의 멘토링 조 구성을 조금 더 세분화하면 어떨까 하는 생각을 갖게 되었다. 점수 차가 많이 나는 조 구성이 있고 점수 차가 적은 조 구성이 있는데, 수학적 의사소통과정을 살펴본 결과 점수차가 많이 나지 않는 조의 수학적 의사소통이 더 활발하다는 것을 알게 되면서 조금 더 세분해서 구조화 하여 멘토링 조를 구성했을 때 아이들의 성취도에는 어떤 변화가 있을까 하는 생각을 하게 되었다. 그래서 멘토팀을 3단계로(성적순으로 A, B, C) 세분화하고 멘티팀도 마찬가지로 3단계로(성적순으로 D, E, F) 구조화 하였다. 결국 한 반의 학생들을 6단계의 수준별 팀을 만들고 멘토링 조 구성의 선택권은 학생들에게 주되 일정한 규칙을 제시하였다. 어떤 조 구성이 가장 성취도가 높을까라는 생각을 가지고 수준차가 가장 많이 나는 팀이 A-F팀, 그 다음 B-E팀, 마지막으로 수준차이가 거의 나지 않는 C-D팀으로 조 구성을 하고, 다시 이 세 조직을 한 조에 골고루 배치하여 조당 A-F, B-E, C-D가 모두 들어갈 수 있도록 조를 구성했다.

초창기 멘토와 멘티가 한 명씩 만나 만들어진 1-1구조와 다른 2-2-2구조로 조를 구성하여 수업을 진행하였다. 아이들은 자연스럽게 조별간 선의의 경쟁을 하기 시작하였다. 가장 신속하게 문제풀이를 해결한 팀에게 간식과 같은 인센티브를 제공하기도 하고, 숙제 면제권도 부여하는 방식으로 아이들에게 접근하였더니, 아이들의 협동심은 구조화하지 않은 일반교실에서 인센티브를 준 경우보다 비교되지 않을 정도로 눈에 띄게 향상되었다. 게다가 처음에는 1-1구조처럼 학생들 좌석배치를 왼쪽 줄은 멘토인 A, B, C를 앉게 하고 오른쪽에는 D, E, F를 앉게 했는데, 수학적 의사소통을 조금 더 활발하게 하기 위해서 3줄의 조 배치는 가운데 줄 왼쪽에 A, 앞줄 왼쪽에 E, 뒷줄엔 D, 그리고 그 옆자리는 각자의 짝꿍을 배치하였다. 옆 짝꿍과의 수학적 의사소통도 이루어지지만 2-2-2구조에서는 조 내에서의 의사소통 또한 이루어져 앞뒤간의 의사소통이 잘 이루어지도록 하여 [그림 1]과 같이 지그재그 형태의 좌석배치로 바뀌었다. 비록 수준 격차가 심한 A-F커플보다는 수준차이가 적은 C-D커플의 향상도가 높게 나왔지만, 학생들의 반응은 의도대로 활발히 이루어지게 되었다.

A	F
B	E
C	D

⇒

E	B
A	F
D	C

그림 1 2-2-2 구조의 조 편성

멘토링 과정에 있어서 수준차이가 나는 학생들은 자기 만족도가 상대적으로 낮게 나왔다. 왜냐하면 친구에게서 받는 수준차는 상대적으로 성취도가 낮은 학생들에게는 포기라는 단어를 연상시키게 하기도 하고, 자기 자신에 대한 만족도가 낮기 때문에 참여도 기회를 얻으려고 하지 않는다. 그에 비해 옆 짝과의 점수 차이가 적은 커플들은 본인이 알고 있는 지식들을 서로 교환해 가면서 수업에 참여하고 서로에 대한 부담감 또한 줄어들기 때문에 서로에게 긍정적인 영향들을 미치며 Win-Win하는 결과를 보였다. 이 결과를 보면 학생들이 전문 지식을 가진 교사에게 다가가기 보다는 친구에게 물어보고 이해하는 것을 더 좋아하는 것과 연관시켜 볼 수 있었다. 이러한 교수법에서 또래 멘토링 활동의 필요성을 확인할 수 있고 멘토링 활동에서 수준차이의 중요성을 생각해 볼 수 있었다.

3. 멘토링 교수법 개발에서 과정적 원리[2]

다년간 교수법을 변화시킨 교사가 학교 현장에서 학습자의 수업 참여를 통한 다양한 생각들을 공유할 수 있도록 실천한 내용들은 〈표 2〉와 같다.

표 2 멘토링 방법의 단계별 요약

멘토링 단계	단계별 요약
1단계	• 학습자 개인차 고려를 위한 멘토링 활동 • 학습 성공 경험부여와 친밀한 관계성을 고려한 멘토링 활동
2단계	• 배려를 바탕에 둔 성적 기준 조 편성 • 조별 참여 점수 차등 부여를 통한 경쟁심리 유발
3단계	• 단원별로 조 편성의 변화 • 공동체 의식 함양과 발표를 통한 의사소통 과정에서의 참여 점수 부여
4단계	• 조 편성권을 학생에게 위임 • 참여 점수 획득의 다양화와 점수 체계 변경
5단계	• 맥락을 고려한 멘토링 구조의 세분화

5단계의 수업 변화 과정에서 볼 수 있듯이 학습자의 수업 참여를 위해서 학교와 사회의 맥락에 따라 교수법을 변화시킨 과정을 간단히 요약하면 다음과 같다.

첫째, 교사는 학습자의 능동적인 참여를 촉진하기 위해서, 학습 성취도 차이를 기준으로 하는 멘토링 조 편성에서 학생 간의 관계성을 바탕

---

2 멘토링 교수법의 원리는 최상호·하정미·김동중(2016a)의 "학생 중심 동료 멘토링 교수법에서 수학적 과정에 대한 의사소통학적 접근" 제 30집 3호 375-392 페이지의 내용을 발췌·요약한 부분으로서 본 내용의 저작권은 한국수학교육학회에 있음을 밝힘.

으로 하는 조 편성으로 자율성을 부여하였다. 멘토링 교수법에서 조를 편성하거나 교실의 환경을 멘토링 활동에 맞게 조정하는 것은 수업 성패의 가장 중요한 요소 중에 하나라고 볼 수 있다. 교사는 멘토링 교수법을 시작하는 초기 단계에서는 학습자의 학업 성취 수준을 고려하여 한 학기를 기준으로 멘토링 조를 편성하였지만, 이러한 성취 수준에 의한 조 편성은 학생 간의 친밀성과 관계성이 고려되지 않았으므로 의사소통 과정에서 부작용이 발생하였다. 이러한 문제점을 해결하기 위해서 교사는 수학 내용 단원별로 새롭게 조편성을 하였으며, 학습자별로 다양한 동료들과 소통할 수 있는 기회를 제공하였다. 하지만 단원에 따른 조 편성도 관계성을 고려하지 못하여 의사소통 과정에서 부정적인 영향을 미치는 현상을 관찰하게 되었으므로 조 편성을 학생들 스스로 자율적으로 할 수 있도록 권한을 위임하였다. 결국 학생들은 관계성을 바탕으로 의사소통을 함으로 소통에 참여하였고, 이를 바탕으로 수업에 참여하는 모습들을 관찰할 수 있었다. 이러한 조 편성의 변화를 통해서 학생들의 능동적인 수업 참여가 촉진되었다고 볼 수 있다.

둘째, 교사는 모든 학생들이 주체적으로 수업의 활동에 참여할 수 있도록 공평한 기회를 부여하기 위해서 다양한 상호작용 방식을 개발하고 발전시켰다. 교사는 멘토링 교수법에서 동료 간의 소통을 바탕으로 문제를 해결한 후, 해결 과정을 전체 학생들을 대상으로 발표하도록 기회를 부여하였다. 멘토링 활동의 결과를 발표하는 과정에서 발표 내용을 듣고 있는 학생들이 의문 나는 부분에 대해서 질문하고 잘못된 부분을 지적하도록 함으로 수업 참여를 유도하였다. 하지만 1시간이라는 수업 시간의 제한으로 모든 학생이 발표에 참여하지 못하는 경우가 발생하였다. 이러한 문제를 해결하기 위해서 발표를 하지 못한 학생만 발표를 하게 하는 날을 정하거나, 발표 하고 싶었던 내용을 글로 작성해서 제출하면 발표를 한 것으로 인정함으로 모든 학생들에게 공평한 기회가 부여될 수 있도록 하였다. 특히, 멘토링 활동 결과 발표 과정에서 문제를 해결하지 못한 경우, 멘토-멘티가 오답 노트를 함께 작성할 수 있는 기회를 부여함으로 협동을 바탕으로 수업 참여를 할 수 있도록 하였다.

셋째, 교사는 발표를 하지 않는 경우 점수를 부여하지 않고 발표를 해도 틀린 경우는 점수를 감점하는 체계였는데, 이를 긍정적인 방향으로 참여 점수 체계를 변화시킴으로 학습자의 적극적인 참여를 유도하였다. 초기에는 학습자의 참여에 따라 점수를 -1, 0, 1점으로 부여하였지만, 참여를 촉진하기 위해서 발표를 하지 않으면 0점, 발표를 하기만 하면 1점, 발표를 잘 한 경우는 2점으로 점수 체계를 바꾸었다. 결국 학생들은 발표를 하기만 해도 참여 점수를 받을 수 있기 때문에 수업에 적극적으로 참여하였다.

결론적으로 교사는 교실에 있는 모든 학생들이 적극적으로 소통하고 참여할 수 있도록 학습 환경과 평가 방법들을 변화시켰다. 이러한 5단계의 변천 과정을 통해 멘토링 교수법 개발의 특징을 다음과 같은 7가지 원리로 제안하고자 한다.

1) 연속적 상호작용의 원리

멘토링 교수법을 실행하기 위한 학습 환경과 과정들은 유기적으로 연결되어 있으며 교사와 학생이 역동적인 상호작용을 함으로 연속적인 수학 학습의 과정 속에서 담론이 개발되고 발전할 수 있다. 즉, 멘토링 교수법은 학습 환경의 변화라는 비계를 통해서 교사와 학생들의 의사소통 활동을 바탕으로, 연속적인 상호작용을 할 수 있도록 평가 방법을 변화시킴으로 실천될 수 있다. 따라서 이러한 과정들은 연속적인 상호작용의 원리를 바탕으로 가능한 것이다. 이러한 연속적인 상호작용은 전체 의사소통 활동에 영향을 줄 수 있는데, 이러한 과정은 5단계의 멘토링 교수법 변천 과정에서 살펴볼 수 있다. 예를 들어, 멘토링 구조를 2-2-2로 변화시키는 학습 환경은 학생들이 다양한 의사소통을 할 수 있도록 도움을 주었고, 향상도를 바탕으로 한 평가 점수 체계의 변화는 모든 학생이 수업 공동체에 참여할 수 있도록 도움을 주었다. 이러한 모든 과정들이 연속적인 상호작용을 바탕으로 실행될 수 있다고 볼 수 있다.

2) 맥락의 원리

멘토링 교수법의 변화 과정은 연속적인 동시에 맥락에 의존하기 때문에 학습 환경에 대한 맥락, 교사와 학생의 맥락을 고려해야 한다. 예를 들어, 멘토링 교수법의 변천 과정을 보면, 교사는 교실 맥락을 바탕으로 학습 환경과 학생의 맥락을 관찰하여 실행되고 있는 멘토링 교수법을 변화시키는 과정을 관찰할 수 있다. 이러한 맥락적인 요소들을 통해서 모든 학생이 수업의 과정에 공평하게 참여할 수 있는 기회를 부여하고, 학생들의 관계성을 고려할 수 있도록 자율성을 부여하는 등의 맥락적인 요소들을 통합적으로 고려함으로써, 학생들의 수업 참여는 극대화될 수 있는 것이다. 따라서 멘토링 교수법의 실행은 일반화된 원리보다는 교실 환경, 학생 맥락 등이 고려된 특수한 맥락적 요소들을 고려함으로 효과적으로 실행될 수 있다.

3) 양방향성의 원리

멘토링 교수법의 변화 과정 5단계를 통해서 교사는 상향식 교육과 하향식 교육을 통합적으로 운영하면서 수업의 과정을 변화시켰다. 즉, 교사의 경험을 바탕으로 멘토링 조를 편성하고 참여 점수를 부여하는 하향식 교육을 실행하는 과정 속에서 학생들의 반응과 활동을 관찰함으로 학생에게 자율성을 부여하여 조 편성을 할 수 있도록 하였으며, 관계성과 참여도를 향상시키는 상향식 교육의 방향으로 지속적으로 수정하였다. 이렇게 교육의 양방향성을 고려하면서 수업의 방향을 수정함으로 학습자의 수업 참여는 극대화 될 수 있었다. 멘토링 교수법의 실행은 학생 간의 관계성을 바탕으로 하는 적극적인 참여를 통해서 가능하기 때문에 양방향성의 원리는 반드시 고려되어야 할 조건 중에 하나라고 볼 수 있다.

4) 교사 역량의 원리

멘토링 교수법은 교사의 역량에 따라 변할 수 있고 변해야 하는 변수라고 볼 수 있다. 교수법의 변화 과정 속에서 교사는 자신이 가진 역량을 바탕으로 학습 환경과 평가 방법 등에서 최적화된 방법들을 찾기 위해 노력하는 모습을 볼 수 있다. 이러한 과정 속에서 역량이 쌓여갈수록 좀 더 다양한 요소들을 고려하게 되었고, 초임교사가 보기에는 매우 복잡한 요소들이 고려된 것으로 인식될 수 있다. 하지만 앞에서 언급했던 맥락성의 요소들을 효과적으로 조정하고 해결하기 위해서는 교사 자신의 역량이 준비되어 있어야 가능할 수 있다. 교사의 역량을 고려하여 더 복잡하고 다양한 맥락의 원리들을 고려하고 조정할 수 있게 됨으로 멘토링 교수법은 교사 자신에게 구체적인 실제로 다가올 수 있을 것이다.

5) 학생 참여의 원리

멘토링 교수법을 5단계로 변화시키는 과정 속에서 교사는 자율성, 의사소통의 다양성, 평가의 다양성과 공평성을 바탕으로, 학생들의 학습 동기 부여를 통해 학습 과정에 적극적으로 참여할 수 있도록 교수법을 변화시키는 모습을 관찰할 수 있다. 예를 들어, 교사는 역량이 축적될수록 조금 더 복잡하고 다양한 맥락들을 고려하여 학생들이 편안함을 느낄 수 있는 교실 환경 조성과 학생들에게 자율성을 부여함으로써 내적인 동기를 유발하고(김종렬, 2014; 김종렬, 이은주, 2012; 조현철, 2011; Deci & Ryan, 2000; Reeve et al., 2004; Vallerand, Fortier, & Guay, 1997), 다양한 맥락을 고려하여 참여 점수를 부여함으로 외적인 동기를 유발하는 모습을 볼 때(한영숙, 현성용, 2010) 교사는 학습자의 동기를 종합적으로 유발한다고 볼 수 있다(김종렬, 2014; 박승희, 2005). 이러한 동기 유발을 바탕으로 학습자의 적극적인 수업 참여가 가능할 것이다. 동료 멘토링 활동의 주체는 학생이기 때문에 학생 참여의 원리를 위한 학습 동기 유발을 증진시킬 수 있는 교수 방법과 전략들이 개발될 필요가 있다.

6) 담론개발 전후의 원리

수업 중 학생들의 효과적 담론개발을 위해서 수업전후 활동을 중심으로 학생들을 담론개발을 위한 동기를 부여하고 담론개발의 참여도를 높이는 원리이다. 학기 초 오리엔테이션과 수업 전의 설명들을 통해서 담론개발을 위한 사회(수학적) 규범 개발이 강조될 뿐 아니라, 학생들의 담론개발에 참여도를 높이기 위해서 동기부여와 학생들과의 관계형성을 위한 활동의 중요성을 볼 수 있었다. 또한, 수업 중에 개발될 담론들은 수업 후에도 학교 홈페이지를 활용하거나 다높이 2.0을 활용하여 수준별 맞춤식 활동을 제공함으로써 수업시간 외 수학담론개발을 위한 수업전후 활동들을 통해서 담론개발을 위한 동기부여 및 참여도를 높이는 것을 관찰할 수 있었다.

7) 공유된 창의성의 원리

멘토링 교수법의 6가지 원리들을 바탕으로 교수법 변화를 위한 원동력이 될 수 있는 원리로 공유된 창의성을 제시할 수 있다. 공유된 창의성은 스티브 잡스가 "창의성은 단지 여러 가지 요소들을 연결하는 것이다."라고 말한 것에서 그 의미를 생각할 수 있다. 즉, 새로운 것을 발견하는 창의성은 한 개인의 통찰보다는 이전 연구와 지식들을 연결시킴으로 가능하다는 것이다(휴먼스토리, 2011; Dyer, Gregersen & Christensen, 2009; Gallo, 2010). 공유된 창의성의 원리는 멘토링 교수법을 5단계로 변화시키는 과정 속에서 관찰할 수 있다. 즉, 다양한 의사소통 활동의 개발, 학습자의 공평한 참여를 위한 점수 체계의 변화를 통해서, 지나친 경쟁 의식의 문제를 해결함으로 긍정적인 관계를 바탕으로 참여를 촉진하여 공동체 의식을 함양할 수 있는 기회를 제공하였다. 학생들은 공유와 협동을 통해서 수업에 적극적으로 참여하고, 이를 바탕으로 다양한 담론의 개발과 발전이 가능하게 되었다. 또한 연속성과 역동성을 바탕으로 공동체에서 협동을 실행함으로서 시너지 효과를 낼 수 있게 되어 결국 "귀납적인 도약" (Gagne, 1985)을 할 수 있게 되어 창의성 함양에 토대를 갖출 수 있게 되었다. 따라서 멘토링 교수법은 온전한 실천은 결국 공유된 창의성을 실천하는 것이라고 볼 수 있다.

이러한 원리들을 바탕으로 서로 다른 경력의 교사, 다양한 맥락의 학교 등이 반영된 중·고등학교 교사 4명의 멘토링 수업 사례를 관찰함으로 멘토링 수업을 실제 교실에 적용할 때, 자신의 역량에 맞는 멘토링 활동과 자신이 속한 공동체에 적절한 교실 규범을 개발함으로써 멘토링 활동을 개발하는데 실제적인 도움을 줄 수 있을 것으로 기대해 본다.

멘토링
수업 사례 Ⅰ

발표식 멘토링 수업

Q 발표식 멘토링 수업은 무엇인가요?

학생들이 자기 주도적으로 학습하고, 학습한 내용을 친구들과 공유하기 위하여 '발표'할 수 있도록 만든 수업입니다. 교사가 나누어준 유인물의 문제를 정해진 시간 내에 혼자 해결해 본 후, 질문할 내용이 있거나 도움이 필요한 경우 멘토링 활동을 합니다. 이러한 활동을 통해 학습한 내용을 발표하며, '문제 및 풀이 보기, 풀이과정 쓰기, 발표 내용 말하기, 듣기'의 여러 형태의 학습이 가능하도록 설계하였습니다. 학생들의 적극적인 문제 해결 활동과 질 높은 발표 활동이 이루어지기 위해서는 학생들에 대한 교사의 관찰 및 학생들과의 의사소통이 무엇보다 중요합니다.

Q 발표식 멘토링 수업을 시작하게 되신 계기는 무엇인가요?

제가 맡은 학생들은 1주일에 수학 과목 수업 시간이 6시간 이상이었습니다. 이 많은 시간을 강의식 수업으로만 하는 것보다는 학생들이 적극적으로 활동하고, 참여하는 수업도 함께 이루어져 수동적인 태도와 능동적인 태도가 조화를 이루는 것이 좋다고 판단했습니다. 또한 고등학교 수학 수업은 대학 입시 준비라는 현실을 고려해야 했기 때문에 학습의 효율성도 중요했습니다.

이 모든 조건을 만족시킬 수 있는 수업 형태가 발표식 멘토링 수업입니다. 학생들 자신이 이해한 내용을 다른 사람에게 설명하는 것이 학습효과가 가장 높다는 연구 결과를 참고하였으며, 부담스럽지 않고 편하게 참여할 수 있는 수학 수업 분위기를 조성하기 위하여 이 수업을 개발하여 실시하게 되었습니다.

Q 발표식 멘토링 수업의 특징은 무엇인가요?

첫째, 발표식 멘토링 수업의 가장 큰 특징은 교사가 전체 학생을 대상으로 강의하는 시간이 없고, 학생들의 활동(직접 문제 해결해보는 기회 갖기, 발표하기, 가르치기, 경청 등)으로 이루어진다는 것입니다. 따라서 이 수업 형태는 강의식 수업이 어느 정도 진행되어 진도가 나간 상황에서 '문제 해결' 수업을 할 때 활용하면 매우 좋습니다.

둘째, 학생을 관찰하고 적절한 피드백을 해주는 교사의 역할이 가장 중요하게 요구되는 수업 모델입니다. 강의식 수업과 다르게 학생들의 활동이 주가 되는 수업이기 때문에, 교사는 학생들이 능동적으로 수업에 참여할 수 있도록 안내해야 하고, 학생들이 어떻게 수업에 참여하고 있는지를 예민하게 관찰하고 이에 따라 수업을 진행해 나아가야하기 때문에 강의만 하는 수업에 비해 많은 역할이 요구됩니다. 학생들 한 명 한 명을 충분히 관찰하고 기록하기, 개별적인 도움 및 조언 주기, 학생들의 평소 태도 및 습관을 파악하기 위한 대화 나누기 등의 활동을 하며, 학생들에게 관심을 가져주면 학생들의 학습의욕도 향상되고, 교사와 학생 사이의 관계도 좋아져서 행복한 수업을 할 기회가 많아지게 됩니다.

TIP!

교사의 역할은 중요해요!

- 수업 시간에 관찰한 내용에 대하여 멘토와 멘티 역할을 한 학생들과 수업 시간 외의 시간(복도에서 만났을 때, 교무실 등의 장소에서 따로 만났을 때)에도 자주 대화하는 것이 좋습니다.
- 멘토와 멘티 학생이 서로 친한 경우에는 두 학생을 같이 불러서 대화를 하고, 멘토 역할에 대한 어려움 등을 물어보거나 내성적인 학생과 대화를 할 경우에는 각자 불러서 대화를 나누는 것이 좋습니다.

★ 능력이 우수한 학생 수보다 자신감이 부족하거나 참여율이 낮은 학생 수가 많을 때는 작은 변화를 보여도 변화를 보인 학생들에게 수업 중이나 수업 후에 격려를 해주는 것이 매우 중요합니다.

셋째, 멘토링 발표식 수업이 이루어진 이후에 실시되는 강의식 수업의 일부 단계에서도 활용이 가능합니다. 발표식 멘토링 수업을 한 후에 멘토링 활동 및 발표하기가 자연스럽게 이루어지는 분위기가 조성된 반에서는, 문제 풀이를 병행하는 강의식 수업을 할 때, 교사가 학생 전체를 대상으로 문제 풀이를 하는 대신에 학생들의 발표로 수업을 진행할 수 있습니다.

TIP!

발표식 멘토링 수업은 이렇게도 일부 활용할 수 있어요!

- 강의식 수업을 계획한 차시에서 수업의 변화가 필요할 때(예 : 점심시간 직후에 이루어지는 5교시 수업, 체육 시간 다음 수업, 교실에 들어갔을 때 엎드려 있는 학생 수가 많은 시간) 활용하면 지루하지 않은 수업 분위기를 조성하는 데에 도움이 됩니다. 수업에 변화를 주어도 오리엔테이션 시간을 통해 형성된 수업에 대한 규범이 있어서 거부하는 학생 수가 적고, 긍정적인 태도로 수업에 참여하도록 유도할 수 있습니다.

★ 교실 분위기에 따라 수업 방법을 재량껏 운영할 수 있는 노련미가 요구되기도 합니다.

TIP!

발표에 소극적인 학생들의 참여는 이렇게 유도할 수도 있어요!

- 발표는 '문제만 쓰기', '그래프 그리기' 등의 비교적 쉬운 활동도 포함시키면 보다 다양한 학생들이 발표에 참여할 수 있습니다.

3월 오리엔테이션

'3ㅇ ㅅㅇ 8ㄱㅇ 간다.' 이 초성퀴즈를 보면 익숙한 속담이 떠오르실 겁니다. 퀴즈의 정답을 맞추어 보세요. 정답은 '3월 수업 8개월 간다.'입니다. 1년 동안 실제 수학 수업은 8개월 정도 하게 되며 3월에 이루어진 수업, 특히 첫 수업 시간을 잘 운영하면 행복한 수학 수업이 도미노처럼 이어질 수 있습니다.

첫 수업 시간에는 1년 동안 이루어질 수학 수업에 대한 오리엔테이션을 하는 것이 좋으며 이때, 교사와 학생 그리고 수학 과목에 대해 좋은 첫인상을 갖게 하는 것이 중요합니다.

Q 3월 오리엔테이션에서 가장 중요한 점은 무엇인가요?

3월 오리엔테이션의 중요성을 느낀 시기는 2년 차 때였습니다. 1년 차 때에 강의식 수업을 하면 할수록 학생들의 수업 만족도가 낮아져서 다양한 수업 방법을 시도해 보았습니다. 학생들이 자신의 수업 목표를 설정하고 학습하는 수업[3]에서 자발적으로 멘토링 활동을 하는 모습을 보고 칭찬을 구체적으로 해주었습니다. 이후로 강의식 수업을 할 때 수업 분위기도 밝아지고 수업 만족도도 높아졌습니다.

2년 차 때에는 멘토링 학습을 한 결과를 발표할 수 있도록 수업을 진행했었는데 잘 이루어지는 반이 있고, 그렇지 못한 반이 있었습니다. 잘 이루어지지 못한 반은 평소 학생과 교사 사이의 의사소통이 활발하지 않고, 강의식 수업을 원하는 학생의 비율이 높은 편이었기 때문에 수업 방법에 변화를 주기가 어려웠습니다. 이때 교사의 교육관 및 수업관을 학생들과 미리(학기 초) 공유하는 것이 필요하겠다는 생각이 들어서, 3년 차 때부터는 3월 첫 시간에 '수업 오리엔테이션'을 진행하였습니다. 이 시간을 통해서 학생들이 교사의 생각을 충분히 이해하고, 교사와 학생이 '수업 비전'을 공유하게 되면 대학 입시와 직결된 고등학생을 대상으로 다양한 수업 방식을 적용하는 것이 수월해집니다. 새로운 수업 방법을 도입해도 큰 반발이 없고, 변화를 받아들이기 어려워하는 학생들도 수업에 참여할 수 있도록 유도할 수 있습니다.

Q 오리엔테이션에서는 어떤 이야기를 해야 하나요?

오리엔테이션에서는 다음 4가지 사항에 대한 이야기를 합니다. 4가지 사항에 대해 이야기하는 순서는 다양하게 정할 수 있습니다.

3 개념 및 원리를 활용하여 문제 풀이를 하는 차시에서 자신이 풀 문제의 개수를 결정하고, 그 다음 문제를 선택해서 풀이 과정을 작성한 후 다 해결한 순서대로 교사에게 확인을 받는 수업. 교사는 수업의 도입 때 수업 방식을 학생들에게 안내했고, 문제 해결에 대한 부담을 주지 않으며 자리 이동도 자유롭게 할 수 있는 편안한 분위기를 조성해 주었더니 수업 1/3 지점부터 '질문하기' 활동이 관찰됨.

첫째, 선생님을 소개 합니다.

학생들과 래포(Rapport)를 형성하기 위하여 선생님에 대한 이야기를 진솔하게 해줍니다. 이러한 선생님의 태도를 보면서 학생들은 마음의 문을 열고 선생님을 인간적으로 이해하려 합니다. 이야기를 하면서 학생들의 집중도에 따라 질문을 받아 대답해주는 형태로 진행할 수 있습니다.

TIP!

이야기에 이런 내용을 포함할 수 있어요!

- 수학 선생님을 하게 된 이유
- 교육관 및 수업관 – 오리엔테이션 시간에 선생님의 수업 운영 특징, 선생님이 원하는 수업 분위기, 학생들에게 바라는 점을 이야기해주면 학생들의 협조가 더욱 적극적으로 이루어집니다.
- 수업 규칙 – 수업관을 이야기해 준 후 수업 시간에 반드시 지켜야 할 규칙 및 바람직한 태도를 구체적으로 안내해 줍니다.

수업 규칙은 다음과 같은 내용으로 구성되어 있어요!

- 연습장과 필기도구 준비하기
- 핸드폰 사용 금지 – 핸드폰 전원 끄고 가방에 넣기
- 서로 다름을 인정하기
- 다양한 풀이의 가치 이해하기
- 친구가 말하거나 쓸 때는 집중하기
- 멘토링 활동할 때 다른 친구들에게 방해되지 않도록 목소리 크기 조절하기
- 친구의 발표 내용 경청하기(존중하기)
- 격려해주기 및 칭찬 아낌없이 해주기

학생들과 가까운 위치에서 이야기할 수도 있고, 판서를 하거나 PPT 등 다양한 자료를 활용하여 선생님 소개를 할 수도 있습니다. 선생님들만

의 특기를 살려서 하면 더욱 좋습니다.

둘째, 학생을 소개 합니다.

학생 소개는 발표식으로 할 수도 있고 종이에 적어서 제출하게 하는 서면식으로도 가능한데, 학생들의 반응에 따라서 적절한 방법을 선택합니다. 우선 발표식으로 할 때는 생각할 시간을 충분히 주고 발표순서도 재밌게 정할 수 있습니다.

다음으로 서면식은 A4 종이를 미리 준비하여 학생들에게 2명당 1장(학생들이 보통 2인 1조로 앉아있으므로)을 나누어 주고, 1장을 반으로 잘라 나눠 갖게 합니다. 그러면 누군가는 종이를 잘라야 해서 짝꿍끼리 서로 어색한 때에 대화가 자연스럽게 이루어질 수 있습니다. 학번과 이름을 먼저 적게 한 후 기록할 목록을 알려주면 되는데, 목록 내용은 선생님이 필요로 하는 학생들의 정보로 정하면 됩니다. (예 : 수학 교재를 적어도 한 권 정독하여 공부해본 경험의 여부를 ○, ×로 표기하기, 수학 과목 예습 정도, 본인에게 수학이란?, 선생님께 바라는 점, 수업에 대한 각오 한 마디 등) 학생들이 적을 시간을 충분히 주고, 순회 지도를 하면서 학생들이 다 적었는지 확인하며 걷은 자료는 학생들을 파악하고 수업 방법을 결정하는 데에 활용합니다.

TIP!

발표식과 서면식이 각각 적절한 경우는 다음과 같아요!

- 자기소개에 대한 학생들의 리액션(반응)이 자발적이고 적극적으로 나오는 경우에는 발표식으로 하는 것이 좋습니다. 학급 분위기가 밝고 활발하면 학생들끼

리의 의사소통이 이루어지는데, 그 내용을 모든 학생이 공유할 수 있도록 발표식으로 교사가 이끌어주면 됩니다.

- 학급 분위기가 매우 조용하고, 발표나 이야기하는 것에 대한 거부감이 있는 경우에는 서면식으로 하는 것이 좋습니다. 학생들이 적어 낸 종이를 학생들 앞에서 훑어보고 공유하면 좋은 내용이 있을 때는 발표를 권유해보는 것도 좋습니다. 교사의 격려를 받았음에도 불구하고 발표하기를 원하지 않을 때에는 무리하게 권유하기보다는 학생들의 반응이 있을 때까지 기다려주겠다는 교사의 마음을 전해줍니다.

셋째, 일 년간 수업할 과목 소개를 합니다.

대단원, 중단원, 소단원 내용을 중심으로 공부할 개념 및 관계, 배우는 이유 등을 간략히 설명해 줍니다. 그리고 각 개념의 특징과 공부 방법도 함께 안내해 줍니다.

넷째, 발표식 멘토링 수업에 대해 안내를 합니다.

많은 수업 방법 중에 왜 발표식 멘토링 수업을 하는지에 대한 이유를 언급합니다. 먼저, 멘토링을 수업에 적용하는 가장 큰 근거인 학습 기억률 피라미드[4]에 대해 학생들에게 설명을 해주고, 발표를 통해서 학생들과 배움을 나눌 수 있다는 장점을 설명해 줍니다. 모든 수업에 적용하는 것이 아니라 강의식 수업과 병행한다는 것을 안내하고, 발표식 멘토링 수업 이외에 새롭고 효과적인 수업 방법도 실시할 수 있다는 것을 예고해 줍니다.

---

4 권순현(2014). 교실을 춤추게 하는 감동의 수업여행 (마음을 움직이는 참여수업). 즐거운학교. p13.

TIP!

발표식 멘토링 수업 안내는 이렇게 이루어져요!

- 학습 기억률 피라미드에 관해서 설명을 할 때, 칠판에 피라미드 그림을 그린 후 각 칸에 들어가는 내용을 맞히기 게임을 하면 학생들이 재밌게 참여합니다. 답을 맞혔을 경우 작은 초콜릿이나 쿠키를 상품으로 주면, 학생들에게 발표식 멘토링 수업에 대한 좋은 이미지를 심어주는 데에 도움이 됩니다.
- 발표식 멘토링 수업에 대한 에피소드가 있다면 학생들에게 소개해 줍니다. 구체적인 사례가 학생들의 수업 참여에 대한 동기를 유발해 줄 수 있습니다.

★ 에피소드 1: 수업 시간에 잠만 자던 학생이 판서와 발표를 하게 된 경우.

★ 에피소드 2: 태도가 불량했던 학생이 수학 수업에서 발표를 쉽고 재밌게 하여 학생들의 주목을 받았을 뿐만 아니라, 이 과정에서 자연스럽게 수학 성적이 3등급으로 오른 경우 등

[에피소드 1의 장면]

다섯째, 질의응답 기회를 자유롭게 갖습니다.

학생들에게 질의할 수 있는 기회를 제공하고 질문에 따라서 적절한 대응 및 답변을 해주는 시간을 갖습니다. 앞으로 열정적으로 수업을 잘

해보자며 "화이팅!" 또는 "아자!"를 교사와 학생이 함께 큰소리로 외치며 마무리합니다.

수업 전 활동

Q 수업 전에 교사는 무엇을 준비해야 하나요?

이 수업 모형은 특별히 많은 사전 준비가 필요하지 않습니다. 평소 수업 준비(학생 활동지 제작 등)에 학생들을 격려하고 칭찬해줄 수 있는 몇 가지 멘트와 본 수업에서 가장 핵심적인 발문을 한 두 가지 정도 미리 준비하시면 좋습니다.

단, 모둠 수업을 고려한다면 아래의 사항을 참고합니다.

1) 모둠 수업을 하는 경우

모둠 수업을 할 경우에는 모둠을 미리 정해놓는 것이 좋습니다. 교실 상황, 반의 학생 수, 한 모둠별 인원수, 구성원의 특징 등을 고려하여 모둠을 정하고 멘토와 멘티 학생이 같은 모둠에 속하도록 합니다.

TIP!

모둠을 정하는 방법은 다음과 같아요!

- 특별교실 : 특별 교실(수학 전용 교실 등)의 책상과 의자 모양, 동선, 칠판 수를 고려하여 한 모둠 별 인원수를 정하고 자리를 배치합니다.
- 학급 학생 수 : 학급 학생 수가 홀수인 경우에는 한 모둠 또는 두 모둠의 인원이 달라지는데, 상대적으로 협력이 잘되는 모둠의 인원수를 다르게 하는 것이 좋습니다.

- 모둠 구성원 : 학급 학생의 성적(수업을 실시하는 시기와 가장 가까운 때에 산출된 성적을 활용, 수학 과목 내신점수+모의고사점수 활용)을 상, 중, 하로 분류하고 한 모둠에는 세 수준의 학생이 모두 포함되도록 구성합니다. 특히, 각 모둠에 수업에 적극적인 태도를 보이는 학생을 꼭 포함합니다.

2) 모둠 수업을 하지 않는 경우

학급 규칙대로 2명씩(또는 3명씩) 짝을 이루어 앉아 있는 상태에서도 진행할 수 있습니다. 멘토-멘티 활동이 질서 있게 이루어질 수 있도록 학생들 지도에 필요한 카리스마만 있으면 충분합니다.

Q 수업 전에 학생은 무엇을 준비해야 하나요?

다 함께 공부하려는 마음가짐, 타인에 대해서 배려하는 자세가 필요합니다. 그리고 교과서(또는 수학 문제집 등 수학 교재), 연습장, 필기구 준비물을 잘 챙기면 됩니다.

Q 발표식 멘토링 수업에 필요한 준비물은 무엇인가요?

필수 준비물은 학생들이 학습할 활동지(교사 준비물)와 연습장(학생 준비물)이고, 선택 사항 준비물은 모래시계와 활동 확인 도장 등이 있습니다.

CHECK!

- 필수 준비물 점검
- 본 수업 중 적절한 시간 분배
- 핵심 발문 목록 (1~2개) 작성

  (예 : 한 점에서 함수가 연속일 조건은 무엇인가?
  불연속일 조건은 무엇인가?)
- 기타 선택 사항 준비물 확인

  (예 : '사랑해요' 도장, '참 잘했어요' 도장, 모래시계, 색분필, 초콜릿, 교구 등)

TIP!

활동지 제작 및 활용

- 활동지는 문제의 난이도가 다양하도록 교과서 외의 문제(모의고사 기출문제, 교사가 만든 문제, 부교재에 있는 문제 등의 교과서에 없는 유형의 문제)를 포함하여 구성합니다.
- 학급별로 문제 풀이 시간을 고려하여 문제의 난이도 및 문제 수를 결정합니다.
- 문항의 난이도, 문항 출처는 학생의 특성과 교사의 재량에 맞게 운영하면 됩니다.
- 한 장의 활동지에 자신의 수준보다 높은 문제가 있을 때, 멘토링 활동 시간이 오래 걸려서 발표 시간이 적게 확보되는 수업에서는 활동지를 '세트형 활동지'로 변형하여 활용하였습니다. 세트형 활동지란, 문항의 수준을 상, 중, 하[5]의 세 수준으로 분류하고, 한 개의 활동지에 한 수준의 문항만 포함해서 만든 수준별 활동지 3개를 1세트로 하는 것을 의미합니다. 자신의 수준에 맞는 활동지를 선택하여 다 해결한 후 그 다음 수준의 활동지를 가져갈 수 있도록 했습니다.

---

5 상, 중, 하 수준은 대학수학능력시험 문항 배점인 4점, 3점, 2점의 난이도를 설정 기준으로 삼았습니다.

수열의 극한 Step 1

학번 (　　　　) 이름 (　　　　)

1. $\lim_{n\to\infty}\frac{5n^2+1}{3n^2-1}$의 값은?

① $\frac{1}{3}$　② $\frac{2}{3}$　③ 1　④ $\frac{4}{3}$　⑤ $\frac{5}{3}$

배점	2
출처	2012>2013 대학수학능력시험>수리나형>고등수학>3번

2. $\lim_{n\to\infty}\frac{5\times 7^{n+1}+3}{7^n}$의 값은?

① 15　② 20　③ 25　④ 30　⑤ 35

배점	2
출처	2013>2013 고3 6월 모의평가(평가원)>수학 A형-수학1>3번

3. $\lim_{n\to\infty}\frac{5^{n+1}+2}{5^n+3^n}$의 값은?

① 2　② 3　③ 4　④ 5　⑤ 6

배점	2
출처	2011>2012 대학수학능력시험>수리나형>2번

수열의 극한 Step 2

학번 (　　　　) 이름 (　　　　)

1. $\lim_{n\to\infty}(\sqrt{n^2+28n}-n)$의 값을 구하시오.

배점	3
출처	2013> 고3 9월 모의평가(평가원)>수학 A형-수학1>22번

2. 수열 $\{a_n\}$이 모든 자연수 n에 대하여 부등식

$$3n^2+2n < a_n < 3n^2+3n$$

을 만족시킬 때, $\lim_{n\to\infty}\frac{5a_n}{n^2+2n}$의 값을 구하시오.

배점	3
출처	2013>2013 고3 6월 모의평가(평가원)>수학 A형-수학1>24번

3. 수열 $\{a_n\}$과 $\{b_n\}$이

$\lim_{n\to\infty}(n+1)a_n=2$, $\lim_{n\to\infty}(n^2+1)b_n=7$

을 만족시킬 때, $\lim_{n\to\infty}\frac{(10n+1)b_n}{a_n}$의 값을 구하시오. (단, $a_n\neq 0$)

배점	3
출처	2011> 고3 9월 모의평가(평가원)>수학 나형>25번

수열의 극한 Step 3

학번 (　　　　) 이름 (　　　　)

1. 자연수 n에 대하여 두 직선 $2x+y=4^n$, $x-2y=2^n$이 만나는 점의 좌표를 (a_n, b_n)이라 할 때 $\lim_{n\to\infty}\frac{a_n}{b_n}=p$이다. $60p$의 값을 구하시오.

배점	4
출처	2011>고3 6월 모의평가(평가원)>수학 나형>23번

2. 첫째항이 12이고 공비가 $\frac{1}{3}$인 등비수열 $\{a_n\}$에 대하여 수열 $\{b_n\}$을 다음 규칙에 따라 정한다.

(가) $b_1=1$
(나) $n \geq 1$일 때, b_{n+1}은 점 $P_n(-b_n, b_n^2)$을 지나고 기울기가 a_n인 직선과 곡선 $y=x^2$의 교점 중에서 P_n이 아닌 점의 x좌표이다.

$\lim_{n\to\infty}b_n$의 값을 구하시오.

배점	4
출처	2011>고3 9월 모의평가(평가원)>수학 나형>26번

3. 2이상의 자연수 n에 대하여 함수 $y=\log_3 x$의 그래프 위의 x좌표가 $\frac{1}{n}$인 점을 A_n이라 하자. 그래프 위의 점 B_n과 x축 위의 점 C_n이 다음 조건을 만족시킨다.

(가) 점 C_n과 선분 A_nB_n과 x축의 교점이다
(나) $\overline{A_nC_n} : \overline{C_nB_n}=1:2$

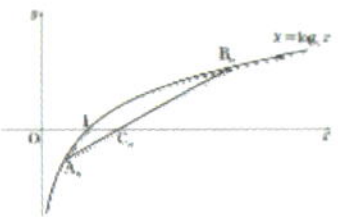

점 C_n의 x좌표를 x_n이라 할 때, $\lim_{n\to\infty}\frac{x_n}{n^2}$의 값은?

배점	4
출처	2012>고3 9월 모의평가(평가원)>수학 나형>고등수학>15번

[세트형 활동지 예시]

Q 멘토와 멘티는 어떻게 정하나요?

3월 수업을 자세히 관찰한 내용을 바탕으로 정해지며 교사-학생간 멘토링(교사-학생 팀), 학생-학생간 멘토링(학생-학생 팀)으로 두 가지 유형이 있습니다.

교사가 모든 학생을 멘토-멘티 팀으로 정하지는 않고, 멘토-멘티 팀의 구성원이 지속되기도 하고 달라지기도 합니다. 3월 한 달 동안 반별 수업에서 나타난 학생들의 특징을 파악하여 멘토링 활동이 이루어질 수 있도록 분위기를 조성하며 멘토링 유형을 만들어 갑니다.

학생들 사이에서 자발적으로 멘토-멘티 팀이 구성되는 경우도 있고, 멘토링이 필요한 학생(멘티)이 멘토링 팀으로 구성되지 않으면 교사가 교사-학생간 멘토링, 학생-학생간 멘토링의 두 가지 유형 중 적절한 유형을 선택하여 구성해줍니다.

멘티 학생의 성적과 성격, 친구와의 관계, 교사와의 관계를 고려하여 유형을 선택하며, 멘토 학생과 연결해 줄 때에는 멘티와 어느 정도 친분이 있거나 멘티에게 도움을 적절히 줄 수 있을 만한 멘토 학생을 파악하여 멘토링에 대한 대화를 충분히 나눈 후 팀을 구성합니다.

Q 교실 내 학생들의 자리 배치는 어떻게 하셨나요?

발표식 멘토링 수업은 교실 자리 배치의 영향을 크게 받지 않으므로 선생님의 스타일에 따라 운영하면 됩니다. 본 수업의 경우, 각 반의 담임 선생님이 정해준 자리 배치를 그대로 이용하였습니다.

TIP!

멘토와 멘티의 자리 이동

- 멘토와 멘티 자리가 떨어져 있는 경우에는 멘토 또는 멘티가 자리 이동을 합니다.
- 멘티의 이동: 멘티가 멘토가 있는 자리로 가서(본인의 의자를 갖고 이동) 멘토링 활동이 이루어지며, 한 명의 멘토 자리에 여러 명의 멘티가 오는 경우에는 멘토 주변에 앉은 학생들이 빈자리로 이동합니다.

★ 한 명의 멘토에 여러 명의 멘티가 설명을 듣는 경우, 이 멘토는 발표자로 자연스럽게 선정되어 모든 학생이 멘토의 설명을 공유하게 됩니다. 특히 자리를 이동하여 설명을 들은 멘티가 멘토의 발표를 이해하지 못한 학생의 멘토가 되어 주기도 합니다.

- 멘토의 이동: 멘토가 필요한 멘티 중 소심하고 내성적인 성격을 가진 학생의 경우는 자리 이동을 하지 않기 때문에, 교사와 멘토가 사전에 멘티에 대한 대화를 나눈 후 멘토가 멘티가 있는 자리로 이동(본인의 의자를 갖고 이동)하여 멘토링 활동을 합니다.

실제 수업 활동

Q 발표식 멘토링 수업은 어떻게 진행되나요?

발표식 멘토링 수업의 틀은 도입, 전개, 정리로 이루어지고, 전개 부분은 3단계로 진행됩니다.

도입은 학생들이 본 차시의 학습을 하기 위해 준비를 하는 활동으로 이루어집니다. 학습 준비물이 있는지, 수업에 불필요한 물건은 없는지 확인하며 자리 정돈을 합니다. 그리고 지난 시간에 배운 내용 및 본 수업의 선수 학습을 확인하고, 수업의 흐름을 안내해주며 학습 목표를 공유합니다.

다음으로 전개는 3개의 단계(혼자 공부하기, 멘토링, 발표하기)로 구성됩니다. 혼자 공부하기 단계에서는 학생들이 스스로 자율적인 학습을 하며 멘토링 단계에서는 혼자 공부하기를 계속하거나 멘토링 학습이 필요한 학생들끼리 모여 함께 공부합니다. 발표하기 단계에서는 발표자를 정하고, 발표자는 발표할 준비를 한 후에 칠판 앞으로 나와 판서하고 설명하며 구체적인 칭찬 및 질의응답이 오가는 활동으로 이루어집니다.

끝으로 정리 단계에서는 형성평가를 통해서 본인이 이해한 내용(또는 해결한 문제), 이해하지 못한 내용(또는 해결해야 할 문제)을 구별하고 오늘 학습한 내용을 다 같이 복습하는 활동이 이루어집니다.

단계	활동	내용
도입	준비 단계 (4분)	• 유인물(또는 교재), 연습장, 필기구 준비 및 자리 정돈 • 지난 시간 내용 및 오늘 필요한 개념 원리 복습 • 수업의 흐름 혼자 공부, 같이 공부, 발표 안내 • 목표 공유하기 : 배움 활동, 인성 함양
전개	혼자 공부하기 (10~15분)	• 창의성 덕목 : 문제해결/자율성, 애매모호함에 대한 참을성/몰입 • 학생 활동 : 문제 풀이 • 교사 활동 : 순회지도 및 학생 관찰, 연습장에 쓰도록 유도하기
	멘토링 (10~15분)	• 인성 덕목 : 약속 (공동의 목표 아래 나의 역할 찾기와 타인 지원하기) • 학생 활동 : 질문하기, 설명하기, 혼자 공부 • 교사 활동 : 질문받기, 학습 분위기 조성(정숙 상태 유지)
	발표하기 (10~12분) 	• 창의성 덕목 : 비판적 사고/다양성 • 발표자 정하기 : 지원자 또는 추천으로 발표자를 정함 (2명~4명) • 발표 준비 : 발표자의 발표 준비를 위한 시간 • 발표하기 : 판서하기, 설명하기, 칭찬하기, 질의/응답, 다른 풀이 공유 
정리	마무리 단계 (4분)	• 점검하기 : 해결한 문제, 해결할 문제 구별하기 • 복습하기 : 오늘 학습한 내용 말해보기

1. 도입

수업의 도입 부분에서는 4가지 활동을 합니다.

첫째는 학습 준비물 확인과 자리 정돈을 통한 학습 분위기 조성이고, 둘째는 초성 퀴즈를 통한 복습과 선수학습 확인이며, 셋째는 수업 흐름의 안내이고, 넷째는 학습 목표의 공유입니다.

Q 초성퀴즈를 활용한 복습은 어떻게 하나요?

지난 시간에 배운 내용 복습과 이번 수업시간에 학습할 내용에 대한 선수 학습 확인을 위하여 교사가 학생들에게 어떤 내용이 있는지 질문합니다. 대답이 나오면 그 내용을 판서하고 대답이 나오지 않으면 교사는 단어의 초성만 판서하여 학생들이 스스로 떠올릴 수 있도록 유도합니다. 정답을 맞힌 학생에게는 초콜릿이나 사탕 등의 간단한 간식을 주면 좀 더 활기찬 수업 분위기를 조성할 수 있습니다.

대표적인 Episode (도입)

교사 : (산만한 분위기를 정리하고 주의 집중을 유도하기 위하여) 여러분, 박수 11번 쳐보세요. 시작!

학생 : 짝, 짝, 짝, ... , 짝 (제각각 11번을 치며 서로 웃는다.)

교사 : 리듬을 넣어서 다 같이 다시 11번 쳐보세요. 시작! (응원 박수인 '짝짝, 짝짝짝, 짝짝짝짝, 짝짝' 을 기대하고 있다.)

학생 : 짝짝, 짝짝짝, 짝짝짝짝, 짝짝

교사 : 잘했습니다. 이제 칠판을 봐주세요. 지난 시간에 공부한 내용에 대해 말해봅시다.

학생 : .....

교사 : ('ㅁ ㅇ ㄱ'을 판서한다.)

학생 1: 만안구 (학생들이 웃는다.)

교사 : ('만안구'를 판서하며) 또 얘기해 보세요.

학생 2: 무연근 (다른 학생들은 '아~' 하며 무연근을 말한다.)

학생 3: 분수 방정식이요, 오늘 분수 방정식 문제 푼다고 하셨어요.

교사 : ('분수 방정식'을 판서한 후 '무연근'에 밑줄을 그으며) 무연근이 뭐죠?

◎ 주의해야 할 점: 대답을 빨리하도록 서두르지 말고 학생들이 떠올려보거나 기억해낼 때까지 기다려 줍니다.

TIP!

이런 방법으로 하면 도움이 되어요!

- 학생들의 대답이 나오지 않을 경우에는 초성으로 연상되는 단어 말해보는 간단한 게임을 한 후 수업을 진행하면 좋습니다.
- 학생들이 대답하는 것을 잘 경청한 후 답을 말한 학생에게 "잘 맞혔습니다." 등의 칭찬을 꼭 해줍니다.
- 학생들이 대답한 내용을 판서할 때는 색분필을 이용하여 강조해도 좋습니다.

2. 전개

발표식 멘토링 수업의 전개는 총 3단계의 활동으로 구성되어 있습니다.

첫 번째, '혼자 공부하기' 단계에서는 학생들이 혼자 스스로 조용히 학습합니다. 모호함에 대한 참을성을 기르고 몰입의 시간을 갖습니다. 교사는 순회 지도를 하면서 학생들을 관찰하고, 풀이를 가급적이면 연습장에 써볼 수 있도록 안내합니다.

두 번째, '멘토링' 단계에서는 스스로 공부하기를 계속하거나 친구 또는 선생님께 질문하기, 설명하기 등의 멘토링 활동을 합니다. 멘토링 활동은 멘토(학생)-멘티(학생), 멘토(교사)-멘티(학생)의 유형으로 나타날 수 있습니다. 이때, 교사의 역할이 중요합니다.

세 번째, '발표하기' 단계에서는 지원자 또는 추천의 방식으로 발표자를 정하고, 발표자가 정해지면 발표자는 발표할 준비를 할 수 있도록 시간을 줍니다. 그리고 발표자가 칠판으로 나와 발표를 한 후 질의응답 시간을 갖습니다. 교사는 발표하는 동안 다른 학생들이 경청할 수 있도록 안내하고, 발표가 끝나면 구체적인 칭찬이 오갈 수 있도록 합니다.

Q '혼자 공부하기' 단계에서는 어떤 활동이 이루어지나요?

자신의 수준에 맞게 학습을 시작할 수 있도록 돕기 위해서 만든 단계입니다. 수업의 진행을 위해서 10분~15분 이내로 제한을 두며(모래시계, 타이머 등의 소품을 활용하면 좋아요), 모든 학생이 적어도 5분 정도는 혼자 학습할 수 있도록 합니다. 어려움을 겪는 학생에게 교사는 교과서 일부분을 필기할 수 있도록 하거나 이전 수업에서 학습한 내용 및 문제를 복습해보도록 안내해 주어야 합니다.

집중력이 낮고 혼자 공부하는 데에 어려움을 겪는 학생이 5분 이상 학습 시간을 가졌다면 칭찬 및 격려를 해주고, 친구나 교사에게 질문하고 싶은 것이 있어도 기다리면서 한 번 더 고민해 보도록 권고합니다.

Q ‘멘토링’ 단계에서 교사는 어떤 역할을 하나요?

학생들이 멘토링 활동을 하다 보면 목소리가 커질 때가 자주 있는데 교사는 소란스러움의 정도가 지나치지 않도록 학습 분위기를 조성하고, 학생들이 주로 어떤 내용의 질문을 하는지 어떻게 의사소통을 하는지 관찰하여 기록합니다. 특히 순회 지도를 할 때 멘토가 멘티에게 설명하다 막히면 교사에게 도움을 청하게 되는데, 교사가 바로 설명해주는 것보다는 전체 학생을 대상으로 상황을 알려주고 ‘설명해 볼 학생(슈퍼 멘토)’ 신청을 받는 것이 좋습니다. 설명할 학생이 전혀 없는 경우에 교사가 도움을 줍니다.

TIP!

교사는 멘토링 분위기 조성을 위해서 이러한 역할도 할 수 있어요!

- 수업 중 한 학생이 교사에게 질문한 경우, 교사가 바로 설명해주지 않고 다른 학생이 설명할 수 있는 기회를 만듭니다.
- 학생들이 문제를 해결하고 있을 때 “친구랑 같이 해결해 봐도 좋아요.”, “의문 나는 점이 있으면 다른 친구에게 질문해보세요.”, “친구의 설명을 들은 학생은 설명해준 학생에게 이해한 내용을 설명해 보세요.” 등의 말을 자주 해줍니다.
- 추후 활동 : 교사는 멘토링 팀이 구성되면 멘토와 멘티 학생과 대화를 자주 하면서 어려운 점, 이로운 점, 개선이 필요한 점 등을 파악하여 문제를 해결하고 멘토링 활동을 발전시켜 나갑니다.

Q ‘발표하기’ 단계에서 발표자 선정은 어떻게 하셨나요?

우선 자원자를 받고, 자원자가 없는 경우에는 발표를 하면 좋을 것 같은 학생을 추천받아서 발표자를 선정하거나 교사가 발표를 권유합니다.

이때, 발표를 한 번도 해보지 않은 학생에게 기회를 주도록 하며, 발표에 대한 부담을 많이 가진 학생에게는 '문제만 적어주기', '교과서 일부분을 판서해주기', ' 도형 또는 그래프 보고 칠판에 그려주기' 등을 권합니다.

대표적인 Episode (발표자 선정)

교사 : (순회 지도를 마친 후) 2번 문제 누가 발표할까요?

학생 : ○○요, 우리랑 다르게 풀었어요.

교사 : 그래? 우와! 궁금하다. ○○야 발표해볼래?

학생 : 칠판에 나가서요?

교사 : 응, 칠판에 나가서 풀이만 적고 들어와도 되고, 풀이 적고 간단히 설명을 해줘도 되고.

학생 : ....

교사 : 선생님이 한 번 풀이를 보고, 다른 학생들에게 보여줘도 될까?

학생 : 네, 맞는지 봐주세요.

교사 : (풀이를 확인한 후) 맞아, 잘 풀었어. 좋은 풀이다. 이렇게도 풀 수 있네.

학생 : 설명은 안 하고 이거 그대로 칠판에 적기만 하고 들어와도 되죠?

교사 : 당연하지. (분필을 건네며 칠판에 나오도록 안내한다.)

학생들 : 오~ (박수를 친다.)

Q '발표하기' 단계에서 발표자가 칠판에 문제풀이를 하는 동안 나머지 학생들과 교사는 무엇을 하나요?

자신의 학습을 계속 이어가는 학생도 있고, 발표자의 판서를 관찰하는 학생도 있습니다. 교사는 학생들이 발표자의 판서를 볼 수 있도록 분위기를 유도하며 발표자의 판서 모습을 관찰합니다.

TIP!

교사의 발문과 역할이 중요해요!

- 발표자의 판서 내용을 보면서 교사는 전체 학생들을 대상으로 발문할 수 있습니다.
- 발문 예시
  1. "발표자가 어떤 수학적 아이디어를 이용하여 문제를 해결했니? 생각해봐."
  2. "자신의 풀이와 발표자의 풀이를 비교해 보세요."
  3. "칭찬 릴레이 (발표자의 장점을 한 가지씩 말해주기) 시작!" (학생들의 말이 나오지 않을 때는 교사가 먼저 칭찬 한 가지를 구체적으로 말해줍니다.)

Q '발표하기' 단계에서 교사는 발표학생과 질문학생을 어떻게 평가하나요?

점수화하여 성적에 반영하지는 않습니다. (수업 활동을 성적에 반영할 수 있는 유일한 영역은 수행평가인데, 제가 근무했던 학교에서는 3명의 수학 교사가 수행평가 계획안을 함께 작성했기 때문에 멘토링 활동, 발표 활동 항목을 포함하기가 어려워서 반영하지 못했습니다.) 발표 또는 질문이 이루어진 즉시 칭찬 및 피드백을 해줍니다. 질문의 가치를 설명해주고, 격려하여 자유롭게 질문을 주고받을 수 있는 분위기를 유도합니다. 발표를 한 학생은 사진을 찍어서 자료로 남기거나, 교무수첩에 메모하여 생활기록부 "과목별 세부능력 특기사항"에 기록해 줍니다.

⊙ 주의해야 할 점: 칭찬을 해 줄 경우에는 학생의 눈을 따뜻하게 바라보며 구체적으로 해주는 것이 좋습니다.

Q '발표하기' 단계에서 발표자가 설명을 하다가 막히면 교사는 어떻게 해야 하나요?

조금 더 생각해 볼 시간이 필요한지, 또는 설명을 이어갈 수 있는 단서가 필요한지 발표자에게 물어본 후 발표자의 선택에 따라 수업을 진행합니다.

TIP!

이런 발문이 도움이 되어요!

- "잠시 더 생각할 시간을 줄까?"
- "다른 학생에게 질문해 볼까?"
- "선생님한테 질문을 해도 좋아."
- "다시 한 번 풀어보고 다음 시간에 이어서 발표할래?"

대표적인 Episode (발표자가 당황했을 때)

학생 : (판서한 풀이 과정을 가리키며) 선생님 저 여기를 착각한 것 같아요.

교사 : 어떻게?

학생 : 같은 각이 아닌데, 같은 각으로 놓고 풀어서 잘못된 것 같아요.

교사 : 그래? 그럼 시간이 충분히 있으니까 자리에 가서 다시 풀어보고 발표할래? 아니면 여기서 직접 수정해볼래?

학생 : 다른 학생도 발표해야 하니까 다음 시간에 할게요.

교사 : 좋아, 이 부분을 발견하다니!! 잘했다. 다음 시간 시작할 때 미리 풀이를 판서해놔도 되고 수업 시작하고 판서해도 된다.

3. 정리

정리 단계에서는 형성평가를 실시하여 본인이 해결해낸 문제, 해결하지 못해 앞으로 해결해야 할 문제를 구별합니다. 그리고 오늘 학습한 내용을 복습하고 핵심 정리를 간략히 합니다.

Q 형성평가는 어떠한 방법으로 하게 되나요?

사용하고 있는 교과서와 다른 출판사의 교과서에 있는 문제 중에서 학생들의 수업 내용 이해도를 파악할 수 있는 3개의 문제를 선택하며 유인물로 나눠줍니다.

학생들의 수준을 고려하여 수업 시간에 해결한 문제와 같은 유형의 하 수준의 문제, 중 수준의 문제, 상 수준의 문제(수학 예습을 많이 했거나 문제 해결력이 좋은 학생들이 도전해볼 수 있는 최고난이도의 문제도 가능)로 구성합니다. 남은 수업 시간에 따라 학생들이 풀 문제를 선택하여 해결한 후 채점하게 합니다. 유인물을 사용해서 평가할 시간이 부족할 경우에는 구두로 실시하며, 교사의 질문에 담하는 학생들의 반응을 관찰합니다.

⊙ 주의해야 할 점: 형성 평가지를 만들 때 문제의 난이도가 상, 중, 하 골고루 있도록 합니다. 상 수준의 문제는 수업 시간에 배운 내용을 응용하면 해결할 수 있는 문제로 아직 배우지 않은 개념이 포함되지 않도록 하고, 풀이 과정을 볼 수 있도록 가능하면 서술형 문항으로 구성합니다. 학생들은 자신의 수준에 맞는 문제를 선택해서 풀기도 하고, 모든 문제를 다 풀기도 합니다. 채점한 후 멘토링 활동이 이루어지기도 합니다.

TIP!

형성평가에 포함할 하 수준의 문제 만들기

- 실제 교실에는 수학의 기초가 부족한 학생들도 있으므로 학습 목표 내용의 문제를 해결하지 못하는 학생이 있을 수 있습니다. 이 학생들도 형성평가 문제 해결에 참여시키기 위해서는 교사가 수업 내용에 언급한 내용을 하 수준의 문항으로 만듭니다.
- 수업 중에 멘티가 멘토의 도움을 받아서 학습한 내용이 수업 진도 단원의 내용이 아닐 때가 많습니다. 멘티가 공부한 내용을 관찰하여 그 내용을 형성평가 하 수준의 추가 문제로 판서하여 제시해 줍니다.

  예) 멘토 학생이 멘티 학생에게 아래의 유인물 문제를 질문을 받아 복소수 의 거듭제곱에 관해 설명한 경우

유인물 문제	형성평가 (하 수준의) 추가 문제
한 개의 주사위를 던질 때, 나오는 눈의 수를 m이라고 하자. 등식 $i^{m+m}=1$이 성립할 확률은? (단, $i=\sqrt{-1}$)	$i^2+i^3+i^4+i^8+i^{12}$의 값은? (단, $i=\sqrt{-1}$)

- 문항 예시

1. "개념 및 원리"를 다룬 수업 : 수학적 개념 및 원리의 내용과 공식을 기억나는 대로 써보기, 공식을 유도할 때 교사가 설명한 내용 중 일부를 문제로 제시

2. "문제 풀이"를 한 수업 : 수업 시간에 활용한 유인물의 문제를 분해하여 제시하거나 선수 학습 요소를 문제로 제시

예)

유인물 문제	형성평가 (하 수준의) 추가 문제
$\lim_{n\to\infty}\sqrt{n^2-28n}-n$ 의 값은?	$\frac{1}{\sqrt{3}-\sqrt{-2}}$ 을 유리화하시오. ($(a-b)(a-b)=a^2-b^2$을 이용하세요.)

대표적인 Episode (구두로 정리하기)

교사 : 여러분, 오늘 함께 공부한 내용을 말해봅시다.

학생 : 연속이요.

교사 : ('연속' 을 판서하며) 어떤 연속이죠?

학생 : 그래프, 아, 함수의 연속이요.

교사 : ('함수의' 와 '그래프' 를 판서하며) 어디에서 연속인가요?

학생 : x?

교사 : (발표한 학생이 칠판에 그려 놓은 그래프를 가리키며) 이 그래프는 무엇을 나타내고 있나요?

학생 : $x=1$ 에서 불연속이요.

교사 : 왜 불연속이죠?

학생 : 극한값이 존재하지 않아요.

교사 : 그럼 한 점에서 연속이려면 어떤 조건을 만족해야 하나요?

학생 : 3가지요.

Q 수업 마무리는 어떻게 해야 하나요?

수업에 대해 관찰한 내용을 토대로 학생들에게 피드백을 해 줍니다. 잘 이루어진 점에 대해서는 구체적으로 언급하며 칭찬을 해주고, 보완할 점에 대해서도 언급하여 학생들을 격려해주며 수업을 마무리 합니다.

수업 후 활동

본 수업과 연계된 수업 후 활동 및 수업의 활용 방안으로 학생 스터디 그룹(자율 동아리) 운영, 생활기록부 반영, 학생 및 학부모 상담의 활용이 있습니다.

멘토링 수업을 해 본 학생들은 친구들과 함께 학습하는 경험이 쌓여서 학생들 스스로 스터디그룹을 만들어 자율 동아리 형태로 체계적으로 운영할 수 있습니다. 자율 동아리로 운영하면 학교의 지원을 받아서 활동할 수 있으므로 지속적인 활동 유지가 가능하게 됩니다.

학생들을 관찰하며 기록한 내용을 바탕으로 생활기록부 메뉴 중 '과목별 세부능력 특기사항'을 작성해 줍니다. 그리고 학생과 상담할 때나 학부모님과 상담할 때 상담 기초 자료로 활용할 수 있습니다. 수업 장면을 촬영한 사진 및 동영상도 SNS로 공유하여 학습 동기가 유발되는 긍정적인 효과도 볼 수 있습니다.

대표적인 Episode (자율 동아리 활동)

발표식 멘토링 수업이 적극적으로 이루어진 반의 멘토 학생이 스터디 그룹(자율 동아리)을 만들어 운영한 사례가 있습니다. 동아리에 가입한 학생들이 스터디 할 과목을 정해서 과목별로 공부할 분량을 정하고, 공부해온 내용을 발표하고 질문하고 설명하는 활동을 하였으며, 이 그룹에는 다른 반 학생도 포함되어 있었습니다. 이 학생이 수학 수업에서 멘토 역할을 하게 되는 변화를 보였고, 이 동아리 학생이 아닌 다른 학생들에게 감화를 주어 멘토링 학습 동기를 유발해준 긍정적인 영향이 있었습니다.

Q 본 수업 외 추가적인 활동에는 어떤 것들이 있나요?

학생들의 수업 후기 인터뷰를 진행하여 수업 소감, 느낀 점, 학습 발전 방안 등의 솔직한 이야기와 수업 중에 이루어진 발표 중 다양한 풀이가 담긴 작은 책자 등의 기록물로 남길 수 있습니다.

〈후기〉

이 수업 방법은 방과 후 학교 수업에도 활용하고 있습니다. 정규 수업이든 방과후 학교 수업이든 모든 반에서 다 잘 운영되는 것은 아니고, 반마다 수업 분위기가 다르므로 몇 개 반은 잘 운영되고, 몇 개 반은 시도하기 싫을 정도로 운영이 잘 안 될 때도 있습니다.

잘 운영되는 반의 특징은 교사와 학생의 관계가 좋고, 학생들이 스스로 무언가 시도하려는 태도를 보이고 수업에 적극적으로 임하는 풍토가 조성되어 있습니다.

잘 운영되지 않은 반의 특징은 주의가 산만한 학생의 수가 다른 반보다 많거나 수업에 적극적으로 참여하는 것이 어색한 학급 풍토가 조성되어 있습니다. 이럴 땐 학생 개별 특징을 섬세하게 파악한 후 수업 방법을 시도하는 것이 좋은데, 교사의 숨은 노력이 필요해서 분위기 조성하기까지 교사의 피로도가 높아질 수 있습니다. 수업 시간마다 멘토, 멘티 짝을 이루면 학습에 도움이 되는 학생이 있는지 없는지 등을 알아내기 위해서 학생들이 하는 말이나 행동을 살피고 기록을 해야 하기 때문입니다.

이런 반에는 우선 용기(눈 딱 감고! 수업 분위기 변화를 위해서라는 명분 하나만을 믿고!!)를 내어 시도하고, 수업 시작을 할 때 기대치를 낮추는 것이 정신 건강에 좋습니다. (예를 들면, 학생들이 서로 의견을 내어서 문제를 함께 해결한 경우가 1회라도 생기면 만족을 합니다.) 평소보다 수업에 참여하는 모습이 보인 경우나 다른 학생과 함께 소통하려는 시도를 하는 학생이 보이면 칭찬 및 피드백을 아낌없이 주고, 수업 마무리를 할 때 진심을 담아 격려를 해주면 학생들의 태도 변화가 조금씩 보이기 시작할 것입니다.

'수포자가 생기지 않도록 하자,' '기초가 부족한 학생도 수학 수업에 참여할 수 있도록 수업하자,' '서로 돕고 공유하며 학습하는 아름다운 풍토를 조성하자' 라는 기본 목표를 세우고 수업을 포기하지 않고 하다보면 교학상장이 이루어지고 있음을 느낄 기회가 반드시 찾아옵니다.

수업의 분위기가 늘 안 좋은 것이 일상인 반(생각만 해도 머리가 아픈 반, 수업하러 갈 때 발걸음이 무거워지는 반)의 어떤 학생이 2학기가 끝나갈 무렵에 "우리 반 수업 중에서 수학 시간에 한 멘토링 수업이 제일 좋았다." 고 말해주었을 때 학생으로부터 교사도 격려를 받아 성장한다는 것을 깨달았습니다.

내신과 모의고사 등급이 무엇보다 중요한 일반계 고등학교에서 멘토링 수업을 준비하는 것보다 강의식 수업을 멋지게 잘해서 수업을 잘 따라오는 학생만이라도 수업의 효과를 볼 수 있도록 하는 것이 오히려 좋아 보일 때도 있습니다. 하지만 한 명의 학생이라도 변화가 보이면 이 맛에 "학습의 효과를 장기적으로 봤을 때, 수업에 참여하는 기회를 갖게 하는 것이 무엇보다 중요하다" 는 신념을 지켜가며 더 나은 수업 방법을 찾으려는 노력을 계속 이어나가게 되는 것 같습니다.

같은 학교에 응원해주고 지지해주는 동료 교사 또는 교사 학습 공동체가 있으면 다양한 도움도 받을 수 있어서 수업 방법 연구를 지속적으로 하는 데에 더욱 좋고, 없으면 직접 공동체를 만들어보는 것도 추천합니다. 수학선생님들 화이팅!!!

Q & A

Q1. 수업의 진도를 맞추는 데 어려움은 없나요?

3월에는 같은 학년을 맡은 동료 선생님들과 평가 계획을 수립한 후, 제 수업에 대한 1년 동안의 수업 시수와 진도 부분을 점검합니다. 이 과정에서 제가 2시간에서 10시간까지 자유롭게 활용할 수 있는 수업 시수를 확보하여 '발표식 멘토링 수업'을 배정합니다. 특히, '발표식 멘토링 수업'은 '강의식 수업'과 병행을 하는 수업 방식이기 때문에, 교사의 강의식 수업에 대한 역량에 따라서 진도 문제는 해결할 수 있습니다. 단, 교사가 강의식 수업을 할 때, 교재연구가 부실하거나 교사 역량이 부족하다면 진도의 구애를 받을 수는 있습니다. 저도 1~2년차 때에는 이 부분을 조절하기가 어려웠지만, 3년차가 되었을 때부터는 조절할 수 있었습니다. 특히, 고등학교 수업에서는 학생들과의 충분한 협의와 교사의 수업 조절 능력에 따라서 수업 시수를 확보할 수만 있다면, 진도 문제는 충분히 해결할 수 있다고 생각합니다.

Q2. 여러 명의 수학 선생님들이 같은 학년을 맡을 경우, 선생님들과 협의하여 같은 수업을 진행하나요?

아닙니다. 만약에 세 분의 선생님이 저와 함께 같은 학년의 수업을 맡을 경우, 모두 각기 다른 수업을 진행합니다. 하지만 저와 연배가 비슷하거나 젊은 선생님들은 제 수업을 공유하길 원하는 경우도 있어서 자신들의 수업에 적용해보시기도 합니다. 하지만 경력이 많은 선생님의 경우, 그 선생님들만의 수업방식으로 수업을 진행하시기 때문에 저와 같은 수업을 진행하기는 어렵습니다. 수업 내용 측면에서 내용의 범위나 난이도, 교재 등은 협의를 통해서 통일시킬 때도 있습니다. 하지만 수업 방법 측면에서는 같은 수업이 진행되지는 않습니다.

Q3. 이 수업과 관련해서 평가에 따로 적용하는 부분은 없나요?

제가 고등학교 2학년 이과 8개 반을 대상으로 하는 '기하와 벡터' 수업을 혼자 맡아 진행한 적이 있습니다. 그때만 수업 중에 평가한 점수를 수행평가의 한 영역에 반영한 적이 있고, 여러 명의 수학 선생님들과 함께 한 과목을 수업한 경우에는 실제로 평가에 반영하기가 어려웠습니다.

Q4. 이 수업의 '혼자 공부하기' 부분에서 학생들이 스스로 공부를 잘 하는지, 아니면 이 부분을 이끌어가기 위한 선생님만의 노하우가 있나요?

첫째 주에는 강의식 수업을 진행하고, 둘째 주부터는 본 수업과 관련된 준비를 시작합니다. 이때 3월이라는 시기적인 특성상, 학생들이 교사를 잘 파악하지 못한 상태여서 교사의 말을 잘 듣는 편입니다. 그래서 교사는 이 시기를 적극적으로 활용하여 학생들이 '혼자 공부하기' 시간을 견뎌내는 습관을 들일 수 있습니다. 그런데도 이 시간을 견뎌내지 못하는 학생들에게는 많은 격려(소소한 간식 – 초콜릿 또는 사탕 등 – 챙겨주기, 생일을 챙겨주거나 그 학생에 대한 내용을 기억하고 있다가 물어보기 등을 하면서 세심한 관심 표현해주기 등)를 해주는 것이 중요합니다. 이 학생의 입장에서는 교사와 매우 서먹할 것 같은 3월인데 교사가 자신에게 관심을 둔다고 생각하게 되고, 3월이 끝날 때쯤에는 '혼자 공부하기' 시간을 견뎌내기 위한 학생 나름의 방법을 찾습니다. 그 후, 4월 첫째 주에는 학생들이 수업 방법에 정착하게 되고, 4월 둘째 주부터는 중간고사를 대비하는 분위기가 시작되면서 학생들이 '혼자 공부하기'에 열심히 참여하게 됩니다.

Q5. 본 수업의 '정리' 단계에서 형성평가를 진행하는 내용이 나오는데, 실제 수업을 할 때는 현실적으로 시간이 부족해서 형성평가까지 진행하기 어려운 점이 있습니다. 이 부분에 대한 선생님의 의견이 있을까요?

형성평가라는 것이 학생들의 이해 상태를 파악하고자 하는 것이 목적인데, 본 수업을 '문제풀이 수업'에 활용할 때는 형성평가를 또다시 진행할 필요가 있겠느냐는 생각을 하고 있습니다. 따라서 선생님들이 본 수업을 어떻게 적용하실 지에 따라서 형성평가의 진행 여부는 결정해도 좋을 것 같습니다.

Q6. 학생들이 토론할 때, 소란스러운 수업 분위기를 잡아줄 수 있는 선생님만의 노하우가 있을까요?

저는 3월 오리엔테이션을 매우 중요하게 생각하는 편인데, 분명 3월에 교사와 래포(Rapport)를 형성하고 수업풍토를 만들어도 수업 중에 소란스럽거나 싸우는 학생들이 있습니다. 그런데 이러한 일이 우발적으로 일어나는 일이 아니고 학생들의 습관적인 행동의 문제라면, 수업 외에 제 개인적인 시간을 많이 할애하여 학생들과 이야기하는 시간을 갖습니다. 제 생각에는 이러한 문제를 해결하기 위해서 교사의 개인적인 노력과 시간을 많이 할애해야 하는 부분이라고 생각합니다. 학생들에게 질서를 지켜야 한다는 것을 단호하게 지도할 때는 교사들만의 카리스마가 필요합니다. 저도 강압이 아닌 학생들 스스로도 교사의 제안을 따를 필요가 있고 기꺼이 협조해야겠다는 마음이 들 수 있도록 평소 공정하고 일관성 있는 태도를 보이며 학생들과의 신뢰관계가 튼튼해지도록 노력하고 있습니다.

멘토링 수업 사례 II[6]

나눔, 존중, 공유의 멘토링 수업

이번 장에서는 나눔, 존중, 공유라는 철학을 갖고 설계된 멘토링 수업의 3가지 모형을 소개하고자 합니다. 제가 3가지 모형을 어떻게 준비하고 실행하는지 그 과정을 다음 그림에 제시된 순서에 따라 설명하겠습니다.

Step1. 멘토링 수업을 시작하게 된 계기와 철학

제가 생각하는 멘토링 수업은 학생들이 수학적 지식을 서로 나누고, 그 과정에서 타인의 생각을 존중하면서 또래가 가지는 고민과 노력의

---

6 멘토링 수업사례 II 는 안병주(2017)의 "학급 풍토를 고려한 세 가지 동료 멘토링 모형의 특징분석. 고려대학교 교육대학원 석사학위논문"의 일부를 발췌 인용함 .

시간을 서로 공감하는 마음을 기르고 그 경험의 공유를 실천하는 수업입니다. 수학을 매개로 소통을 통해 수학적 지식을 쌓고, 아울러 자신의 길 뿐만 아니라 타인의 길도 함께 비출 수 있는 따뜻한 마음을 함양하는 것을 목표로 합니다.

제가 처음부터 멘토링 수업을 시도한 것은 아니었습니다. 처음 수학 교사로서 아이들 앞에 섰을 때는, 학생들에 대한 기대와 초임교사의 열정으로 모든 학생이 교사의 설명을 통해서 수학적 내용을 이해하고 문제를 풀 수 있으리라 생각했습니다. 물론 그것이 제가 꿈꾸는 이상 속의 수업이라는 것을 아는 데는 며칠도 걸리지 않았습니다. 옆자리 선생님께서 '수학을 좋아하는 학생은 별로 없어.. 그 반은 모든 시간에 그렇잖아... 수학을 싫어하는 학생들이 유난히 많이 모여서 어쩔 수 없어...'라고 위로를 해 주셨지만 여전히 마음이 불편했습니다. 다른 한편으로 생각해보면 인기 드라마도 시청률 30% 넘기기 어렵다는데 수학이 뭐 재미있을까 싶기도 했습니다. "선생님, 저 오늘부터 맘 잡았어요. 수학 시간에 대박 열심히 할께요!"라고 의욕에 불타던 학생도, 계통성이 유난히 심한 수학의 벽을 넘지 못해 수업시작 몇 분이 지나지 않아 엎드려 자기도 합니다. 마음을 다잡아 결심한 후 교과서를 몇 번씩 읽고 설명을 들었지만 모르는 건 여전히 모르겠다고 말하는 학생, 선생님의 설명이 태어나서 처음 들어보는 이상한 인디언 언어처럼 들린다는 학생의 말에 제 마음이 짠하고 우울해지곤 했습니다.

많은 학생들의 수학 자체에 대한 생각과 태도가 그다지 긍정적이지 않고, 또한 개념 학습을 위한 출발점이 서로 달라서 한 명의 교사가 1차시 동안 30명이 넘는 학생들의 다양한 학습상황의 문제들을 해결한다는 것은 불가능한 것처럼 여겨지기도 했습니다.

한번은 상위권 학생이 쉬는 시간에 짝꿍의 문제 풀이를 도와주고 있는데 뒤쪽에 있던 학생이 다가와서 '전교 1등이라고 잘난 체 하냐!! 재수 없어!!'라고 하면서 뺨을 때려 학교가 발칵 뒤집히는 사건이 있었습니다. 시간이 지날수록 상위권과 하위권 학생의 편차는 더욱 심해지고 '공부 잘하면 다야!!' 혹은 '내 공부하기도 바쁜데.. 왜 내가?' 등의 시간의 나눔에 대한 거부감과 지식의 공유에 대한 인색함은 학습능력의 차이가 인간 능력의 차이로 곡해되어 자신의 성장만 생각하는 학생들의 이기적인 모습으로 나타났습니다. 학생들이 자신 안에서 지식을 쌓아가는 것도 기쁜 일이지만, 시간 나눔과 지식 공유를 통해서 함께 성장하는 나눔의 가치를 깨닫기를 바라는 교사로서 포기할 수 없는 바람과 함께 제 수업의 변화가 시작되었습니다.

처음에는 학생들 간의 수학적 출발점 차이, 수학적 이해도의 차이, 수업에 대한 태도 및 학생 상호 간의 관계에서 오는 문제점을 해결하기 위해서 보충학습 형태의 교사-학생 멘토링을 시작했습니다. 특정 학생 상담을 통한 교사의 특별한 관심은 대상 학생에게 높은 학습 동기를 유발하고 비교적 단시간에 학습능력을 향상시키는 효과가 있었습니다. 하지만 학생 주도적 학습 태도는 쉽게 형성되지 않았고, 새로운 보충수업 대상자가 발생하면 그에 따른 교사의 개별 맞춤식 교재 개발 및 교수 방법 연구, 교수 시간 배정, 교사의 관심 분산으로 인해서 기존 학생들이 느끼는 서운함, 학생과 주기적으로 만날 수 있는 시간 확보 등의 이슈가 발생했습니다. 제가 당시 가르쳤던 중학교 3학년 학생 중 30%가 넘는 학생이 중1, 중2 과정의 학습 결손으로 인하여 중3 과정을 학습할 수 없었고, 심지어 사칙연산을 어려워하는 학생도 한 학급에 3~5명 정도가 있어서 학생과의 주기적 멘토링 시간이 절실히 필요했지만 현실에서의 시간 확보는 쉽지 않았습니다. 정규수업과 방과후 수업, 행정적 업무 그리고 학생-교사 멘토링까지, 때로는 '교사가 나의 적성이 아닌가봐... 다른 일을 찾아볼까...'라는 회의와 갈등의 시간도 거치면서 수업에 대한 고민은 계속 되었습니다. 서로 다른 출발점을 가진 학생들을 제한된 시간 안에 같은 공간 안에서 어떻게 지도할 수 있을까? 이해 능력이 각기 다른 학생들에게 어떻게 효율적으로 내용을 전달할 수 있나? 어떻게 하면 제각기 다른 학습 태도를 가진 학생들을 수업 안으로 들어오게 할 수 있을까? 어떻게 정기적으로 모일 수 있는 시간을 확보할까? 때로는 제 교수 능력 관점으로 눈을 돌려서, 어떻게 학생 개별 맞춤 교재를 만들까? 내가 개별 학생 각각의 눈높이에 맞추어 모두 설명을 해 줄 수 있을까? 너무 소수의 특정 학생들만 신경 쓰고 있는 것은 아닐까? 정규 수업 내에서 학생 주도적인 태도 형성이 가능할까? 교사의 관심 분산에 대한 학생의 서운함을 감소시키는 방법은 무엇이 있을까? 이러한 제 고민들은 수학수업 안에서 학생들 스스로 자신의 인지적·정의적 상황을 인식하여 지식을 나누고 서로를 배려하는 경험과 가치에 대한 생각을 공유하는 확장된 수업모형을 만드는 계기가 되었습니다. 이를 바탕으로 모둠 멘토링을 구안하여 7년째 멘토링 수업으로 학생들을 지도하고 있습니다. 이제 좀 더 구체적으로 저의 멘토링 수업을 소개하겠습니다.

Step2. 느리게 걷기. 한 달 동안 오리엔테이션하기

오리엔테이션은 3월 내내 진행합니다. 왜냐하면 학생들이 가진 서로 다른 특성들 (수학적 출발점의 상이함, 이해능력의 차이, 학습에 대한 태도와 교우 및 교사와의 관계성 등)을 기존의 수업 방식으로 파악하기에는 한계가 있다고 생각하기 때문입니다. 일 년에 걸쳐 실시 할 멘토링수업의 첫 일정으로 학기 초 3월 한 달 동안 오리엔테이션을 실시하여, 교사는 학생들의 개별적 성향을 파악하고 학생들은 여러 가지 활동을 통해서 학생과 학생 간, 교사와 학생 간 마음 열기를 합니다. 대부분의 학생들은 교사가 강요하거나 임의로 정한 규칙을 따라가는 것을 원하지 않으므로 학생들이 다가가기 쉬운 활동을 수업에 접목하여 서로를 알아가는 시간을 천천히 갖습니다. 자투리 시간이나 수업의 동기유발 과정 혹은 단원 마무리 시간에 수학에 대한 재미있는 에피소드를 들려주고 가벼운 퀴즈도 풀고 친구들과 협동하여 게임을 하기도 합니다. 또 학생들이 자신의 꿈을 담아 수학 시간에 사용할 수학이름을 만들고 수학 학습에 대한 자신의 바람을 적는 활동도 합니다.

TIP!

3월에는 이런 활동을 할 수 있어요.

㉠ 퀴즈 : 수학에 대한 생각 말하기, 조사한 수학자의 일생(가우스, 앨런튜링, 파스칼 등)에 대한 퀴즈, 두르가 사원 이야기 후 원반 옮기기 탐구(교구 이용), 수업내용 관련 간단한 퀴즈 등...

대표적인 Episode

교사 : 여러분이 생각하는 수학이란 무엇인가요? '수학은 OOO이다!'

학생 : '수학은 양파다!'

교사 : 음... 양파? 왜 그렇게 생각하나요?

학생 : 까도 까도 계속 나오고요. 양파처럼 우리를 울게 해요~~

ⓛ 4인 1모둠 협동게임 : '어깨 인사하기,' '꿈 밀어주기,' '하나 주고 세 개 받기' 등

대표적인 Episode

'꿈 풍선 밀어주기'는 약 10~15분 정도 소요됩니다. 교실의 책상과 의자를 가장자리로 밀고 교실 바닥에 앉아 편하게 4명씩 모둠을 구성합니다. (이때 교사는 이미 형성된 학생 간 친밀도를 어렴풋이 파악하여 기록합니다. 사진을 찍어 두는 것도 한 방법입니다.)

교사 : 아까 나눠 준 풍선 하나를 불어서 그 풍선에 현재 모둠원 4명의 꿈과 수학 시간에 이루고 싶은 꿈을 각각 모두 적어주세요. 그럼 풍선에 8개의 꿈이 적히게 되겠죠. 선생님 말에 의문점이 있으면 선생님 말이 끝났을 때 질문하세요.

학생1 : 변리사, 수학 1등

학생2 : 초등학교 선생님, 매일 문제집 2장씩 풀기

학생3 : 선생님이랑 친해지기

.....

교사 : 다 썼나요? 서로의 꿈을 밀어줄 준비가 되었나요?

학생들 : 네~~

교사 : 이제 일어나세요. 우리들의 바람을 담은 꿈 풍선을 모둠원이 돌아가며 머리로 밀어 올립니다. 1분 동안 떨어뜨리지 않고 서로의 꿈을 정성을 다해서 밀어줍시다.

.....

서로의 마음을 잘 읽고 배려해야 떨어뜨리지 않을 수 있겠죠? ^^

..... (1분 후)

교사 : 모둠원 2명을 다른 모둠과 바꾸어 계속하세요. '꿈 밀어주기'는 한번 보낸 모둠원은 다시 만날 수 없어요! 많은 친구가 나의 꿈을 응원하면 좋겠죠? 여러분도 많은 친구들의 꿈을 밀어주세요!!

ⓒ 수학이름 만들기 : 학생들은 수학시간에 사용할 자신의 이름을 만들고 작명의 이유를 발표합니다.

대표적인 Episode

교사 : 수학이름을 다 정했나요? 이제 3의 배수 번호 순으로 발표해 볼까요?

학생1 : 제 수학이름은 문제해결사입니다. 수학문제를 다 해결하고 싶고, 제 꿈이 상담사인데 친구들의 고민을 들어주고 해결해 주고 싶어서입니다.

학생2 : 저는 일픽입니다. 수학도 게임도 일픽이 되고 싶기 때문입니다.

이러한 과정 속에서 교사는 학생 개개인의 수학적 지식과 수학학습에 대한 이해 능력의 정도, 타인의 말을 경청하고 참여하는 태도를 파악하고 아울러 학급 분위기를 기록해 둡니다. 수학 수업 중에는 서로에 대한 존중과 배려, 선배들의 나눔(멘토링) 성공 사례, 꿈을 향한 노력 등 감동적이고 따뜻한 이야기를 간간이 들려줍니다. 이러한 활동은 앞으로 진행하고자 하는 모둠 멘토링 수업을 학생들이 자연스럽게 받아들이고 참여하는 마음의 준비 자세를 갖추게 하기 위한 것이므로 다소 시간이 소요되더라도 꼭 필요한 과정입니다.

3월 말에는 학습한 내용에 대한 성취도 평가, 학생 스스로 말하는

『나를 소개합니다』(첫 주에 배부 한 유인물), 그리고 제가 3월 동안 관찰 기록한 내용을 종합하여 학생특성정리표를 작성한 후, 이를 토대로 각 학급별 멘토링 수업 모형을 결정합니다. 수업 모형에 대한 자세한 설명은 뒤에서 하도록 하겠습니다.

『나를 소개합니다』는 학생의 수학에 대한 생각 및 교우관계와 성격을 알아보는 유인물입니다. 학생과 교사의 의사소통은 교감을 통해 함께 성장하는 쌍방적 관계여야 하지만, 대부분의 경우는 학생의 외적인 정보만 교사에게 일방적으로 오픈되는 경향이 있습니다. 대체적으로 교사는 알고 싶은 것을 묻고 학생은 그 물음에 대답만 합니다. 학생에게 마음을 열지 않은 교사에게 알맹이를 감추고 잘 포장된 마음만 보여주려 하는 학생의 행동이 당연해 보이기도 합니다. 그래서 이 수업에서는 학생들의 마음을 열기 위해 『나를 소개합니다』의 앞머리에 제 소개를 넣어 저를 먼저 오픈합니다.

TIP!

3월 동안 관찰한 내용을 이렇게 메모합니다!

- 수업 중에 일어나는 많은 상황을 기억하기 위해서 A4용지 한 장으로 된 주간별 수업활동표(시간표 모양)와 학급별 개인활동표를 항상 지참하여 수업에 들어갑니다.
- 수업활동표에는 본시 수업에 필요한 준비물 / 본시 수업 중 학급 상황 수시 기록 / 차시 준비물 / 등을 자유로운 형식으로 기록합니다.

★ 대표적인 예

3월 15일 4교시 306-연습문제 체크, 진도 p.30~, 원주율, 모둠 회의록 안내 / 박희정, 김호연, 김건우, 정수희로 인해 반 전체가 소란함. 좌석 분리했더니 더 큰 목소리로 말함. 김호연은 랩퍼가 될 거라 수학이 필요 없다 함. 오지연은 원주율을 15자리까지 외움. 맞는지는 모름.

3월15일 6교시 304-원주율 발표(모둠 회의록 수합), 시어핀스키 으뜸이 발표. / 김수연 개별 상담 필요.

• 개인 활동표 기록 내용

학급별 학번 순서인 명렬표는 해당 학생에 날짜만 쓰고 내용을 기록합니다.

★ 대표적인 예

• 30500 박찬우 – 3/15 남수연의 풀이를 도와주고 어깨를 토닥토닥 해줌.

• 30600 우희영 – 3/16 수업시작 시 윤소라에게 문제를 설명해주고 있었음. 윤소라가 물어 보았다고 함. 학교, 학원 과제 아님. 스스로ㅋㅋ 대견!!

표 3 수업활동표

수업 활동표

수업 활동표

요일 / 교시	월(03. 15)	화(03. 16)	수(03. 17)	목(03. 18)	금(03. 19)
1	305	305		305	102
2			101		306
3	101	102			

개인 활동표

개인 활동표

학번	이름	(날짜)내용
30501	김*영	
30502	김*민	
30503	김*란	
30504	김*아	
30505	박*우	
30506	김*한	
30507	김*우	
30508	김*영	
30509	김*민	
30510	문*민	
30511	서*연	
30512	소*정	
[illegible]	[illegible]	

Step3. 멘토링 수업의 3가지 모형

1) 멘토링 수업 모형을 다양하게 설계하게 된 이유

제가 생각하는 멘토링 수업의 궁극적 지향점은 수학적 지식의 나눔과 존중, 협력의 가치 인식, 실천적 자세의 마음가짐과 그 경험의 공유이므로, 다음과 같은 이유로 학급 상황에 따라 멘토링 수업 방법을 달리한 3가지 모형을 설계하였습니다.

첫째, 학급 전체 분위기와 그 구성원의 개인적 특징을 고려한 지식의 효율적 나눔 방법이 필요하였습니다.

둘째, 지적활동에서 발생할 수 있는 대립과 갈등의 문제 해결 방법이 필요하였습니다.

셋째, 학습된 무기력으로 학업에서 소외되거나 지나치게 외향적이라 수업에 집중할 수 없는 학생도 포용할 수 있는 수업이 요구되었습니다.

2) 멘토링 수업의 3가지 모형

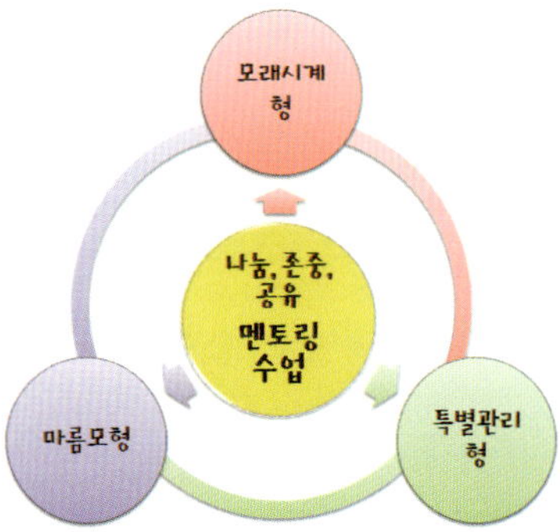

같은 학년, 같은 내용의 수업이라도 각 반의 특성에 따라 멘토링을 하는 수업의 방식(3가지 모형 중 하나)을 달리합니다. 즉, 학생 개인의 학업성취도, 개인적 성향, 학급 구성원들이 모여서 형성하는 그

학급만의 분위기를 고려하여 수업 모형을 결정합니다. 물론 그 바탕에는 제 지도 철학인 나눔·존중·공유가 깔려 있습니다.

여기서 3가지 모형을 간략하게 정리한 후 각 모형에 대한 자세한 설명은 뒤에서 하도록 하겠습니다.

먼저 3가지 모형에 관한 내용을 요약하면 다음 표와 같습니다.

표 4 멘토링 수업의 3가지 모형

	모래시계형 (1-1, 1-2)	마름모형 (4인 1모둠)	특별관리형
멘토멘티 구성	멘토1인+멘티1인 또는 멘토1인+멘티2인	4인 1모둠= 메인멘토1인+ 서브멘토1인+ 멘티2인	① 6인1모둠= 메인멘토1인+ 서브멘토2인+멘티3인 ② 교사모둠= 교사1인+메인멘토1인+ 서브멘토2인+멘티3인
멘토멘티 선정방법	★멘토 선정 후 멘티 선정	★메인멘토와 멘티 매칭 후 서브멘토 선정	★특별관리 학생 5~7 선정 후, 나머지 학생들로 6인 1모둠 배정
수업모형의 특징	★상위권과 하위권 위주의 학급 ★무임승차 학생이 없고 참여율이 가장 높음.	★중위권 위주의 학급 ★학생들의 역할 분배가 수월함. 모둠수가 적당하여 교사의 멘토링 활동 관찰과 조력이 용이함.	★모둠 배정이 수월함. ★학생 주도적 모둠멘토링 활동이 원활함. ★수업 중 교사의 학생 모둠 관찰이 어려워 수시 멘토 상담 및 멘토-멘티 회의가 요구됨.
수업 전 학생 활동	★멘토 선학습 활동, 멘티 형성평가 문항 준비(메인멘토) ★서브멘토와 멘티는 활동지 및 학습교구 준비		
수업 중 학생 활동	★멘토링 활동, 멘토의 멘티 형성평가 후 모든 학생 형성평가		
수업 후 학생 활동	★피드백 및 과제		
교사의 역할	★멘토링 활동 관찰 및 멘토링 활동 조력		

(1) **모래시계형**(일대일 또는 일대이 멘토링)

① 본 모형에 적합한 학급의 특성

학생들의 성적 분포가 비교적 모래시계 형태(상위권과 하위권 학생수에 비해 중위권 학생수가 상대적으로 적은 경우)로, 수업분위기를 해치거나 수업을 거부하는 학생 수(약 3명 이하)가 적고 학급 학생들 간의 긍정적 친밀도가 높은 학급에 적합합니다. 이러한 학급은 학생들 간의 관계가 원만하고 함께하는 활동에 참여적이므로 멘토-멘티 그룹 편성 시 학생의 태도와 관계 측면보다는 개별학생들의 학습출발점과 이해능력을 중점적으로 고려하여 비교적 쉽게 그룹을 나눌 수 있습니다.

수학 멘토링 수업은 서로에 대한 존중을 전제로 고민과 노력의 시간을 공유하는 과정 중심 수업이므로 멘토와 멘티의 관계가 중요합니다. 만약 이 학급을 모래시계형이 아닌 4인 모둠으로 구성하면, 멘토 수(예를 들어 32명 정원이라면 모둠 수가 8개로 멘토수도 8명)가 부족하고, 상위권 학생이 멘토가 되지 못했을 경우 자존심이 상하거나, 상실감, 멘토에 대한 반감(자신과 별 차이가 없다고 느끼므로)으로 인해 멘토링 활동의 참여를 소홀히 하게 되고 모둠 내 의견 충돌이 발생하는 어려움을 겪기도 합니다.

② 멘토 멘티 선정방법

평가성취도+학생이 작성한 『나를 소개합니다』+교사의 관찰기록을 참고합니다. 학생들의 『①(학습) 출발점, ②이해도, ③태도 및 관계』를 영역별 5단계로 분류하여 학생특성정리표에 정리한 후, 분류번호 합산 수치로 정렬하여 멘토그룹과 멘티그룹으로 나눕니다. 이때 그룹 분리의 경계(만약 32명 정원이라면 16번째 근방)에 있는 학생들은 수치의 차이가 경미하여 서열이 크게 의미 있지 않은 반면에 주변 환경의 영향은 많이 받으므로 학생의 성장 가능성에 무게를 두고 교사가 판단하여 어느 그룹에 배정할지 결정합니다. 간혹 16번째 근방의 학생이 '왜 재는 멘토고 저는 멘티예요?'라고 묻은 경우가 있어, 자신의 역할(멘토 혹은 멘티) 편성에 의문이 있을 만한 학생에 대해서는 배정 후 역할을 발표하기 전 면담을 통해 학생이 이해 할 수 있는 설명을 미리 해 주기도 합니다.

표 5 학생특성정리표

학번	이름	출발점	이해도	태도,관계	분번합산	역할
30509	김*민	4	24	42	70	오
30502	김*민	10	29	50	89	이
30504	김*아	8	28	48	84	이
30508	김*영	2	22	44	68	오
30501	김*영	2	24	44	70	오
30507	김*우	4	22	42	68	오
30503	김*찬	6	26	46	78	이
30506	김*환	2	24	44	70	오
30510	문*원	6	28	44	78	이

그리고 멘토 그룹에 배정된 학생이 너무 소심(예를 들면, 출발점과 이해도 모두 좋은데 태도에서 교우 간 교류가 거의 없는 경우)해서 멘토 역할을 수행하기 어려울 것으로 보이는 경우는 상담을 통하여 학생 스스로 결정하도록 합니다. 멘토그룹과 멘티그룹이 완성되면 이제 멘토와 멘티를 매칭합니다. 이때도 학생특성표를 참고하여 먼저 멘티 중 비슷한 상황의 학생 2명과 멘티 1명으로 1-2모둠(멘토1명, 멘티2명)을 구성합니다. 그리고 나머지 학생들을 1-1모둠(멘토1명, 멘티1명)으로 구성합니다.

TIP!

학생특성기준표

아래의 표는 평가성취도+학생이 작성한 『나를 소개합니다』+교사의 관찰 기록을 참고하여, 학생을 『①(학습) 출발점, ②이해도, ③태도 및 관계』 영역별 5단계로 분류하여 정리한 표입니다. 각 항목의 합산 점수가 낮을수록 멘토그룹으로 배정될 가능성이 높습니다. 항목을 더 세분화해서 넣어도 됩니다.

<table>
<tr><td rowspan="5">출발점</td><td>현 내용을 넘어 다음 학년 내용을 선행학습하고 있음.</td><td>2</td></tr>
<tr><td>현 내용을 바로 학습 할 수 있음.</td><td>3</td></tr>
<tr><td>선수 개념 설명을 하고 현 내용을 하면 학습 할 수 있음.</td><td>6</td></tr>
<tr><td>작년 학습 내용 결손으로 현 단계를 학습할 수 없음.</td><td>8</td></tr>
<tr><td>초등학교 내용부터 누적된 결손으로 학습할 수 없음.</td><td>10</td></tr>
<tr><td rowspan="5">이해도</td><td>수업 내내 집중 가능하고, 혼자 교과서를 읽고 내용을 이해할 수 있음.</td><td>22</td></tr>
<tr><td>혼자 교과서를 읽고 일부 이해 할 수 있고, 약간의 설명으로 대부분 이해할 수 있음.</td><td>24</td></tr>
<tr><td>일제식 설명으로 일부 이해할 수 있고, 개별적인 설명을 통해 대부분 이해할 수 있음.</td><td>26</td></tr>
<tr><td>상대방의 말을 드문드문 듣고 이해했다고는 함. 질문하면 대부분 모름.</td><td>28</td></tr>
<tr><td>소통에 어려움이 있음. 상대방의 말을 들으려 하지 않음.</td><td>30</td></tr>
<tr><td rowspan="5">태도,
관계</td><td>자기 주도적으로 활동하고 리더십이 있음. 친구관계가 원만해 보임.</td><td>42</td></tr>
<tr><td>태도가 단정하고 자신의 활동을 묵묵히 함. 역할이 주어지면 성실히 함.</td><td>44</td></tr>
<tr><td>적당히 활동하고 적당히 떠듦. 밝고 친구가 많아 보임.</td><td>46</td></tr>
<tr><td>간혹 한번씩 활동하고 말이 엄청 많음. 의욕적임.</td><td>48</td></tr>
<tr><td>아무것도 하려 하지 않음.</td><td>50</td></tr>
</table>

③ 멘토-멘티 구성

또는

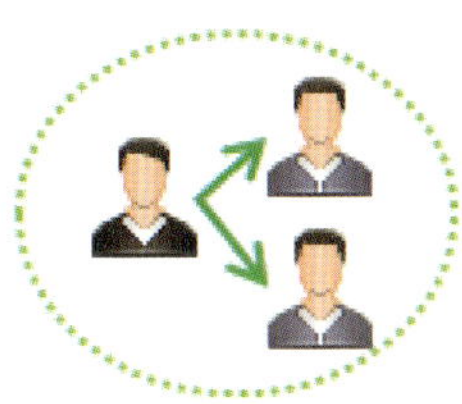

기본 틀은 학급원이 짝수이면 1-1로, 홀수이면 적어도 한 모둠은 1-2로 멘토-멘티를 구성합니다. 학급원이 32명이면 1-1로 16모둠으로 나

눌 수 있습니다. 하지만 꼭 학급전체 인원만을 보고 배정할 필요는 없습니다. 비슷한 상황(출발점, 이해도, 태도와 관계 측면)의 멘티가 2명이고 이 두 명이 같은 모둠으로 활동을 해도 괜찮다면 멘토 그룹 중 이 둘에 적합한 한 명의 멘티를 짝지어 1-2로 구성하는 것도 좋습니다. 그리고 멘토-멘티 매칭 발표 후 제가 미처 파악하지 못한 특별한 상황(서로 친척이거나 예전에 자신을 괴롭혔던 학생의 친한 친구 등)이 있어 학생이 재배정을 요청하면 수정하기도 합니다. 학생의 모둠 재구성 요구 시 교사는 신중하게 판단해야 합니다. 왜냐하면 학생들이 친한 친구와 모둠을 하고 싶어서 나름의 이유로 모둠원 교체를 요구하고, 이는 친화력이 부족한 학생들의 소외 및 모둠 간에 불균형을 초래해서 모둠 구성 전체를 바꿔야 하는 상황에 직면할 수도 있기 때문입니다.

④ 교실 자리 배치도

교사는 학생들의 멘토링 진행에 일일이 개입하지 않지만, 활동이 본시 학습 방향에 맞는지 순회하며 점검합니다. 그런데 모둠 구성이 1-1, 1-2이다 보니 모둠 수가 많아서 진행 과정을 점검하는데 어려움이 있었습니다. 그래서 자리 배치는 책상을 일렬로 배열하고 멘토와 멘티를 나란히 앉게 하여 줄과 줄 사이의 간격을 넓히고 교사의 동선을 짧게 하여 각 모둠의 진행 상황을 파악하기 수월하도록 하였습니다. 그리고 가능한 멘티의 자리를 멘토들 사이에 배치하여 멘토의 자기 주도적 태도를 느낄 수 있게 하고, 너무 친한 학생들의 자리가 붙어 있으면 자신의 멘토, 멘티에 집중하는 데 방해를 받을 수 있으므로 거리를 두어 자리를 배치하였습니다.

표 6 모래 시계형(1대1+1대2 멘토링, 오(멘토) / 이(멘티))

이	오	이	오	이	오	이	오
오	이	오	이	오	이	오	이
이	오	이	오	이	오	이	오
오	이	오	이	오	이	오	이

⑤ 수업방식

수업 내용에 따라 조금씩 다르기는 하지만 일반적으로 수업 활동은 다음과 같습니다.

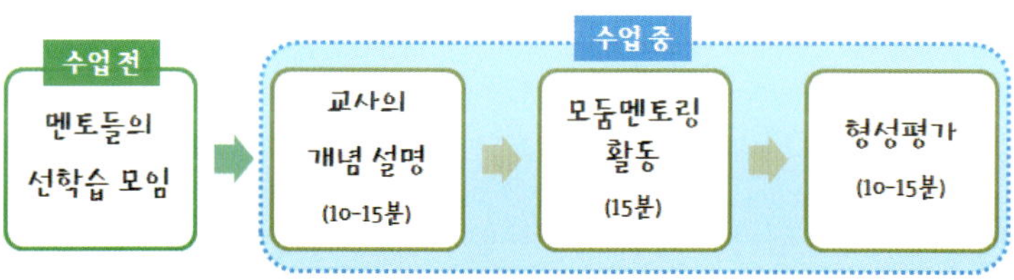

매 단원을 시작하기 최소 한 주 전에 멘토들은 점심시간이나 방과 후 시간을 이용하여 선학습을 하고, 교과서에 있는 내용을 알고 있는 상태에서 본시 수업을 시작합니다.

교사는 전시 학습 내용을 상기시키고 본시 학습 내용에 따른 개념 설명이나 문제 풀이, 질의응답을 하는데 약 15분 정도 소요합니다. 그 후 학생들은 교과서 또는 학습지를 활용하여 모둠 멘토링을 시작하고, 교사는 순회하면서 학생의 활동을 관찰 및 기록하고, 학생들이 도움을 요청하면 학생들 스스로 해결 할 수 있도록 도움을 줍니다.

활동이 어느 정도 완료되면 멘토는 멘토-멘티가 함께 학습한 내용 중 핵심이라고 생각하는 부분을 문제로 만들어서 멘티에게 형성평가로 제시합니다. 멘티는 멘토가 출제한 형성평가를 풀고 멘토는 채점하여 피드백 한 후 맨토-멘티가 함께 교사에게 옵니다. 그리고 멘티는 조금 전에 멘토와 함께 했던 형성평가 문제와 풀이를 교사에게 설명합니다(멘티설명평가). 멘토에게 스스로 선별한 문제를 출제하게 하는 것은 멘토 선학습 활동의 준비성과 책임감을 향상 시키고 멘티와의 유대감을 증진시키는 효과가 있습니다. 하지만 멘티의 멘토에 대한 의존성이 너무 강화되면 교사의 본시내용수업에 대한 멘티들의 집중도가 떨어지는 경향도 있으므로 이 부분에 유의하여 지도합니다. 멘티설명평가가 통과된 모둠은 수업 종료 15분 전부터 교사가 출제한 본시 형성평가지(멘티형성평가지, 멘토형성평가지)를 가져가서 각자 푼 후 모둠별로 모아 멘토가 제출하거나 개인적으로 제출하고 퇴실합니다.

이때 멘티설명평가를 통과하지 못한 모둠은 쉬는 시간에 보충하여 점심시간, 때로는 방과 후 재평가를 받기도 합니다. 하지만 멘토링 수업활동이 거의 한 시간에 한 개념 혹은 한 유형 정도만 다루고, 멘티가 푼 후 멘토와 피드백이 되어 있는 상태이므로, 멘티가 교사에게 설명하는데 큰 어려움이 없어서 방과 후 재평가 받는 일은 거의 없습니다. 물론 멘토 앞에서는 잘 설명하던 멘티가 교사 앞에서는 주저하거나 위축되는 경향도 있지만, 학기 초가 지나고 멘토링에 익숙해짐에 따라 의사표현 능력도 신장됨을 확인할 수 있었습니다.

멘티설명평가를 하는 것은 멘토링을 통한 멘티의 수학적 도달 수준을 확인할 수 있고, 동시에 수동적이고 소극적인 멘티 학생들의 표현을 유도하여 말하기 능력을 신장하고, 스스로 할 수 있다는 자존감을 길러서 자발적으로 수학수업 안으로 끌어들이기 위한 것입니다. 또한 멘토가 자신의 지식과 노력이 스스로의 능력 향상 이외에도 타인의 성장에 도움이 되고 동료에게도 기쁨과 성장으로 이어질 수 있다는 것을 알게 되어 멘토링 활동에 대한 보람과 자긍심을 가졌으면 하는 의도도 있습니다. 실제로 멘토들은 지식의 나눔과 공유 역시도 하나의 지적 활동으로서 기쁨이 되는 가치라고 생각하여 멘토회의 시간에 자신이 가르친 멘티의 성적향상을 서로 자랑하기도 합니다.

대표적인 Episode (멘티설명평가)

교사 : 경우와 미진이의 오늘 문제는 뭐였을까?

미진(멘토) : 이차방정식 근 구하는 것 중에 이차항이랑 일차항 있는 거만 했어요.

교사 : 그래, 그럼 우리 경우가 시작해 보자!

경우(멘티) : 문제가 이거예요. 보세요~~ 근 구해야 해요... 여기 이(이차항의 차수를 가리킴)가 있고 등호가 있어요. 이차방정식이에요. 맞죠? 근 구할 건데 미진이가 근이래요. 구하면 돼요. 둘 다 x가 있잖아요. 그래서 묶어요... 그 다음에 어... 아무튼 x는 1과 3이에요.

교사 : 음.... 묶었는데(웃으면서 경우를 보며).. 왜 갑자기 1과 3이야?

경우(멘티) : 야!~ 강미진(미진이를 보며)! 이게 0이잖아! 왜 0이지?..

미진(멘토) : (교사 눈치를 보며 작은 목소리로) 곱해서 0이 돼야지.

경우(멘티) : 아!! 맞아! 선생님 봐봐요~곱해서 0이 돼야 하니까 1과 3이죠.

교사 : 곱해서 0이 되어야 하면 1과 3인 거야?

경우(멘티) : (의기양양하고 자신감 찬 표정으로) 선생님 몰라요? 진짜 몰라요? 곱하기를 해보세요!! 이게 0 되려면 x가 1이랑 3이 돼야죠!

교사 : (웃으며) 그렇구나.

미진(멘토) : (기특한 표정으로 경우를 보며) 모둠형성평가 할께요.

(2) **마름모형**(4인 1모둠)

① 마름모형에 적합한 학급의 특성

학급 학생들의 성적 분포가 비교적 마름모 형태로 중위권 학생이 다수이고 학급 내 놀이집단이 소규모 그룹으로 형성되어 있는 경우에 적합합니다. 이러한 학급은 상위권 학생 수가 적어서 멘토링 모둠 편성 후 멘토가 그 역할에 소극적일 수도 있고, 특히 친한 친구끼리 모둠을 하고자 하는 경향이 두드러집니다. 또한 자신의 놀이집단 의견에 대해서는 잘 참여하지만, 타인의 놀이집단과 의견 대립이 발생하면 서로의 의견을 조율하는데 어려움이 있고, 하위권 학생을 배척하려는 경향도 있습니다. 따라서 교사는 학생들을 자신의 놀이집단에서 적당히 분리하여 학생들 사이의 관계성을 회복하는 계기를 멘토링 수업을 통해서 부여합니다. 이때 학생들이 이기적 집단현상을 발휘하지 않도록 충분한 정서적 오리엔테이션과 함께 멘토 멘티 회의, 지속적인 상담 등을 실시 해 모둠 내 유대감 형성이 용이해지도록 합니다.

② 멘토 멘티 선정 방법

학생특성정리표에서 분류번호 합산 수치를 참고하여 그룹을 나눕니다. 만약 학급의 정원이 32명이면 8명의 메인멘토와 16명의 멘티, 8명의 서브멘토 그룹으로 나눕니다. 멘티 그룹에서 학생들의 특성(학습출발점, 이해도, 태도 및 관계 등)을 고려하여 같은 모둠에 배정 될 2명의 멘티를 짝지어 두는데, 이때 멘티 2명의 관계가 너무 가깝거나 너무 먼 극단적인 경우는 피하는 것이 좋습니다.

③ 메인멘토, 서브멘토, 멘티의 구성

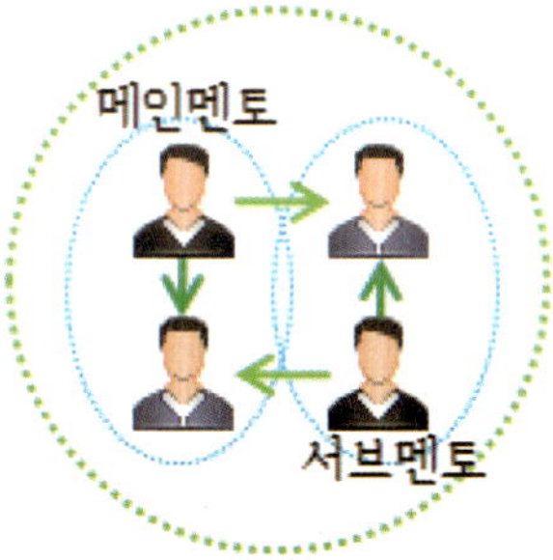

그룹이 정해지고 멘티에 맞추어 적절한 멘토를 매칭하고 성격 좋은 서브멘토를 배정하면, 한 모둠은 메인멘토 1명, 서브멘토 1명, 멘티 2명으로 구성됩니다. 메인멘토의 역할은 모둠의 전반적인 멘토링 진행으로 특히 학습적인 부분을 중점적으로 담당합니다. 서브멘토는 정서적 유대감 형성에 도움이 될 수 있는 성향의 학생으로 관계성에 관한 문제 상황에 멘토 또는 멘티의 입장을 중간에서 조율하는 역할을 합니다. 서브멘토는 메인멘토와 함께 멘토링 내용 체크 및 회의록 작성을 하고 멘티와 함께 수업 준비도 함으로써 중재자 역할을 하기 위한 사전준비를 합니다. 이렇듯 서브멘토는 멘토와 멘티의 성격을 모두 가지고 있으므로 그 역할이 아주 중요합니다. 따라서 메인멘토와 멘티 매칭을 한 후, 그들의 특히 태도 및 관계를 고려하여 중재역할을 할 수 있는 서브멘토를 배정합니다.

④ 교실 자리 배치도

표 7 [마름모형(4인 1모둠)] ①메인멘토 ② 서브멘토 ③ 멘티 ④ 멘티 ⑤ 멘티

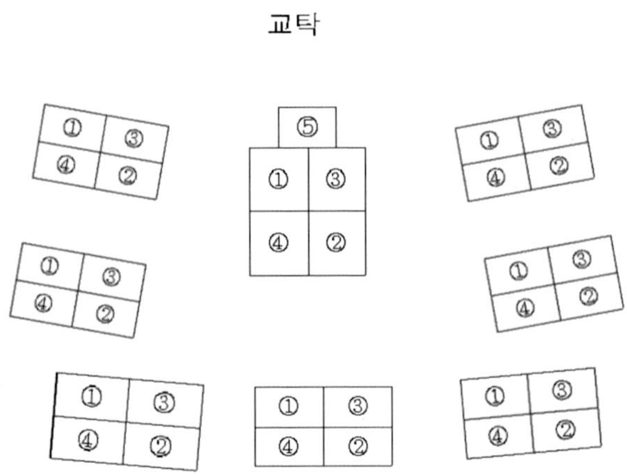

⑤ 수업방식

수업 앞부분의 교사 활동과 뒷부분의 형성평가 활동은 모래시계형(1-1, 1-2 멘토링)과 수업방식이 같으며, 학생들의 모둠멘토링 활동만 차이가 있습니다. 메인멘토와 서브멘토가 한 명의 멘티와 각각 짝을 이루어서 학습한 후, 모둠원들이 함께 점검하고 피드백합니다. 예를 들면 ①번(메인멘토)-④번(멘티), ②번(서브멘토)-③번(멘티)이 짝을 이루어 멘토링하고, 상황에 따라서 짝을 바꾸어 ①번(메인멘토)-③번(멘티), ②번(서브

멘토)-④번(멘티)이 멘토링 하면서 학습한 내용을 점검하고 피드백하기도 합니다.

(3) 특별관리형(6인 1모둠+교사모둠)

① 본 모형에 적합한 학급의 특성

학급 내 일부 학생들로 인해 전체 수업이 방해를 받아 문제를 야기하는 경우에 적합합니다. 누적된 선수 학습의 결손으로 현재 학습 내용을 도저히 이해할 수 없거나 외향성이 너무 지나쳐서 모둠멘토링에 참여할 수 없는 학생들을 대상으로 모둠을 구성합니다. 이 모둠을 교사모둠이라고 하고 수업 중 교사와 함께 모둠 멘토링 활동을 합니다.

② 메인멘토 서브멘토 멘티 구성

먼저 학생 모둠에 합류할 수 없는 학생들을 모아 교사 모둠을 구성합니다. 나머지 학생들은 마름모형과 같은 방법으로 학생특성정리표 분류번호 합산 수치를 참고하여 멘토, 서브멘토, 멘티 그룹으로 나눈 후, 멘티에 맞추어 적절한 멘토를 매칭하고 성격 좋은 서브멘토를 배정하여 메인멘토 1명, 서브멘토 2명, 멘티 3명으로 모둠을 구성합니다. 모둠 배정에 어려움을 지닌 학생들 다수가 교사 모둠에 배정되어 있으므로 학생 모둠 구성이 수월하고 멘토링 진행 효과 또한 좋습니다. 교사는 교사모둠에 배정된 학생들의 개별적 수준에 맞는 자료를 멘토링 실시 전에 제작하고 정서적 유대감도 형성해야 하므로 많은 시간과 노력이 필요합니다. 수업 중 학생들이 모둠 멘토링 활동을 함과 동시에 저 자신도 교사모둠의 멘토링 활동을 해야 하므로, 학생 모둠 멘토링 활동 조력을 위한 순회지도 시간이 부족합니다. 그래서 다른 모형의 학급보다 멘토, 멘티 회의를 자주 실시하여 학생들과의 의사소통과 신뢰 구축 시간을 가졌습니다.

③ 멘토 멘티 구성

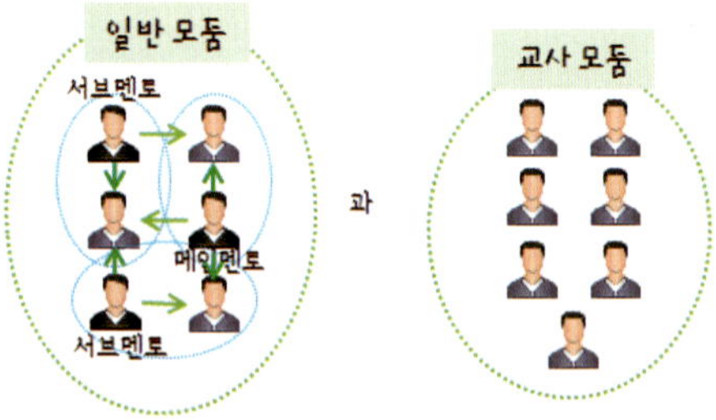

학생 멘토링 모둠은 메인멘토 1명, 서브멘토 2명, 멘티 3명으로 구성되고, 교사 멘토링 모둠은 6명 내외로 구성됩니다. 메인멘토와 서브멘토의 역할은 마름모형과 유사합니다. 다만 모둠원이 6명이므로 모둠원 간의 의견 대립이나 갈등상황이 빈번히 일어날 수 있으므로 학생들 간의 대립에 중재자 역할을 할 수 있는 서브멘토를 각 모둠에 2명씩 배정합니다.

④ 교실 자리 배치도

①:메인멘토는 모든 모둠원과 의사소통을 쉽게 하기 위해서 중심이 되는 위치에 배치하고, ②:서브멘토 ③:서브멘토는 멘티가 멘토에 집중할 수 있게 돕고 본인들도 멘티를 도울 수 있도록 배치합니다. 그리고 ④:멘티 ⑤:멘티 ⑥:멘티는 앞과 옆에 멘토들이 있어 언제든지 도움을 받을 수 있도록 배치합니다.

그리고 학업성취도나 관계를 고려하여 2명씩 주가 되어 멘토링 활동이 이루어질 수 있도록 배치하였습니다.

예를 들어 ①-⑥번 (메인 멘토와 멘티), ②-⑤번(서브멘토와 멘티), ③-④번(서브멘토와 멘티) 학생의 짝들은 ①번 메인 멘토가 주가 된 멘토링 이후 짝을 바꿔 멘토링을 할 수도 있게 하였습니다.

표 8 [특별관리형(6인 1모둠+교사모둠)]
①메인멘토 ② 서브멘토 ③ 서브멘토 ④ 멘티 ⑤ 멘티 ⑥ 멘티

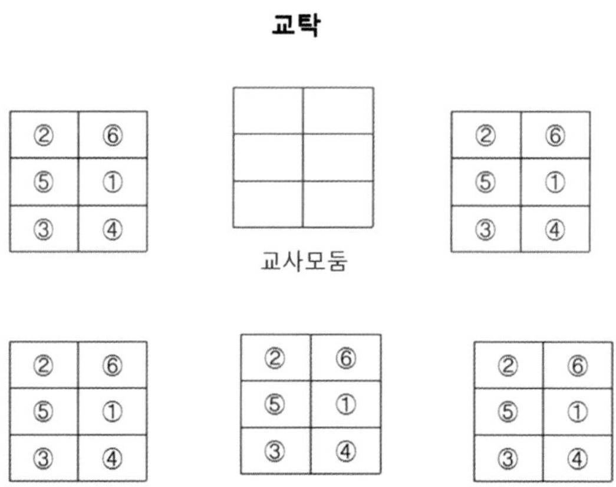

⑤ 수업방식

수업 앞부분의 교사 활동은 모래시계형(1-1 + 1-2 멘토링)과 수업방식이 같고 멘토링 활동과 뒷부분 형성평가 활동에 차이가 있습니다. 멘토링이 시작되면 학생 모둠의 학생들은 교과서 또는 학습지로 활동합니다. 이때 교사가 학생 모둠 순화지도를 지속적으로 할 수는 없으므로 교사의 도움이 필요하면 대부분의 경우 학생 모둠의 멘토는 교사 모둠으로 와서 도움을 요청하고 교사는 가능하면 멘토들이 해결할 수 있도록 안내합니다. 교사 모둠 멘토링은 교사 주도로 이루어집니다. 교사 모둠

의 학생들은 출발점과 이해력이 모두 다르고 타인의 말에 30초 집중도 어려운 학생이 있지만 그 안에서도 메인멘토와 서브멘토가 있습니다. 멘토가 된 학생들은 수업에서의 소외감을 극복하고 책임감을 느끼면서 열심히 활동하고 몇 주 후에 학생 모둠으로 복귀하는 사례도 있습니다. 그리고 수업내용에 대해서 학급 아이들 앞에서는 부끄럽거나 소극적이고 또는 아예 관심이 없던 학생들이 비슷한 성취도의 교사 모둠에서는 시간이 갈수록 모르는 것에 대해서 질문도 곧 잘하고 틀려도 열심히 풀고 나름의 이유로 설명도 합니다. 수학시간에 관객으로만 있던 학생들이 주인공이 되고 보니, 기초적인 내용이긴 하지만 수학적 의사소통도 하고, 스스로 학습지도 챙기고 모둠 준비물도 정리하고 때로는 그들끼리 멘토링을 해보겠다고 교사에게 설명을 못 하게 하기도 합니다. 그리고 성적 향상은 더디지만 수학에 대한 거부감이 줄어들고 수학 시간을 두려워하지 않고 오히려 멘토를 서로 해보려고 경쟁을 하기도 합니다. 비록 해당 학년에 턱없이 부족한 저학년 내용을 학습하지만 소외감 없이 비슷한 또래끼리 서로 멘토링 활동도 하면서 지속되었던 학습무기력감을 극복하고 긍정적으로 성장해 나가는 것을 볼 수 있으며, 급기야는 더 잘해 보려고 점심시간에 풀 문제를 달라고 찾아오는 학생도 있습니다. 작은 성공 경험이 학생들에게는 자존감의 회복이라는 전환점이 될 수 있습니다.

이 학급은 설명평가가 필요한 대부분의 멘티 학생들이 교사 모둠에 있으므로 멘티설명평가는 시행하지 않습니다. 학생 모둠의 활동이 어느 정도 완료되면 수업 종료 15분 전부터 본시 형성평가지(멘티형성평가지, 멘토형성평가지)를 가져가서 각자 푼 후 모둠별로 모아서 멘토가 제출하거나 개인적으로 제출하고 퇴실합니다. 교사 모둠의 학생들은 멘토링 진행 중 예상 외 변수가 많아 형성평가지를 미리 만들어도 진도와 수준이 맞지 않는 경우가 많으므로 학생별로 그 시간에 학습한 내용에 맞춰 교사가 한두 문항 정도 바로 출제하여 평가합니다.

Step4. 수업 전, 수업 중, 수업 후 활동

수업 전 활동

1. 교사의 활동

교사는 수업 전에 다음 활동을 통해서 학생 중심의 멘토링 수업이 원활히 이루어질 수 있도록 준비합니다.

1) 멘토링 수업 모형 결정

3월 오리엔테이션 기간 동안 학생특성정리표를 바탕으로 각 학급별 수업 모형을 결정합니다.

2) 모둠 구성원을 배정(멘토-멘티 매칭)

학생들과 개인적인 부분부터 수학에 이르기까지 상담 및 관찰을 통해서 기록한 학생특성정리표를 바탕으로 모둠 구성원을 결정합니다.

TIP!

모둠 구성 할 때 규칙

- 학생특성정리표를 바탕으로 멘토 멘티 모둠을 구성합니다.
- 모둠원의 학습 내·외적 능력이 서로 보완적일 수 있도록 구성합니다.
- 모둠 내 친한 학생들의 쏠림현상이 발생하지 않도록 구성합니다.

학생특성정리표

- 평가 성취도+교사의 관찰 기록, 상담+학생이 작성한 『나를 소개합니다』를 참고하여 작성합니다.
- 학생별로 『①학습 출발점, ②이해도, ③태도 및 관계』를 5단계로 점검합니다.
- 학생들에게 노출되지 않도록 보안이 요구됩니다.

3) 수업 활동 자료 준비

수업 활동표, 개인 활동표, 활동학습지, 평가지, 모둠 회의록을 제작하고 모둠 칠판, 모둠 필기구, 각종 쿠폰을 준비합니다. 형성평가를 본 후에는 형성평가지에 교사 코멘트를 기록하여 배부합니다.

TIP!

모둠 칠판 만들기~

모둠 칠판은 모둠 발표 내용 정리, 문제 풀이 설명 등 모둠 멘토링 활동 전반에 걸쳐 사용하는 칠판입니다. 시중에 판매하는 것(우드락 반 정도 크기)을 구입해서 사용해도 되는데, 저는 만들어서 사용합니다. 판매하는 칠판은 아크릴 재질로 디자인이 깔끔하지만 크기가 작고 딱딱해서 모서리가 부딪히면 칠판이 깨지고 학생이 다칠 위험이 있습니다. 이와 비교해서 우드락으로 만든 칠판은 견고하지는 않지만 일단 학생들이 부딪혀도 안전합니다. 또 필요한 크기로 제작할 수 있고 판매품의 15~20% 정도의 가격으로 만들 수 있습니다.

• 누가 만드나요?

모둠 약속을 지키지 않은 학생과 교사가 함께 만듭니다.

• 모둠 칠판 8개 만드는 데 필요한 재료는 무엇인가요?

우드락 4장, 아스테이지(환경미화하고 남은 것), 투명테이프 약간, 자석(A4 크기 4장)입니다.

• 모둠 필기구에는 어떤 것이 있나요?

색상별 보드마카와 보드마카용 지우개입니다.

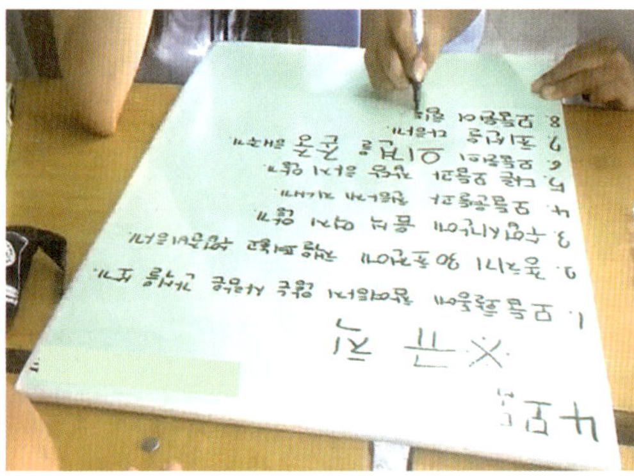

[모둠 칠판에 기록하는 모습]

4) 선 학습 활동 준비

매 단원 학습 최소한 한 주 전에 멘토들에게 선 학습 활동(교과서 준비, 활동장소)을 안내하고 간식을 준비합니다. 멘토는 개인적으로 예습을 하고 함께 모여 서로 토의하면서 예습하기도 합니다. 선 학습 활동에 멘토가 반드시 참여해야 되는 것은 아니지만, 모둠 내 멘토의 역할을 하려면 학습할 단원의 교과서 내용을 숙지하고 있어야 하므로 이 선 학습 활동은 중요합니다.

5) 멘토 회의, 멘티 회의 개최

모둠 멘토링은 수업의 많은 부분이 학생의 활동으로 이루어져 있고 본격적인 활동은 멘토와 멘티의 역할 분담에서부터 출발합니다. 맡은 역할에 따라 시행착오를 겪거나 난관에 부딪히기도 합니다. 따라서 원활한 수업을 위해 3~4주에 한 번씩 멘토와 멘티들은 방과후에 교사와 함께 멘토 회의와 멘티 회의를 개최합니다. 멘토 회의와 멘티 회의는 역할에 따른 심리적 부담감과 어려움을 듣고 필요한 경우 지원과 개선점을 찾아가는 활동을 하고 간식을 준비하여 고생한 멘토-멘티들의 사기를 진작시킵니다. 또 다음 수업에 추가적으로 필요한 학습교구 등을 정리하기도 하고 칭찬쿠폰 등을 통해서 격려와 인정을 해주고, 특히 멘티에게는 자존감 향상을 위해서 구체적인 발전 상황 등을 짚어 격려해줍니다. 필요한 경우 교사는 개별상담도 병행합니다. 이 회의는 지속적인 모둠 멘토링 수업에 있어서 없어서는 안 되는 중요한 활동입니다.

대표적인 Episode(멘토 회의)

특별관리모형을 만든 계기가 되었던 멘토회의 에피소드입니다. 멘토-멘티 회의 시간에 피자, 음료수 등 간식을 준비합니다.

교사 : 요즘 멘토링은 어떠니? 모둠별로 뿌듯한 점이나 어려운 점, … 선생님의 도움이 필요한 점이나… 개선점 등

유경(멘토) : 저희 모둠은 다 열심히 해요. 특히 소현이가 열심히 해요. 처음보다 이해도 잘해요.

성민(멘토) : 저희 모둠도 괜찮은데… 민규가 좀 틱틱거려요. 화 내는건 아닌데 그게 말로 그러니까 멘토링 하는데 쫌 그래요…

멘토들 : (웃으면서) 다른 시간에도 그러잖아…

교사 : 그래?(기록하며) 모둠원들이 힘들겠네… 성민아~ 그래도 민규가 재밌는 순간도 있지 않아?

성민 : 당연 있죠~~ 멘토링 할 때 자꾸 딴말해서 그렇지(웃으며)

교사 : (웃으며) 선생님이 민규랑 얘기해 볼게; 선생님이 성민이 믿고 멘토링한다!!

멘토들 : (웃으며 볼멘소리로) 그럼 우리는요~~

교사 : (웃으며) 타이밍이 성민이라 그렇지~~ (조금 진지하게) 너희들이 있어서 선생님이 멘토링수업 할 수 있는 거지… 선생님은~ 너희들에게 항상 고마워^^ 너희들은 세상에서 젤 예쁜 학생들이야!!(웃으며)

멘토들 : (웃으며) 맞아요!!

민지(멘토) : 저희 모둠도 아이들이 다 열심히 하는데 경찬이는 도저히 어떻게 할 수가 없어요… 제 능력 밖이에요… 다른 멘티는 딴짓하다가 그래도 설득하면 하거든요. 근데 경찬이는 한 시간 내내… 우리말 다 무시하고…대화가 안 돼요… 진짜…

교사 : 그랬구나… 많이 힘들겠네… 선생님이 경찬이랑 얘기해 볼게~그리고 개선점을 생각해 볼게… 쫌만 기다려줘~~;

CHECK! **수업 전 교사의 체크 리스트**

- 본시 수업 내용 PPT 준비(PPT를 사용하는 이유는 PPT와 영상물이 학생의 이해를 돕는 측면뿐만 아니라 판서하는 시간을 줄여서 교사와 학생의 의사소통 혹은 모둠 멘토링 활동 시간을 더 확보하기 위함입니다.)
- 수업 활동표 및 개인 활동표에 기록된 내용 확인 후 그에 맞추어 준비
- 때에 따라 학습 활동지 준비
- 멘토와 멘티 형성평가지
- 학생 평가표(자기평가, 모둠평가, 동료평가)
- 단원 내용 평가지(한 단원 끝날 때)
- 내용 정리 및 오답 정리 노트(학기 초 배부)

2. 학생의 활동

수업 전에 학생은 아래의 활동을 통해서 학생 중심의 멘토링 수업이 원활히 이루어질 수 있도록 준비합니다.

멘토는 매 단원을 학습하기 최소 한 주 전에 교과서를 가지고 멘토 선 학습 활동을 합니다. 멘토들이 주가 되어 교사의 참관 하에 개인 탐구와 토론을 병행하여 선 학습을 하고, 이해가 어려워 질문을 하면 교사가 개괄적인 개념을 설명합니다. 멘토는 대부분 자기 주도적 학습 태도를 지닌 학생들이므로 모임을 주도하여 예습을 하지만, 간혹 잊어버리거나 개인적인 일로 결석하는 멘토도 있습니다. 하지만 그 멘토들도 개별적으로 학습하여 질문을 통한 개념정리를 합니다. 물론 간혹은 멘토가 제대로 하지 않아 본시 수업을 할 때 자신이 선별한 멘토 형성 평가지에서 선수 학습이 제대로 안 되어 있는 상태를 교사에게 지적을 받고 다음 시간까지 더 학습할 것을 요구받기도 합니다. 교사에게 지적받은 학생은

그림 2 멘토들의 선 학습 활동 모습

멘티와 교사 모두에게 심적 부담을 느껴서 느슨해진 자신을 다시 독려하는 기회가 되기도 합니다. 교사는 각 멘토의 선별 문제들을 통해서 멘토들의 선수 학습 상황이나 멘티의 발전 상황을 진단할 수 있습니다.

교실 입실 시 멘토는 멘티와 전시 복습과 본시 예습을 하고 시어핀스키 문제판의 문제를 풉니다. 서브멘토와 멘티는 본 수업을 위한 교탁 옆에 준비된 활동지를 모둠원에게 분배하고 모둠칠판과 모둠필기구를 준비합니다.

표 9 시어핀스키 문제판

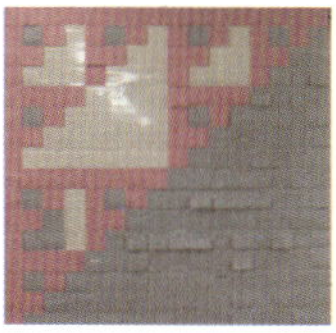	포스트잇에 학번과 질문을 적어 질문판(교실 게시판)에 붙여두면, 학생들이 문제를 보고 자신이 풀 수 있는 문제를 풀고 학번과 이름을 씁니다. 이때 상급학년 학생이 하급학년 질문의 풀이를 하게 되면 하급학년 학생들이 문제 풀이를 할 수 있는 기회가 확연히 줄어들기 때문에, 문제풀이는 같은 학년 학생의 질문에 대해서만 할 수 있습니다. 질문했던 학생이 확인 후 이해가 되면 질문과 답변 포스트잇을 떼어서 교사에게 제출하고 답변한 학생의 답변 횟수가 5회가 되면 칭찬쿠폰을 발급합니다.

멘티들은 수업준비물을 준비하고 전 시간의 내용을 멘토와 함께 복습하며 시어핀스키 문제판의 문제 풀이를 시도하기도 합니다. 때로는 멘티가 오늘의 멘티설명평가 문제를 멘토에게 미리 물어보기도 하는데, 이는 지난 수업시간에 교사에게 문제풀이 설명을 잘못하여 쉬는 시간에 남아서 보충을 한 경험이 있는 학생들인 경우가 많습니다. 또 멘티가 멘토에게 쉬운 문제를 요구하여 갈등상황이 생기기도 하는데, 이는 교사가 파악(멘티의 설명평가 중 멘토-멘티의 태도, 멘토-멘티 회의, 상담 등)하여 조정해줍니다. 멘티설명평가를 통해서 멘토-멘티 간의 관계성도 파악합니다. 멘티가 교사 앞에서 풀이 설명을 하는 중에 멘티가 머뭇거릴 때 멘토가 안타까워하는 경우는 멘토가 멘티에게 애착을 가지고 활동하는 것으로 볼 수 있지만, 턱없이 어렵거나 쉬운 문제를 낸 멘토의 경우는 멘토와 멘티의 관계를 점검해 볼 필요가 있습니다.

수업 중 활동

1. 수업의 약속 정하기

교사는 수업 중 지켜야 할 기본적인 약속과 상·벌칙에 대하여 안내합니다.

- 수업시간 지키기
- 스스로 생각하기
- 수업 준비물 챙겨오기
- 숙제해오기
- 선생님 말씀 경청하기
- 쿠폰 사용 규칙

그리고 모둠명과 모둠 내 약속 및 상·벌칙에 관한 사항은 모둠토의를 통해 자율적으로 정하도록 합니다.

대표적인 Episode

교사 : 모둠 약속과 발표자를 정했나요? 우리 발표를 해 볼까요?

학생 : 네~

교사 : 아까 정한 순서대로 발표하겠습니다.

.....

모둠1 : 우리 모둠 이름은 4모둠입니다. 그 이유는 우리가 4반이고 4명이고 번호가 4번, 16번, 20번, 24번이라서 4의 배수입니다. 그리고 모둠 규칙은... 이렇게 정했습니다. 우리 모둠 규칙 중 여러분의 마음에 꼭 드는 규칙에 별을 달아주세요~

모둠2 : '7번 최선을 다하기'에 별을 달겠습니다.

.....

교사 : 와~~~4모둠은 별을 3개나 받았네요~

다음 모둠은 어떤 약속을 했을지 기대가 되네요~~

모둠3 : 우리 모둠 이름은 딸기우유입니다.

그 이유는... 입니다. 그리고 모둠 규칙은... 이렇게 정했습니다. 우리 모둠 규칙 중 여러분의 마음에 꼭 드는 규칙에 별을 달아주세요~

모둠4 : 규칙 위반 시 딸기우유 하나씩 주는 거에 별 줄래요.

아이들 : 좋아~~~ 좋아~~

교사 : (딸기우유 모둠에게) 딸기우유는 모둠원에게 주는 건가요? 학급 전체 학생에게 주는 건가요?

모둠3(딸기우유모둠) : 우리 모둠 친구들에게만 주는 거예요. 모둠 멘토링인데 미안하니까요...

아이들 : (실망의 목소리) 아...

교사 : 그렇군요; 딸기우유에게 별을 더 달아 줄까요? 더 없나요? 음... 현재 딸기우유는 별이 하나라 이번 시간 점수를 받을 수 없겠는데... 음.... 우리는 열심히 하는 과정도 중요하고 결과도 중요하죠? 그리고 우리 모둠도 열심히 했지만 곁에 있는 친구 모둠도 열심히 했겠죠? 여러분 생각은 어때요? (학생들이 생각할 시간을 줍니다)...

모둠1(앞에 별을 3개 달은 4모둠) : 모둠 친구들이랑 얘기했는데요. 우리모둠 '의견 존중하기'에 붙은 별 내려주세요. 별 2개만 있어도 이번 시간 점수 받잖아요~

교사 : 별이 한 개 더 있으면 칭찬 쿠폰을 받을 텐데.. 쿠폰 포기인가요?

모둠1(앞에 별을 3개 달은 4모둠) : 쿠폰은 다음에도 받을 수 있고 친구가 더 중요해요!!

아이들 : (감탄하는 목소리) 와~~~ 멋지다!!

교사 : 음...이 멋진 상황에 선생님이 만능쿠폰 한 장을 발급해도 될까요?

아이들 : 네~!!

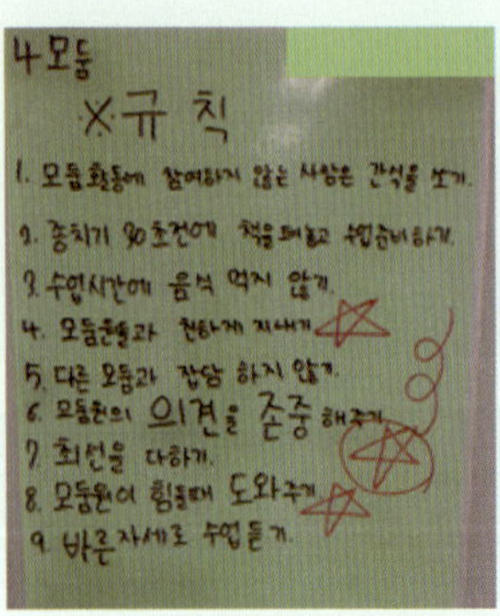

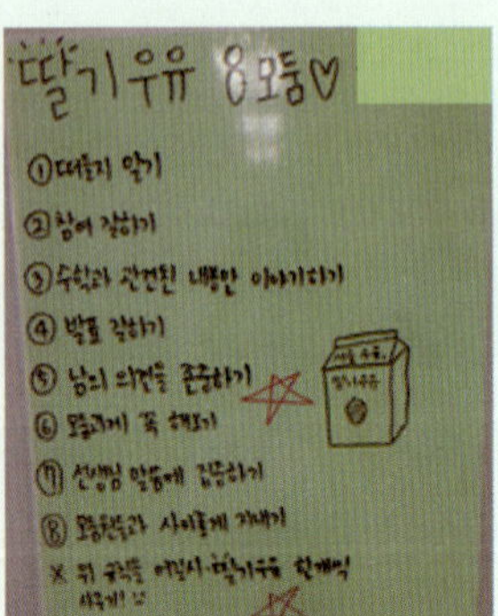

TIP!

수업 약속을 지키지 않는 학생은 어떻게 할까요?

처음엔 방과 후 상담을 통해서 교사와 학생 개인 사이에 약속을 하고 함께 다짐서를 작성합니다.

- 약속을 어긴 횟수가 2회~3회이면
  → 방과 후 30분 수학 공부를 합니다.
- 약속을 어긴 횟수가 4회~5회이면
  → 방과 후 모둠 칠판 제작 및 청소, 모둠 필기구 정리, 수학교과실 게시판 정리 방과 후 30분 수학 공부를 합니다.
- 약속을 어긴 횟수가 6회 이상이면
  → 학부모님과 전화 및 개별 상담을 합니다.

TIP!

방과 후 모둠 칠판 제작 및 청소, 모둠 필기구 정리, 수학교과실 게시판 정리 방과 후 30분 수학 공부를 합니다.

학생들이 정한 모둠 약속의 예

- 수업 시작 전 수업 준비 끝내기
- 모르는 문제도 포기하지 않기
- 모둠 활동 때 모둠원 모두 참여하기
- 친구 의견 존중하기

TIP!

- 멘토 말 잘 듣기
- 모둠원이 힘들 때 도와주기

쿠폰 사용을 통한 동기 부여

- 칭찬별 쿠폰

쿠폰은 선생님의 필요에 따라 만들고, 쿠폰의 유효기간은 수행평가 성적 산출 전인 3월~6월(1학기), 8월~11월(2학기)입니다. 특정 상황에 다른 모둠 또는 교사로부터 칭찬을 받아서 달게 된 별의 수가 3개 이상이면 쿠폰을 받습니다. 한 번의 상황에 하나의 쿠폰을 선택하여 요구할 수 있으며 쿠폰은 해당 모둠 전원에게 적용됩니다. 만능쿠폰은 교사가 발급하고 싶을 때 학생들의 동의를 얻어 발급합니다. 학생들이 가장 선호하는 쿠폰은 간식을 먹으며 수업할 수 있는 얌얌 쿠폰입니다.

칭찬 쿠폰	발급 상황
발표자 체인지 쿠폰	발표를 잘 해서 별을 받았을 때
얌얌 쿠폰	멘티가 연속해서 3회 형성평가를 통과했을 때
친구 도움 쿠폰	문제풀이를 잘 해서 별을 받았을 때
과제 제출 하루 연기 쿠폰	모둠 활동 시 모둠원 전원 참석을 3회 이상 했을 때 (모둠회의록으로 확인)
생활기록부 기록 쿠폰	멘티가 연속해서 6회 형성평가를 통과했을 때
만능쿠폰	행동의 권장이 필요할 때 학생들의 동의를 얻어 교사가 발급

- 만능쿠폰

칭찬 쿠폰 중 원하는 어떤 것으로 사용해도 되고, 선생님께 1회 부탁을 할 수도 있는 쿠폰입니다. 사용 기간은 한 학기이며 사용 하루 전에는 교사에게 신청해야 합니다. 교사는 가능한 수용해야 하지만, 쿠폰을 사용하려고 신청한 날에 특별한 행사(수행평가나 전국 단위 시험 등)가 있으면 사용이 제한됩니다. 또 신청 내용이 문제가 있거나 불가능한 경우에도 쿠폰 사용이 제한됩니다.

2. 평가하기

평가는 모둠별 평가와 개인별 평가로 시행되고 이를 합산하여 개인수행평가 점수가 되며 다음과 같은 과정으로 진행됩니다.

① 수업 시간에 모둠멘토링을 합니다.

② 멘토가 문제를 만들어 멘티에게 형성평가를 합니다.

③ 멘티는 ②에서 실시한 형성평가 문제와 풀이를 교사에게 설명하고, 이를 통과하면 그 수업 시간에 대한 모둠점수를 받습니다.

④ 만약 통과하지 못하면 멘티는 멘토와 쉬는 시간에 보충을 한 후 교사를 만나 설명하고 모둠점수를 받습니다.

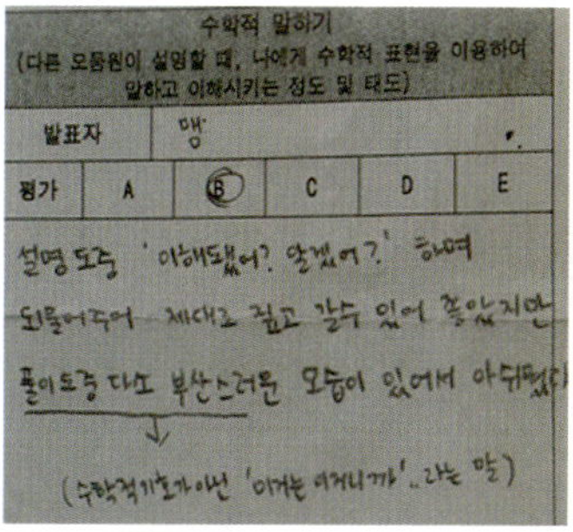

그림 3 동료 평가지

자기 평가, 모둠 평가, 동료 평가를 통해서 학생 스스로 주체가 되어서 평가합니다. 이때 타인에 대한 평가 근거를 서술함으로써 스스로의 수업 활동에 대한 반성과 성찰, 나아가 앞으로 자신의 수업 활동에 대한 지침을 세우고, 자신의 평가 상황(평가지를 만드는 멘토, 평가지를 풀이하고 설명하는 멘티)에 진지하게 임하는 태도로 이어집니다. 자칫 힘들고 지루할 수 있는 매시간의 평가활동이 학생들에게 단순한 통과점수나 지식의 획득을 넘어서서, 평가자와 피평가자 간의 시간의 나눔과 지식의 공유를 통해 서로 발전해나가는 과정이라는 인식의 변화를 바라는 마음에서 학생중심의 다양한 평가를 실시하려고 노력합니다.

대표적인 Episode

교사 : 평가를 하고 그 이유를 적어주세요.

학생 : (평가한다.)

교사 : 최근 활동이 스스로 만족스러웠던 학생은 손들어 보세요.

학생 : 저요~~

교사 : 좀... 줄었네... 선생님이 반성해야겠네... 선생님이 어떡하면 여러분이 더 즐겁고 만족스럽게 수업을 할 수 있을지 고민해 보겠습니다.

학생 : 그거 쉬워요!! 선생님이 얌얌쿠폰 막 발행하면 돼요~~(학생들이 웃음소리가 들린다.)

교사 : 음.. 그렇구나(같이 웃는다.)

3. 학생들의 요구에 따른 모형의 변화

이분할 멘토링수업

모둠 멘토링을 수업에 적용하다 보면, 학부모와 상위권 학생들로부터 '수학이 입시에 굉장히 중요한데 학교 수업이 하위권 학생들만을 위한 것 같아요.'라는 볼멘소리를 듣기도 합니다. 그때마다 공익성에 기초한 창의성, 나눔이 있는 사회, 생활 기록부 기록 등의 이유를 들어 서로가 Win-Win하는 수업이라고 설득에 가까운 설명을 합니다. 사실상 하위권 아이들을 위한 부분이 상당히 있기 때문에 '그렇지 않습니다.'라고 말할 수도 없습니다.

이러한 이유로 한 달에 한 번 정도는 한 교실 내에서 멘토는 멘토끼리, 멘티는 멘티끼리 학급 이분할 멘토링수업을 하는데, 이 수업에서 멘토는 멘토들끼리의 좀 더 심화한 문제들을 가지고 자신들의 지적 욕구를 충족시키고, 멘티는 멘티들끼리 주도적으로 학습하고 서로 설명하면서 수학에 대한 자신감을 형성합니다. 한 단원이 끝나면 그동안 꾸준히 모둠멘토링 수업을 하였으므로 멘티들도 교과서 심화문제를 제외한 많은 문제를 해결할 수 있습니다. 멘토는 그 동안 공부하면서 도전할 만하다고 느꼈던 문제들을 늦어도 이분할멘토링 수업하는 날 아침 등교 시까지 교사에게 제출하고, 교사는 도전문제들을 취합하여 복사한 뒤 수업 시간에 멘토들에게 배부합니다. 멘토들은 그 문제 중 선택하여 탐구한 후 동일한 문제에 관심을 둔 학생들끼리 칠판에 풀고 토의하면서 문제 해결 방법을 찾습니다. 멘티는 멘티들끼리 모둠을 편성하여 이미 학습했던 문제를 스스로 복습하고, 타 모둠의 친구들에게 돌아가며 설명하는 활동을 합니다.

그림 4 멘토들의 토의 활동

그림 5 멘티들의 회전식 설명 활동

4. 수업 중 교사의 역할

수업준비물이 잘 갖춰졌는지 확인한 후 본시 수업에서는 전시학습 내용을 상기하면서, 실수하기 쉬운 부분(지난 시간 치른 학생들의 형성평가 답안지)이나 중요한 부분을 PPT에 띄워서 피드백합니다. 이후 본시에 학습할 내용에 대해서 동기유발을 하고 내용에 대한 개념 설명과 기본 문제를 풀이합니다.

모둠멘토링 활동을 시작하면 순회하면서 상황을 체크(본시 학습 내용과의 부합성, 학생 간 설명 방법 및 태도 등)하고 학생들이 도움을 요청하면 적절히 개입합니다. 예를 들어, 최상위권 멘토와 최하위권 멘티로 구성된 모둠은 성취도 차이가 크기 때문에 멘토가 멘티의 출발점을 정하지 못하고 당황한 채 멘토링 활동을 주춤거리며 도움을 요청하는 경우가 있습니다. 이때 교사는 멘티의 선수 학습 상태를 진단한 후 출발점을 제시하여 안내합니다. 최상위권 학생이 가지고 있는 학습에 대한 체계적이고 지속적인 성향이 학습의 방향성이 전혀 없는 최하위권 학생인 멘티에게 도움을 줄 수 있도록 적절하게 개입합니다. 그리고 중상위권 멘토와 중하위권 멘티로 짝지어진 모둠은 교사의 작은 도움만으로도 서로가 탐구하면서 원활하게 멘토링을 진행할 수 있으므로 교사가 순회하면서 멘토링 진행 상태를 세심하게 살펴봅니다. 수업 종료 15분 전부터는 멘티설명평가를 하거나, 모둠형성평가를 하고 간단한 차시 안내와 함께 수업을 종료합니다.

수업 중 교사의 주된 역할은 학생 활동 관찰, 멘토링 활동 내용 체크, 교사의 개입 필요 시점 인지, 학생 간 관계 조율, 학생과의 신뢰 및 유대감 형성입니다.

TIP!

멘토와 멘티가 수준의 차이가 클 때

먼저 멘티의 선수학습 정도를 진단하고 멘티의 학습 출발점을 결정합니다.

- 교사의 출발점 진단
  ① 교사는 멘티의 학습 출발점을 수학 상담(초등학교 과정부터 전시 학습 내용까지, 자연수 사칙연산, 분수와 소수, 약분, 통분, …)을 통하여 진단

② 멘토와 함께 멘티의 학습 출발점, 한 번에 학습할 분량, 차후 학습의 전체적인 방향을 계획

③ 멘토가 실시. 또한 교사는 멘티와도 상담을 통해 점심시간을 이용한 수학 멘토링 활동도 권유(매 점심시간 활동은 수학 또래멘토링 동아리 학생들이 실시)

수업 후 활동

수업의 든든한 조력자 : 멘토링 동아리

수학 멘토링 동아리는 3학년 11명과 1학년 10명, 총 21명으로 자발적으로 구성되었습니다. 교사와 함께 멘티의 학습 방향을 정하고 세부적인 학습 내용은 멘티들끼리 모여 결정하여 활동합니다. 멘토링 형태는 1:1 또는 1:2로 구성되며 학기 중 매일 점심시간 20분 동안 활동합니다. 동아리 운영을 시작하는 날에는 멘토링 일지에 멘토와 멘티가 함께 다짐 서약을 하고, 교사는 그 다짐에 대한 조언 및 격려를 하여 수학학습에 대한 기대감과 자신감을 불러일으킬 수 있는 분위기를 조성합니다.

학생들은 멘토링 활동 후 멘토링 동아리 활동일지를 작성하고 교사는 일지를 확인한 후 간략하게라도 활동에 대하여 코멘트를 해 주며, 때때로 간식도 제공합니다. 또 정규 수업 중 모둠멘토링 만으로 부족한 학생을 멘토링 동아리 학생들이 멘토 역할을 맡아 점심시간마다 규칙적으로 멘토링 활동을 하기도 합니다. 멘토링 동아리 학생들은 스스로 하고자 하는 의지가 있기 때문에 그 효과가 뛰어납니다. 한 학기만 지나도 성실히 활동한 멘티들의 수학적 표현 능력 및 자기효능감에 긍정적인 변화가 눈에 띄게 나타납니다.

그림 6 멘토링 동아리 활동 모습

표 10 멘토링 동아리 활동 일지

2015년 Interaction Between Students(IBS) 일지		
학습 일자 및 시간	2015년 월 일 요일 시 분~ 시 분	
◀오늘 학습 내용▶		◀문제 연습▶
멘토의 생각		
멘티의 생각		
◀다음 시간에 학습 할 내용▶		◀선생님의 한마디▶

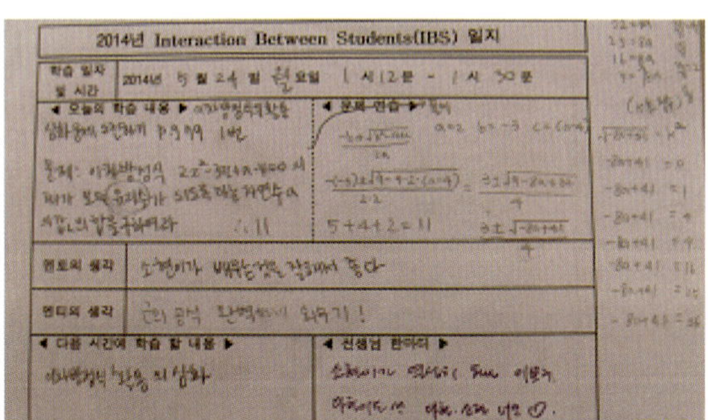

2014년 Interaction Between Students(IBS) 일지

학습 일자 및 시간	2014년 5월 24일 월요일 1시 12분 - 1시 30분	
◀ 오늘의 학습 내용 ▶		◀ 문제 연습 ▶
멘토의 생각		
멘티의 생각		
◀ 다음 시간에 학습 할 내용 ▶		◀ 선생님 한마디 ▶

그림 7 실제 멘토링 동아리 활동 일지

Q & A

Q1. 3월 한 달 동안은 수업을 하지 않고 오리엔테이션만 하시나요?

아니요. 교과서 수업과 병행해서 오리엔테이션을 합니다. 단지 오리엔테이션의 비중이 다른 달에 비해 높은 편이고 3월 이후에는 교과서 수학 내용을 멘토링 활동을 하면서 수업합니다.

Q2. 고등학교에 적용하기 위해서는 어떻게 해야 하나요?

고등학생은 진로·진학에 특히 관심이 많습니다. 그래서 학기 초 앞으로 실시될 수업 방식과 평가 방법, 생활기록부 기록(수학적 능력, 학습 태도, 향후 성장 가능성 등)에 대해 안내합니다. 이때 더불어 성장하는 것에 대한 중요성과 지식 나눔의 일화를 들려주고 다른 나라의 수업 과정과 공부 방법이 담긴 영상을 보여주어 학생들의 멘토링에 대한 긍정적 인식과 수업 참여를 유도합니다. 그리고 수업에 사용할 워크북을 제작하여 학기 초에 배분하는데 중간 중간에 여백을 두어 학생들의 궁금증과 아이디어, 수학 독서, 심화 탐구하고 싶거나 실제 탐구한 내용, 멘토링 수업을 하면서 느낀 점 등을 기록하게 합니다. 이 내용은 이후 학생들의 수학 심화탐구 보고서 작성의 토대가 되고, 또한 교사가 개별 학생의 생활기록부를 작성할 때 참고 자료로 사용합니다.

Q3. 멘토링 활동을 하는 경우 수업 진도는 늦지 않나요?

수업 내용을 모두 PPT로 제작하고 칠판에 판서하는 시간을 최소화하였습니다. 그 결과 설명할 수 있는 시간과 학생들 간의 멘토링 활동 시간을 더 길게 확보할 수 있었기 때문에 수업 진도가 늦지는 않았습니다.

Q4. 특별관리형의 아이들 간에 다툼이나 문제가 생기면 어떻게 하나요?

적극적으로 개입하여 중재합니다. 학생 각각을 개별적으로 불러서 다툼의 원인을 물어보고 그 학생 편에서 공감하면서 이야기를 들어줍니다. 친하게 지내라고 이야기하는 것보다 장래나 미래를 위해서 스스로 상황들을 극복할 수 있도록 격려하며 달랜 후 모두 함께 불러 한 번 더 대화를 합니다.

Q5. 멘토-멘티 회의는 누가 주체가 되어 진행되나요?

교사가 진행합니다. 멘토는 멘토끼리 멘티는 멘티끼리 모여서 각각 회의를 하고 각자의 역할에서 경험하는 어려움과 보람을 공유합니다. 학생들이 멘토링 활동의 힘들고 어려운 부분에 대해서 이야기하면 교사는 수긍과 공감을 표현하여 학생의 마음을 달래줍니다. 이후 『그럼에도 불구하고 견디면서 해 나가고 있는 모습』에 아낌없는 칭찬과 격려를 해주어, 학생 스스로가 상대방의 입장을 배려할 수 있도록 유도하려고 노력합니다. 이때 미리 준비해 둔 간식(파자, 음료수 등)은 학생들에게 상대방을 포용하는 마음의 여유를 갖게 하고 자연스럽게 참여를 유도하는 촉매제의 역할을 톡톡히 합니다.

멘토링
수업 사례 III

상호또래교수활동을 통한 멘토링 수업

Q 상호또래교수활동식 멘토링 수업이 무엇인가요?

상호또래교수활동식 멘토링 수업이란 학생들이 돌아가면서 또래 교사가 되어 다른 친구들에게 교사처럼 설명하고 지도하는 역할을 수행하는 수업입니다. 수학을 잘하는 학생들만 또래 교사가 되어 수업을 주도하는 것이 아니라, 희망하는 학생은 누구나 일일 또래 교사가 될 수 있다는 관점에서 상호또래교수활동식 멘토링 수업이라 하였습니다. 즉, 수학교실에서 때로는 도움을 주는 또래 교사도 될 수 있고 때로는 도움을 받는 학습자도 될 수 있다는 의미의 수업입니다. 따라서 상호또래교수활동식 멘토링 수업의 특징은 다음의 네 가지라고 할 수 있습니다.

① 성공경험을 체험하는 수업

② 일대 일 개별학습을 강조한 수업

③ 수학적 의사소통을 강조한 수업

④ 학습 활동지를 통한 또래 교사들의 수업 전 예습을 강조한 수업

Q 상호또래교수활동식 멘토링 수업을 시작하게 되신 계기는 무엇인가요?

Point !

- 또래 교사역할을 통해서 성공경험을 체험하는 수업을 고안
- 함께하는 서로 돕는 수학 수업을 유도
- 모두가 소외되지 않는 즐거운 수학 수업의 바람
- 수업을 교사와 또래 교사가 함께 책임지고 만들어 가고자 하는 의도

일주일에 5시간 이상의 수학수업이 이루어지고 있는 수학교실에는 너무 다양한 수학 수준의 학생들이 있습니다. 또한 고등사고력과 추상적 능력을 요구하는 고등학교 수학 과목의 특성상, 수학을 너무 어려워하거나 싫어하는 학생들이 점점 늘어나고 있으며, 수학 시간에 졸거나 문제를 두려워해서 노력조차 하지 않게 되고 결국 수학을 포기하게 되는 안타까운 현실과 마주하고 있습니다. 또한 한 교실에 너무 다양한 수준의 많은 학생이 있는 우리나라 현실을 고려할 때, 교사 주도적 수업만으로는 수업의 이해정도나 수업 후 도달 성취도에서 차이가 나는 학생들 개개인의 요구 수준을 맞출 수 없는 어려움이 있습니다. 이러한 현실을 극복하고자 하는 마음과 수학시간에 학생들이 소외되지 않고 더 이상의 수포자가 나오지 않기를 바라는 수학교사의 간절한 마음으로 상호 또래교수식 멘토링 방법을 시작하게 되었습니다.

또래와의 협력을 통해서 다양한 수준의 학생들이 학습속도에 따라서 계속된 조절이 가능하도록 수업을 고안하였고, 도움을 받는 학습자가 스스로 사고하고 분석하여 문제를 해결할 수 있도록 충분히 기회와 시간을 제공하고, 학습자의 반응에 대한 즉각적인 피드백을 일대일로 줄 수 있도록 고안하였습니다. 또한 또래 교사 역할 수행으로 인한 성취감을 경험하게 하여 학습에 대한 책임감을 느끼게 하고자 하였으며, 이를 통해서 자신감 향상과 이후 학습에 긍정적 동기가 될 수 있도록 수업을 고안하였습니다.

Q 학기 초 오리엔테이션에서는 무엇을 하시나요?

Point !

- 상호또래교수활동식 멘토링 수업 소개
- 반 구성원들에게 다양한 위상과 역할 부여
  - 수학 반장 1명, 모둠장 4명, 월별 학습분위기 조성 반장 4명 선출
- 교실 밖 수학 관련 다양한 활동(경시대회, 캠프, 동아리 등) 소개
- 잠을 깨워 줄 수 있는 절봉이(절대권력봉) 소개

첫째, 상호또래교수활동식 멘토링 수업에 대해 소개합니다.

학기 초에는 상호또래교수활동식 멘토링 수업을 소개합니다. 또래 교사 활동에 익숙한 학년은 간단히 취지와 주의사항을 다시 한 번 설명하고 그렇지 않은 신입생의 경우는 정착이 될 때까지 규칙이나 방법을 일주일에 1~2가지씩 활동을 할 때마다 상세하게 반복해서 소개합니다.

또래 교사는 누구나 할 수 있지만, 수업 전에 철저한 예습을 해야 하는 책임감이 필요한 활동임을 강조합니다. 또한 예습해온 친구들의 지도로 다른 학습자들이 혜택을 받을 수 있는 재능 봉사활동이라는 것을 강조하며, 수학을 잘하는 학생들의 소수 활동이 아니라 모두가 참여해야하는 수학 활동임을 강조합니다. 즉, 수학을 잘하지 않아도 정해진 문제를 철저하게 예습하면 또래 교사 역할을 수행할 수 있다는 것을 강조합니다. 그리고 역할 수행을 했던 선배들이 수학적으로 많이 성장한 긍정적 사례를 강조하여 학생들로 하여금 참여하고자 하는 동기를 부여합니다. 또한 또래 교사로 참여하게 될 경우 학생부에 활동사항을 기재하고, 우

수한 활동을 한 학생들에게 상품과 칭찬 등의 적절한 혜택을 주어서 동기유발을 유도합니다.

TIP!

- 전년도에 받아둔 또래 교사 평가지 소감문을 읽어주거나 또래 교사 활동 후 성적이 많이 향상된 선배 학생의 인터뷰 내용을 핸드폰에 녹음하여 들려줌으로써 학생들에게 동기부여를 합니다. 선배들도 후배를 위한 인터뷰라고 하면 서로 하겠다며 경쟁률이 치열합니다.
- 학기초 2학년 학생들에게 후배들을 위한 '수학 메시지' 코너를 운영하여 자신의 수학 성공담, 또래 교사 성공담, 성적 향상 학습 방법, 수학 소그룹 스터디 운영 경험담 등을 게시판이나 종이 전지에 적게 하여 소개하는 것도 방안입니다.
- 학기말에 친구들이 뽑은 '우수 또래 교사상', '친절한 또래 교사상'을 수상하는 것도 동기 부여의 방안입니다.

둘째, 다양한 위상과 역할을 부여하여 책임감 있는 구성원이 되도록 합니다.

상호또래교수활동은 또래 교사가 다른 학생들에게 도움을 주는 구조이기 때문에 수업의 원활한 진행을 위해서 환경적인 측면에서 교사가 사전에 준비해야 할 일들이 많이 있습니다. 하지만 교사 혼자 많은 반들을 관리하고 확인할 수 없기 때문에 학급 당 모둠장 4명과 수학 반장 1명, 월별 학습 분위기 조성 반장 4명을 선출하여 구성원으로서 책임감을 부여하고 교사는 선출된 대표 학생들의 도움을 받습니다. 이러한 역할을 하는 학생들은 자발적으로 참여할 수 있도록 하고, 향후 학교생활기록부에 활동 내역을 기록해줍니다. 수학 반장과 모둠장, 월별 학습 분위기 조성 반장은 학기 초 한주나 두주 정도 지나고 학생들이 서로 파악이 되었을 때 선출합니다.

1. 모둠장 선출

모둠장의 역할은 1/4분기 또는 1학기 동안 자신의 분단을 관리합니다. 모둠장의 역할은 간헐적으로 실시되는 쪽지 시험을 다른 모둠장과 함께 채점을 하거나 숙제 검사와 노트 검사를 하게 됩니다. 이때 노트에 작성된 숙제를 평가하여 단원별 우수상을 반별로 2명씩 시상을 하는데, 이러한 우수 노트는 모둠장의 추천을 통해서 이루어집니다. 또한 숙제를 해 오지 않은 학생의 경우도 이후 숙제를 완수하여 모둠장이 개별적으로 검사하도록 운영합니다. 모둠장은 성적에 상관없이 수업의 원활한 진행을 도울 수 있는 성실한 학생으로 선출하는 것이 좋습니다. 또한 체험 활동 수업 진행 시에도 모둠장 중심으로 수업을 운영합니다. 즉, 모둠장은 수업 진행의 구심점입니다.

2. 수학 반장 선출

수학 반장은 1학기를 임기로 하고 수학시간에 모둠장 관리, 진도체크, 또래 교사의 진행 과정 체크를 하는 것이 주된 임무입니다. 즉, 특별한 숙제가 있는 날 수학 반장은 모둠장에게 숙제 검사를 하도록 지시하고 그 결과를 선생님에게 전달합니다. 또한 그날 배운 내용을 체크하여 다음 시간에 어디서부터 수업이 진행되면 되는지를 체크하며, 수업 시간에 기억해야 할 특별한 사항들을 메모하여 선생님에게 전달합니다. 그리고 수학 반장은 일주일마다 변경되는 또래 교사 학생의 명단과 또래 교사의 지도 내용을 작성하고 기록합니다.

3. 월별 학습 분위기 조성 반장 선출

월별 학습 분위기 조성 반장은 수학시간이 시작되기 전에 교실 및 칠판을 정리하고 학생들이 수업 교재를 수업 전에 미리 준비할 수 있도록 도와주고 준비시키는 봉사반장입니다. 그러나 주 5시간 이상의 수업준비를 매일 하는 것은 학생에게 부담이 가기 때문에 월별로 선출하여 운영합니다. 수학에 자신감이 없는 학생들 중에서 수학시간에 하나의 역할을 담당하여 구성원으로서 위상을 갖고 싶어 하는 학생들이 의외로 많이 있습니다. 특히 봉사라는 의미는 학생들에게 충분히 지원하고자 하는 동기부여가 됩니다. 수학시간 다양한 역할 부여와 참여로 교사의 역할을 학생들에게 일부 위임하고, 대신 학생들의 위상과 책임감, 성취감을 높이고자 하는 의도로 운영합니다.

셋째, 수학 관련 다양한 활동을 소개합니다.

당해년 수학 관련 활동(경시대회, 캠프, 동아리 등)을 정리하여 유인물로 나누어 주고 홍보합니다. 유인물에는 행사명, 시기, 취지, 내용, 심사 기준 등을 알려줍니다. 그리고 어떤 활동에 참여할지를 정할 수 있도록 동기를 부여해주고 작년도 사례 등을 설명해 줍니다. 학기 초에는 전체적인 일련의 활동에 대한 큰 그림을 설명하고 행사 직전에는 참가를 독려하며 다시 홍보합니다. 학기 초에 대부분의 학교에서는 수학을 담당하는 교사들과 일 년 동안의 행사에 대해서 논의합니다. 동아리 활동의 경우는 저 혼자만의 소신으로 활동 할 수 있으나, 경시대회나 캠프 같은 경우는 수학교사들의 합의가 필요하므로 2월부터 미리 수학교사들 간의 의견 수렴을 통해서 진행합니다. 마음이 잘 맞는 교사들과 함께 구안해 보는 것이 좋습니다. 저의 경우는 협력교사, 교생실습과 교육봉사생 업무를 담당하면서 인력풀을 적절히 활용합니다. 실습생의 경우 대부분 교사를 희망하기 때문에 저와 의미 있는 수학 활동을 함께 하는 것을 흔쾌히 받아들입니다. 또한 교육봉사생의 경우에도 학교업무보조보다는 수학 행사에 더 큰 의미를 두고 참가합니다. 이렇듯 일석이조의 효과를 이용합니다.

넷째, 잠을 깨워 줄 수 있는 우리의 친구 절봉이(절대권력봉)를 소개합니다.

학기 초 수업 시간에 우리의 친구 절봉이에 대한 소개와 약속을 합니다. 또래교사 활동 시에는 경험상 거의 잠을 자거나 조는 학생이 없지만 교사 중심의 강의식 수업을 할 때는 학생들이 때때로 졸음을 참지 못할 때가 많이 있습니다. 그래서 뿅망치, 손가락봉 등과 같은 구체물을 이용하여 절대권력봉이란 이름을 부여하고 학생들과의 합의하에 약속을 정합니다. 교사는 수업 시간에 조는 학생이 있으면 절봉이를 들고 그 학생에게 다가가 건네줍니다. 절봉이를 받은 학생은 자리에서 일어나 절봉이를 들고 잠이 깰 때까지 조용히 교실을 순회합니다. 신기하게도 한바퀴만 순회하면 대부분의 경우 마법처럼 잠이 깹니다. 그리고 혹 다른 학생이 졸고 있으면 그 학생에게 절봉이를 건네줍니다. 학기 초 이런 합의를 기분 나쁘게 받아들일 수 있기 때문에 학급의 분위기를 주도하는 즐거운 학생들과 몇 번의 예행연습을 합니다. 연습을 할 때 약간의 보상과 위트를 섞어서 한다면 학생들은 즐거워합니다. 그리고 교사가 절봉이를 건네지 않아도 졸음이 올 때는 스스로 나와서 절봉이를 들고 역할 수행을 해도 된다는 것을 홍보합니다. 며칠만 시행하면 학생들은 즐겁게 임무 수행을 합니다. 하지만 이런 과정을 아주 싫어하는 소수의 학생들이 있다면 강요하지 않겠다고 약속합니다.

표 11 상호또래교수활동을 통한 멘토링 수업의 흐름도

구분	단계	내용
수업 전 활동	조직하기 (1차시)	• 분단별로 또래 교사 2명 희망자 선정, 총 8명 선정 (단원 내용에 따라 4~8명 선정) • 선정된 또래 교사에게 학습지 배부
	준비하기 (2~4차시)	• 또래 교사 사전교육 실시 – 또래 교사 마인드, 또래 교사 활동 규칙 설명 (이해한 것을 또래 교사에게 다시 설명하기) • 교사의 또래 교사 사전 점검 – 수업내용과 관련하여 철저히 준비시킴 – 특히 중·하위권 학생들의 경우 철저한 점검과 아낌없는 격려가 필요함
수업 활동	실행하기 (5차시) 1마당 … 반복	• 또래 교사 활동 수업(교사 주도적 수업의 최소화) – 교사 : 분단별로 1명씩 임의로 선정하여 문제풀이를 칠판에 시키고 일대일로 질문, 지도 – 또래 교사 : 자신이 관리하는 학생들을 일대일로 지도(풀이과정 검사 및 질문받기) – 학습자 : 또래 교사의 도움을 받아 해결한 문제는 풀고 완성된 후 이해한 것을 또래 교사에게 다시 설명 • 교사 또는 또래 교사의 정리
		1마당 — 2마당 — 3마당
	정리하기	• 또래 교사 자기평가 • 학습자 자기평가 • 릴레이 또래 교사 활동 안내
수업 후 활동	정리하기 (수업후)	• 개인별 릴레이 또래 교사 활동 진행 • 또래 교사 활동에 대한 정리, 반성지 작성 – 자신이 활동한 내용과 개선점, 느낀점 정리 • 교사 : 활동내용을 정리하여 학교생활기록부 기재 및 격려

수업 전 활동

Q 수업 전에 교사는 무엇을 준비해야 하나요?

Point !

- 상호또래교수활동을 할 단원의 수업 내용 선정과 학습지 제작
- 또래 교사 선정
- 사전 교육

첫째, 상호또래교수활동을 할 단원의 수업 내용을 선정하고 학습지를 제작합니다.

상호또래교수활동을 할 단원의 수업 내용을 결정하고 수업자료를 만들어서 학생들에게 제공하여야 합니다. 상호또래교수활동은 소단원 별로 실시하였고, 주 5차시 수업 중 1차시~4차시의 수업은 교사 강의 수업, 학생 활동 수업, 멘토·멘티 수업을 적절히 혼용하여 운영하였고, 5차시에는 50분 동안 상호또래교수활동으로 수업을 운영하였습니다. 1학기에는 주로 소단원의 문제풀이 중심의 익힘 문제를 풀 때 적용하였고, 2학기에는 소단원별 문제풀이 뿐만 아니라 개념정리나 증명의 경우에도 상호또래교수활동을 병행하여 실시하였습니다. 50분 동안 상호또래교수활동 수업이 운영되기 때문에 내용의 선정이 아주 중요합니다. 철저하게 교과서를 분석하여 상수준 내용 10%, 중수준 내용 60%, 하수준 내용 30%가 되도록 수업 활동지를 구성하였습니다. 또한 1시간의 수업이 밀도 있게 진행될 수 있도록 1차시 때 또래 교사들에게 미리 학습지

를 제공하여 철저히 준비시켜야 합니다.

TIP!

- 학습 활동지를 만들 때 요즘은 출판사별로 교과서 전체 한글 파일이 탑재되어 있기 때문에 다운로드해서 편집, 활용하면 좋습니다.
- 처음에는 상호또래교수활동 준비와 운영 등이 교사에게 심리적, 시간적 부담을 줄 수 있으나, 한 달 또는 두 달 정도가 지나면 익숙해져서 부담 없이 운영될 수 있습니다. 오히려 교사가 또래 교사의 도움을 받을 수 있습니다. 시작이 반이다. 도전!

둘째, 수업을 위한 또래 교사(멘토 학생)를 선정합니다.

상호또래교수활동에서의 멘토는 고정된 학생이 아니라 매시간 희망자에 따라 바뀌는 형태입니다. 또한 멘토와 멘티의 관계가 일대일의 관계뿐만 아니라 일대다 또는 다대일의 관계로 운영되기 때문에 멘토와 멘티를 또래 교사와 학습자의 관계로 구성하여 운영하였습니다.

5차시에 운영될 상호또래교수활동을 위해서 1차시 수업시간에 사전 홍보를 하여 또래 교사 역할을 희망하는 학생들을 학급당 8명 정도 선정하였고, 희망한 학생들이 역할수행에 성공할 수 있도록 준비시켰습니다. 매주 또래 교사를 새로 모집하기 때문에 수업 진행을 위한 철저한 준비와 수준에 맞는 수업내용 준비에 대한 교사의 세심한 노력이 요구됩니다. 또한 또래 교사 역할을 수행하는 학생들이 수학을 잘하는 소수의 학생으로만 구성되지 않게 하려고 매주 홍보와 격려를 적극적으로 하였습니다. 또한 또래 교사로 참여하게 될 경우 학교생활기록부에 활동사항을 기재하고, 활동 시간과 참여도에 따라 상품의 혜택을 주어 동기유발을 시켰습니다. 특히, 중·하위권 학생들이 또래 교사 역할을 수행할 때는 수업내용에 자신감을 가질 수 있도록 학습 활동지 내용에 대한 질문을 세심히 받아야 하며, 지속적으로 격려하고 심리적인 지지를 보내는 노력이 더욱더 요구됩니다.

TIP!

- 또래 교사는 보통 분단별로 2명씩 학급당 8명을 선정하였으나 수업 내용과 수준에 따라 인원을 4명에서 8명으로 융통성 있게 조절하면 됩니다.
- 상호또래교수활동을 처음 시작할 때 매주 운영하는 것이 부담될 수 있으므로 처음에는 월 2회 정도 운영하다가 활동이 익숙해지면 매주 운영하는 것도 하나의 방안입니다.

셋째, 상호또래교수활동을 위한 사전 교육을 합니다.

상호또래교수활동을 운영하기 전에 항상 사전 교육을 실시합니다. 사전 교육은 이 수업의 성공을 좌우하는 중요한 요소이기도 합니다. 사전 교육은 처음에는 유인물을 나누어 주고 다 같이 읽도록 하였으며, 나중에는 몇 가지 특징적인 요소와 잘 지켜지지 않는 요소만을 강조하여 교육합니다. 사전 교육 내용은 다음과 같습니다. 학습자는 또래 교사를 부를 때 '또래 교사님'으로 존칭하여 부를 것, 또래 교사는 학습자의 노력에 대해 칭찬과 용기를 북돋워 줄 것, 학습자가 틀리거나 어려워할 때 생각할 시간을 줄 것, 학습자의 정답이 틀렸을 때 비난하지 말 것, 즐겁게 수업에 임할 것, 또래 교사가 활동에서 학습 내용에 어려움이 있을 때는 다른 또래 교사들과 협력하여 함께 해결할 것, 예습할 성의가 있는 친구들은 누구나 또래 교사가 될 수 있다는 것 등입니다. 특히 이 활동에서 가장 중요하게 생각한 것 중 하나는 또래 교사의 도움을 받은 학습자는 이해한 것을 다시 또래 교사에게 설명하도록 하고 또래 교사는 학습자의 설명이 맞는지 경청하도록 하는 것입니다.

학기 초에는 사전 교육을 상호또래교수활동 수업 5차시 전 수업시간(3차시나 4차시)에 여러 번 반복하여 강조합니다. 한두 달 정도 지난 후에는 5차시 수업 시간 도입 부분에 잠깐 소개하여도 원활히 운영됩니다.

상호또래교수활동을 위한 우리의 규칙

- 학습자는 반드시 '또래 교사님' 으로 존칭하여 부른다.
- 학습자는 연필만을 이용하여 문제를 푼다.
- 학습자는 또래 교사가 실수가 있더라도 이해하고 함께 해결책을 연구한다.
- 또래 교사는 수업 내용에 책임감을 느끼고 철저히 예습한다.
- 또래 교사는 설명과 질문을 동시에 이용한다.
- 또래 교사는 자신감을 가진다.
- 또래 교사는 학습자를 가르칠 수 있는 일일 교사임을 명심한다.
- 또래 교사는 서서 멘토링 활동을 진행한다.
- 또래 교사는 또래 학습자가 문제를 잘 해결할 수 있도록 기다리고, 지켜봐 주고 격려하고 조력한다.
- 또래 교사는 학습자의 학습지 노트에 문제를 풀지 않고 다른 종이를 사용한다.
- 또래 교사는 또래 학습자에게 존중하고 배려하는 말을 사용한다.
- 또래 교사는 학습자의 노력에 대해 칭찬과 용기를 북돋워 준다.
- 또래 교사는 학습자가 틀리거나 어려워할 때 비난하지 않는다.

- 또래 교사는 학습자가 질문한 내용을 잘 설명해주고, 반드시 학습자가 이해한 것을 다시 또래 교사에게 설명하도록 한다. : ※ 가장 중요한 규칙 !
- 또래 교사는 문제를 해결하지 못할 경우 다른 조의 또래 교사와 협력하여 함께 해결한다. 반대로 다른 조의 또래 교사에게도 도움을 준다.
- 또래 교사 활동을 마치고 모둠 조의 학습지를 검토한다.
- 쉬는 시간과 자기 주도 학습 시간에 수업시간에 다 해결하지 못한 학습자의 질문을 개별적으로 받아주고 문제를 해결할 수 있도록 조력한다.

Q 또래 교사를 희망하는 학생들이 많을 때는 어떻게 선정하나요?

또래 교사를 희망하는 학생들이 너무 많을 때는 다양한 방법으로 학생들을 선정합니다. 물론 행복한 고민이라고 생각됩니다.

우선 처음 지원한 학생들이 있으면 무조건 우선권을 줍니다. 또 1차시부터 4차시까지 수업 시간에 대답을 아주 잘한 학생, 한 번도 졸지 않은 학생, 손들고 나와서 문제를 푼 학생, 지난주에 또래 교사를 아주 성실하게 수행한 학생, 모둠장의 권한으로 추천한 학생, 가위바위보, 제비뽑기, 사다리 타기, 발표자 선정 프로그램 이용하기 등 다양한 방안을 마련하여 적절히 적용합니다. 재미있는 방법 등을 도입해보면 좋습니다. 또래 교사 선정 과정을 통해서 학생들과 대화하고 더욱 친밀해지는 계기가 되기도 합니다.

Q 또래 교사를 희망하는 학생들이 없을 때는 어떻게 하시나요?

또래 교사를 희망하는 학생들이 없을 때는 대부분 수업 내용이 너무 어려운 경우입니다. 그 경우 어려운 부분은 교사가 그 부분을 담당하고 지원하며 학습지 내용의 난이도 수준을 적절히 조절한다면 어느 정도 해결될 수 있습니다. 그래도 상황이 어렵다면, 여러 개의 문제를 또래 교사가 모두 책임지지 않고 또래 교사 한 사람당 한 문제씩만 책임지게 하는 것도 좋은 방안입니다.

Q 또래 교사에게 어떠한 혜택이 주어지나요?

또래 교사에게는 활동 상황을 학교생활기록부에 기록해주는 것 외에는 별 혜택이 없습니다. 학기 초에 학급의 구성원으로서 함께 수업을 만들어 가기 위해서는 활동에 적극적인 참여가 필요함을 강조하고, 이후 성적과 자신감 향상에 도움이 된다는 것을 강조하면서 지속적으로 독려합니다. 시간이 지나면서 학습에 대한 책임감 향상 및 예습의 효과, 또래 교사 역할 수행을 통한 복습의 효과 등이 자신에게 도움이 된다는 것을 학생들이 스스로 터득하기 때문에 2학기에는 혜택이 없더라도 교사의 특별한 노력과 개입이 없어도 아주 활발하게 진행됩니다.

Q 수업 전에 학생은 무엇을 준비해야 하나요?

또래 교사로 선정된 학생들은 멘토의 역할을 잘 수행하기 위하여 배부된 학습 활동지를 수업 전에 철저하게 예습하여야 하고 설명하는 방법과 풀이과정을 쓰는 연습을 반복해서 해야 합니다. 스스로 학습 활동지를 예습하여야 하고 부족한 부분은 8명의 또래 교사들끼리 사전에 토론하고 협력하면서 준비합니다. 해결되지 않은 문제는 다른 반의 또래 교사나 교사의 도움을 받아 준비할 수 있도록 진행합니다. 그리고 상호 또래교수활동 수업 전(4차시)에 교사와 함께 준비상황을 점검합니다.

Q 교실 내 학생들의 자리 배치는 어떻게 하셨나요?

교실 내 학생들의 자리 배치는 이동 없이 운영하는 것을 원칙으로 하였습니다. 또래 교사 선정 시 분단별로 선정하였기 때문에 교실구조의 큰 변화 없이도 학생들의 개별적인 요구를 충족시킬 수 있도록 하였습니다. 또한 학생들을 학습 활동뿐만 아니라 교수활동에 참여시킴으로써 교사 혼자서 학급전체를 이끌며 교수활동을 수행해야 하는 집단식 수업의 한계와 부담을 어느 정도 극복하였습니다.

그림과 같이 선정된 8명의 또래 교사를 한 분단에 2명씩 배치하여 4인 1조, 8인 2조 구조로 배치하였고, 한 분단에 두 명의 또래 교사가 8명의 학습자를 함께 책임지도록 하였습니다. 분단 선정은 또래 교사들끼리 협의하여 원하는 분단으로 배치하였습니다. 잘하는 학생들이 몰리지 않게 학생들이 스스로 조를 정할 수도 있습니다.

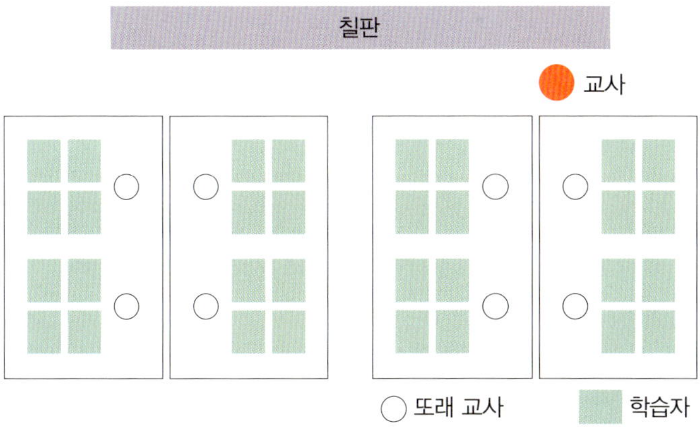

그림 8 교실 자리 배치도

Q 학습지 제작은 어떻게 하셨나요?

또래 교사 및 상호또래교수 활동을 위하여 학생들의 인지와 흥미 수준을 고려한 맞춤형 학습지를 제작합니다. 이때 학습지는 교과서 분석과 충분한 교재연구를 통해서 개념부분과 공식부분을 완성할 수 있도록 여백과 괄호를 적절히 구성하였고, 학생들이 문제풀이과정을 잘 표현할 수 있도록 세심하게 고려한 뒤 제작을 합니다. 그리고 대단원별로 학습지를 제공하여 부피의 부담을 줄이고 소단원별 유기적 내용정리가 가능하도록 구성을 하는 한편, 단원을 시작하기 전에 단원 전체의 학습지를 나누어 주고 소단원별로 난이도를 고려하여 학생들이 발표할 문항과 또래 교사활동을 할 내용과 토론할 내용을 미리 알려줍니다.

TIP!

맞춤형 학습지도를 위한 교재 개발 과정

- 1차적 협의 후 초벌 학습지 제작
- 난이도가 있는 문제는 학습지를 단계형으로 구성하여 제작
- 교과서의 개념 정리 내용 중 선별하여 학생들이 기록할 부분을 여백으로 제공
- 교사가 먼저 풀어본 후 난이도 조절, 학생 풀이 공간을 고려하여 재편집
- 단원별 문제에 자기체크지를 추가하여 완전히 이해한 문제와 노력이 더 필요한 문제, 어려운 문제들을 스스로 메모하여 이후 학습에 반영

Q 학습지 제작은 교사 입장에서 업무 부담이지 않나요?

학습지 제작은 학생뿐만 아니라 교사에게도 많은 도움이 됩니다. 교사가 한 문제 한 문제 풀어가면서 생각했던 여러 가지 내용들을 사전에 미리 메모함으로써 본 수업을 밀도 있게 운영하는 데 많은 도움이 되었습니다. 또한 학습지를 학생들에게 배부하기 전에 교사가 먼저 한 단원을 다 풀어보고 정리 부분, 단계형으로 제시할 부분, 발표할 부분, 또래 교사가 할 부분을 선정한 것은 오히려 교사 입장에서 수업에 대한 강한 자신감을 갖게 됩니다. 또 수업진행 시에도 유독 실수하고 질문이 많은 문제는 학습지에 그날 그날 메모하였다가 시간이 흐른 뒤 다시 짚어줌으로써 학습의 효과를 높일 수 있습니다. 또한 이러한 메모들은 학생을 이해하는 유용한 자료가 되며 지필고사 출제 시에도 학생들의 수준을 정확히 알기 때문에 유용한 자료가 됩니다.

학습지는 학생들의 입장에서도 학습지에 푼 문제와 해결하지 못한 문제, 실수한 문제 등의 흔적이 남기 때문에 자신을 정확하게 진단할 수 있

고 스스로 학습을 반성할 수 있는 장점이 있으며, 교사의 입장에서도 수업 전 설계와 수업의 장면을 상세히 메모함으로써 수업 반성과 성찰할 수 있는 좋은 자료가 됩니다.

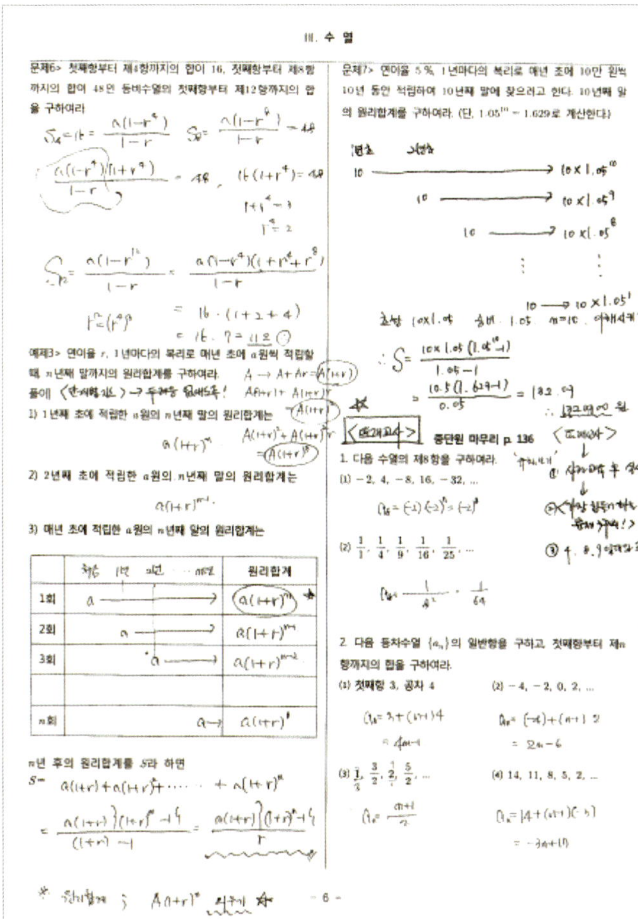
III. 수 열

문제6> 첫째항부터 제4항까지의 합이 16, 첫째항부터 제8항까지의 합이 48인 등비수열의 첫째항부터 제12항까지의 합을 구하여라

예제3> 연이율 r, 1년마다의 복리로 매년 초에 a원씩 적립할 때, n년째 말까지의 원리합계를 구하여라.

풀이

1) 1년째 초에 적립한 a원의 n년째 말의 원리합계는

2) 2년째 초에 적립한 a원의 n년째 말의 원리합계는

3) 매년 초에 적립한 a원의 n년째 말의 원리합계는

		원리합계
1회		
2회		
3회		
n회		

n년 후의 원리합계를 S라 하면

$S=$

문제7> 연이율 5%, 1년마다의 복리로 매년 초에 10만 원씩 10년 동안 적립하여 10년째 말에 찾으려고 한다. 10년째 말의 원리합계를 구하여라. (단, $1.05^{10} = 1.629$로 계산한다.)

중단원 마무리 p. 136

1. 다음 수열의 제8항을 구하여라.

(1) $-2, 4, -8, 16, -32, \dots$

(2) $\frac{1}{1}, \frac{1}{4}, \frac{1}{9}, \frac{1}{16}, \frac{1}{25}, \dots$

2. 다음 등차수열 $\{a_n\}$의 일반항을 구하고, 첫째항부터 제n항까지의 합을 구하여라.

(1) 첫째항 3, 공차 4

(2) $-4, -2, 0, 2, \dots$

(3) $\frac{1}{2}, \frac{3}{2}, \frac{2}{2}, \frac{5}{2}, \dots$

(4) $14, 11, 8, 5, 2, \dots$

- 6 -

그림 9 난이도 고려 단계형 구성 학습지의 교사 메모

실제 수업 활동

Q 상호또래교수활동식 멘토링 수업은 어떻게 진행되나요?

상호또래교수활동식 멘토링의 수업의 핵심은 다른 사람을 가르치는 것에 있는 것이 아니라, 다른 사람을 가르치는 경험을 한다는 것에 있습니다. 물론 설명을 듣는 학생들도 도움이 되겠지만, 또래 교사 역할을 하는 학생들이 예습을 하는 과정과 반복 설명을 하는 과정, 그리고 가르치고 난 뒤 학습자가 이해한 것을 다시 또래 교사에게 설명하는 것을 듣는 과정에서 변화하고 성장하는 것을 목적으로 합니다. 따라서 많은 학생들이 또래 교사에 참여할 수 있도록 동기를 부여하는 것에 초점을 맞추어 운영합니다.

상호또래교수활동식 멘토링 수업은 크게 도입, 전개, 정리로 이루어집니다.

도입에서는 선수학습 내용을 간단하게 확인하고 학습 목표를 제시하고, 사전 교육 및 또래 교사 소개 등이 이루어집니다.

전개에서는 모두 3개의 마당으로 구성된 상호또래교수활동을 진행합니다. 총 3개의 마당은 동일 방식으로 구성됩니다. 마당별 공통 진행방식은 교사가 칠판에 문제를 제시하고 학생을 지명하여 문제풀이를 하는 동안 동시에 또래 교사는 자기 모둠의 학생들을 관리하고 지도합니다. 이 과정에서 교사는 칠판에 문제를 푸는 학생에게 질문하기와 오류 지적 등의 일대일 개별지도를 하고, 또래 교사는 모둠의 학생에게 일대일 개별지도를 합니다. 교사가 정리한 뒤 한마당이 끝나고 다음 마당이 진행됩니다.

정리 단계에서는 자기 평가지를 통해서 자신의 학습을 점검해봅니다. 다음 차시 예고 및 릴레이 또래 교사를 안내하면서 수업을 마무리합니다.

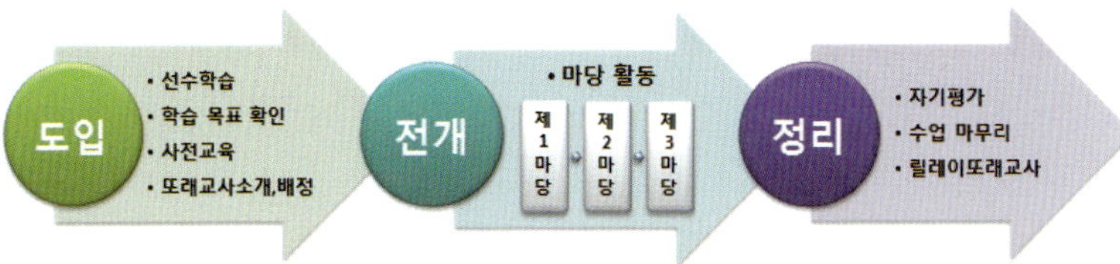

1. 도입

수업의 도입 부분에서는 3가지 활동을 합니다.

첫째로 선수학습을 간단하게 확인하고, 둘째로는 학습 목표를 확인하고, 셋째에는 상호또래교수활동과 관련한 유의사항 전달, 또래 교사 소개, 또래 교사 배정을 합니다.

Q 선수학습 확인은 어떻게 하나요?

상호또래교수활동을 50분 동안 진행하기 위해서 선수학습 확인은 최소화합니다. 본 수업과 관련하여 꼭 필요한 개념정리나 공식정리 등을 학생들에게 질문하고 대답을 이끌어 내는 형태로 합니다. 단, 많은 학생들이 지난 내용을 상기하고 참여하는 것을 목적으로 하기 때문에 질문에 대해서 다 같이 합창, 두 사람이 동시에 대답하는 중창, 그리고 개인 답변 등을 상황에 맞게 골고루 활용합니다.

Q 상호또래교수활동 유의사항 전달은 어떻게 하나요?

사전교육에서 했던 내용을 상기할 수 있도록 다시 한 번 언급합니다. 특히 또래 교사의 도움을 받은 문제를 학습자가 완전히 이해한 후에 다시 또래 교사에게 설명하도록 하는 것을 강조하여 전달합니다. 또한, 또래 교사는 학습자의 설명을 꼼꼼히 듣고 점검하며 다른 사람의 설명을 통해서 자신의 개념을 되돌아볼 수 있도록 합니다. 그리고 학습자의 학습 속도에 차이가 있으므로 도달 목표가 다르다는 것을 인정하고 학습자에 맞추어 수업을 진행하도록 합니다.

Q 활동 전 또래 교사 소개는 어떻게 하나요?

일일 또래 교사 소개는 활동 전 학급 친구들 앞에서 단체로 인사하게 합니다. 또한, 처음 또래 교사 활동을 하게 된 학생 한두 명 정도는 개인적 각오나 마음가짐을 발표하도록 합니다. 교사는 학생들에게 또래 교사를 소개하며 칠판에 또래 교사의 이름을 적고 일일 또래 교사 이름표를 목에 걸어 줍니다. 학생들은 박수로써 또래 교사를 맞이합니다. 또한, 상호또래교수활동에서의 또래 교사는 수학을 월등히 잘하는 학생이 아니라 친구들의 학습을 지원하기 위하여 책임감 있게 예습을 철저히 해온 성의 있는 학급 친구라는 것을 인식시킵니다. 또한 또래 교사는 교사의 자세로 성실히 역할을 수행하여야 한다는 것을 강조하고 수업의 성공경험을 통해서 자신감을 가질 수 있도록 격려합니다.

그림 10
1일 또래 교사 이름표

그림 11
활동 전 또래 교사 소개

그림 12
또래 교사 활동 모습

Q 또래 교사 배정은 어떻게 하나요?

또래 교사 분단 및 조 배정은 학생들이 원하는 대로 배정합니다. 한 분단에 두 명씩 배정하고, 또래 교사 1인당 학생 4명을 배정하여 조력하고 관리하도록 운영하였습니다. 또한 같은 분단에 배정된 2명의 또래 교사가 한 팀이 되어 8명의 학생을 함께 책임지도하게 하였고, 상황에 따라서는 2명의 또래 교사가 나머지 6명의 또래 교사와 협동하여 다른 분단의 학습자를 지원할 수 있도록 하였습니다. 즉, 4인 1조에 한 명의 또래 교사가 배치되지만 때에 따라서는 8인 2조에 2명, 16인 4조에 4명이 함께 협력하여 지원할 수도 있습니다. 또한 예상하지 못한 질문으로 해결하지 못하는 부분이 생기게 되면 또래 교사들끼리 협력하여 팀으로 지원할 수 있도록 하였고, 진행에 어려움이 생기는 경우를 제외하고는 교사의 개입은 자제하였습니다.

TIP!

- 상위권학생과 중·하위권학생을 같은 분단에 배정하는 것도 좋은 방법입니다.
- 성적이 우수한 학생들이 밀집되어 있는 조의 경우에는 중·하위권학생들이 부담을 느끼기 때문에 상위권학생을 배치합니다. 또한 질문이 많이 들어오지 않기 때문에 다른 조보다 적은 인원을 배치해도 됩니다.

2. 전개

상호또래교수활동식 멘토링 수업의 전개는 3개의 마당 활동으로 이루어지고 모든 마당 활동의 진행방법은 그림과 같이 동일합니다.

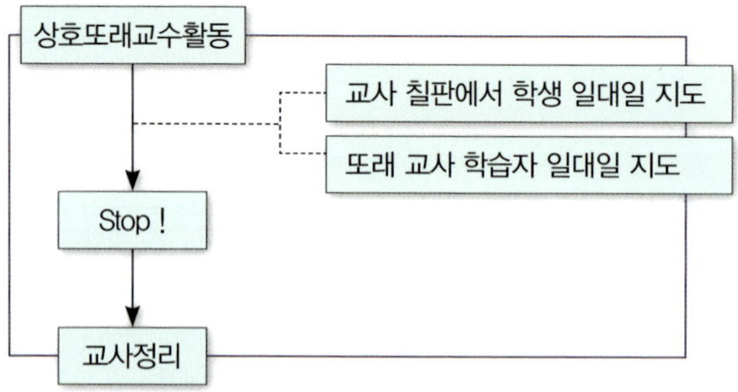

그림 13 상호또래교수활동의 한 마당의 구성

한 마당의 진행 방법을 간략하게 소개하겠습니다.

상호또래교수활동식 멘토링 수업이 시작되면 또래 교사들은 자기가 맡은 조를 관리하며, 모둠의 학생에게 설명하기와 설명 듣기 등의 일대일 개별지도를 합니다. 학습자들은 질문이 있는 경우에 "또래 교사님" 하며 손을 들고 질문합니다. 앞에서도 강조했지만, 학습자들은 또래 교사의 도움을 받아서 문제를 해결한 후 자신이 이해한 것을 다시 또래 교사에게 설명합니다. 그 과정을 통해서 학습자와 또래 교사 모두 배우게 됩니다.

활동이 진행되는 동안 교사는 칠판에 다섯 문제를 적고 조별로 학생을 지명하여 풀도록 합니다. 교사는 학생들이 칠판에 문제를 푸는 동안 학생들에게 풀이에 대한 질문하기와 오류 지적 등의 일대일 개별지도를 합니다. 특히, 수학에 자신감이 없는 학생들이 문제를 풀 때는 격려와 성공경험을 맛볼 수 있도록 세심한 배려와 심리적 지지를 아끼지 않아야 합니다. 칭찬의 타이밍은 매우 중요합니다. 일대일 칭찬을 계기로 학생들에게 자신감과 동기를 부여할 수 있습니다.

교사가 "STOP"을 외치면, 또래 교사들은 지도활동을 멈춘 뒤 모두 교실 뒤편으로 이동하여 서 있도록 합니다. 교사가 설명할 때 또래 교사들이 여기저기서 설명하게 되면 집중이 잘 안 되기 때문에 모든 활동을 멈추고 간단한 정리 시간을 갖습니다. 정리 시간에 교사는 칠판에 나와 푼 학생의 설명과 풀이에 오류가 있었던 부분, 학생들이 자주 틀리는 부분, 그리고 학생들이 어려워하는 부분이 있었다면 그 부분을 강조하여 정리합니다. 또는 그 단원에서 가장 중요하게 다루어야 할 학습 내용 등을 한 번 더 언급하여 정리합니다. 이 과정이 끝나면 한 마당이 끝이 납니다. 한 시간 수업에서 이 과정을 3번 반복하면 3마당까지 끝나게 됩니다.

TIP!

- 질문이 많지 않은 조의 또래 교사는 칠판에 문제를 푸는 학생들의 풀이과정을 점검하는 역할을 부여하기도 합니다.
- 칠판에 푼 학생의 풀이를 수정하지 않고 교사정리 시간에 전체 학생들에게 수정하도록 하는 것도 수업의 집중도를 높이는 좋은 방법입니다.
- 교사가 갑자기 "stop"을 외치면 또래 교사들이 문제를 설명하다 준비없이 멈추게 되므로 교사는 "1분 후에 stop입니다."를 미리 안내하는 것이 좋습니다.
- 문제의 난이도가 높은 경우에는 2번 반복하는 2마당까지 운영할 수 있습니다. 즉, 난이도에 따라 2마당에서 4마당까지 융통성 있게 수업에 적용합니다.

Q 교실 앞으로 나가서 칠판에 문제풀이를 하는 학생 선정은 어떻게 하셨나요?

한마당에 5명, 조별로 한 명씩 선정하는데, 처음 마당에서는 교사가 5명을 지명합니다. 두 번째 마당에서는 릴레이식 추천을 합니다. 즉, 첫 번째 학생은 교사가 지명하고 지명된 학생이 다른 모둠에서 다음 학생을 지정하고 또 그 학생이 다른 모둠에서 다음 학생을 지정하는 방법을 병행합니다. 교사가 일방적으로 지명하는 것보다 친구들끼리 추천하면 학생들이 매우 즐거워하고 자신도 다른 친구를 추천하였기 때문에 참여 자체를 좋아하고 수업에 집중하게 됩니다.

그림 14
상호또래교수활동 장면

그림 15
칠판에 푼 학생이 교사에게 설명하는 장면

그림 16
학습자가 또래 교사에게 이해한 것을 설명하는 장면

Q 문제풀이 할 때 다섯 명의 학생을 동시에 진행하나요?

문제풀이를 동시에 진행하게 되면 학생과의 일대일 의사소통이 어렵습니다. 문제풀이 시간이 10분 정도 운영되기 때문에 약간의 시차를 두면서 운영합니다. 즉, 두 명 정도가 먼저 나와서 문제를 풀고 어느 정도 진행이 되면 다음 학생을 지명하여 운영합니다. 상황에 따라서는 또래 교사가 칠판에 나와서 문제를 푸는 학생들과 일대일 의사소통하도록 합니다.

Q 일대일 지도 시 또래 교사가 설명을 하다가 막히면 어떻게 해야 하나요?

또래 교사가 설명을 하다가 막히거나, 돌발 질문에 대해서 어려움을 느끼면 팀으로 협력하여 지원하게 합니다. 즉, 또래 교사는 4인 1조, 8인 2조의 구조이기 때문에 같은 분단에서 협력하여 해결하도록 하고, 부득이 해결되지 못할 때는 옆 분단 조의 또래 교사까지 협력하여 지원하도록 하였습니다. 교사는 되도록 개입하지 않고 학생들이 해결할 수 있도록 운영하며, 도저히 해결되지 않는 문제는 교사 정리 시간에 전체토론으로 진행하기도 합니다. 시간이 조금 걸릴 뿐이지 교사가 믿고 기다리면 학생들은 대부분 접근 방법이나 해결책을 스스로 찾아냅니다. 또한 학생들이 스스로 해결했을 때 성취감은 두 배가 됩니다.

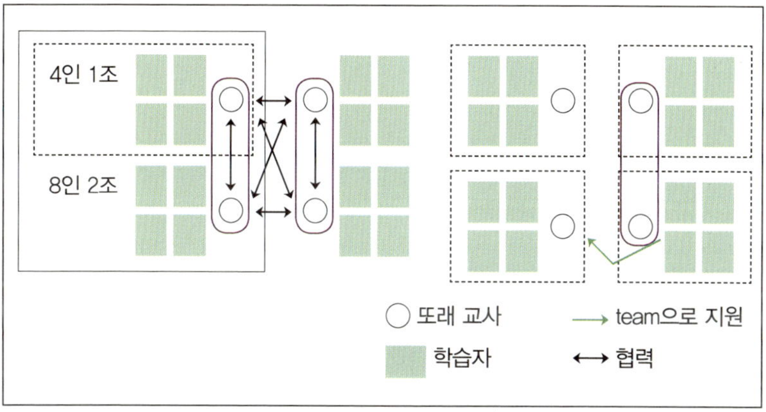

그림 17 또래 교사 협력 구조

Q 멘토링 수업을 50분 동안 운영하는 이유는 무엇인가요?

고등학교 수학 교과의 특성상 문제에 따라서는 몇 분 안에 빨리 해결할 수 없는 문제들이 많이 있습니다. 또 학생들의 수학 수준 차이가 많기 때문에 이해시키는 데는 많은 시간이 소요되는 경우도 있습니다. 또한 상호또래교수활동의 목적은 일방적으로 가르쳐서 많은 문제를 푸는 것이 아니고, 자신이 도움을 받아서 문제를 해결한 후에 이해한 것을 다시 또래 교사에게 설명하는 과정에서 얻게 되는 진정한 이해와 표현 능력 향상이기 때문에, 수업시간이 많이 소요됩니다. 따라서 50분 동안 수업을 운영해야 학습자가 이해하고 이해한 것을 다시 표현하는 활동을 할 수 있습니다. 따라서 5차시에는 온전히 이 활동을 위해서만 운영합니다.

Q 또래 교사들이 여기저기서 설명하는 동안 교실이 소란해지지 않나요?

어느 정도는 소란함을 감수해야 합니다. 35명의 학습자 수준과 목표가 모두 다르고 이해 정도도 다르므로, 또래 교사는 자기가 알고 있는 방법을 총동원하여 설명하게 됩니다. 또 설명이 준비한 대로 잘 안 될 때, 열을 올리다 보면 당연히 교실이 소란해집니다. 따라서 교사는 다른 반에 피해가 가지 않도록 수위를 조절해서 지도해야 합니다. 때로는 각본대로 잘 운영될 때도 있고 어떤 경우는 엉망이 될 때도 있습니다. 비록 약간의 소란은 있으나 학생들은 머리를 맞대고 모두가 참여하여 수학을 하고 있고 그 가운데 배움이 일어나고 있습니다. 누구 하나 잠 자지 않고 무언가를 하고 있다면 이 정도의 소란쯤이야 교사가 인내해야 하지 않을까요? 교실에서 수학하는 소리가 정말 아름답게 들립니다.

Q 또래 교사가 가르친 내용에 오류가 있지 않을까요?

교사 주도적 강의식 수업에서 교사가 설명을 잘한다고 해서 35명의 모든 학생이 수업 내용을 다 이해하는 것은 아닙니다. 물론 또래 교사가 교사만큼 지도하지 못하는 부분도 있습니다. 그러나 "STOP" 후 교사 정리 시간에 잘 틀리는 부분이나 오류 부분을 다시 정리하는 것으로 어느 정도 보완합니다. 또한 상호또래교수활동 수업에서는 일차적으로 8명의 또래 교사 역할을 하는 학생들이 예습을 통해서 수업 내용을 이해했으며, 칠판에 나와서 일대일로 교사와 대화하면서 푸는 학생들 역시 교사의 개별지도를 통해서 내용을 이해할 수 있습니다. 또한, 또래 교사들이 일부 학생들을 지도해주기 때문에 강의식 수업보다 훨씬 더 효과가 있다고 생각됩니다. 무엇보다 가장 큰 장점은 수업이 끝난 후에 교사는 교실을 나오게 되지만 그 단원을 지도했던 또래 교사들은 교실에 남아 있다는 것입니다. 즉, 학습자들은 또래 교사에게 언제든지 다시 물어볼 수 있고 도움을 받을 수 있으며, 또래 교사는 학습자들을 가르쳐주면서 재차 복습을 반복하게 되는 학습 사이클이 운영되는 것입니다. 이러한 과정을 통해 오류 극복은 충분히 되리라 봅니다.

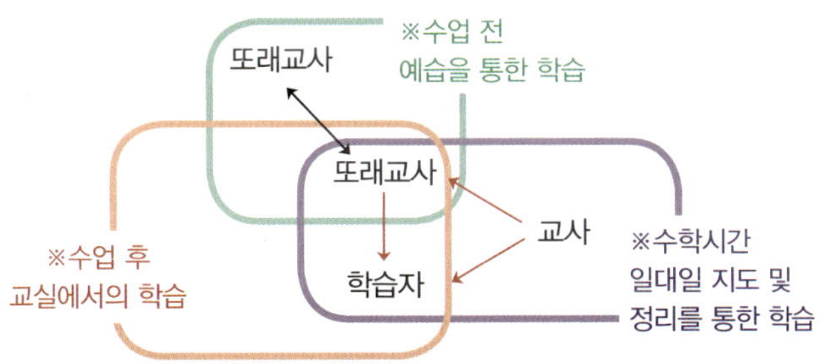

그림 18 상호또래교수활동을 통한 학습 싸이클

Q 또래 교사 활동이 어떤 측면에서 학생들에게 도움이 되었다고 생각하시나요?

처음 또래 교사 활동은 저에게 많은 불안감을 주었습니다. 진도도 느리고 교사가 설명해 주지 않은 부분에 대한 걱정이 있었고, '학생들이 잘못 설명하면 어떻게 하나.'하는 걱정이었습니다. '학생들을 믿자.'고 저 자신에게 용기를 주었던 적도 있었습니다. 그러나 수업 활동은 50분에서만 끝나는 것이 아니므로 몇 문제를 놓친다 해도 이후 문제를 풀고자 하는 동기부여가 된다면 장기적으로 보았을 때 더 긍정적인 면이 많을 것이라고 생각됩니다. 또 문제를 푸는 과정에서 어려움에 부딪혔을 때 함께 나눌 수 있는 또래 교사 친구가 늘 곁에 있는 것은 학생들에게 큰 도움이 될 수 있습니다. 교실안과 밖에서 서로 토의하고 가르쳐주고 협력하는 수학 학습 문화가 자연스럽게 학생들 사이에 자리 잡게 되고 정착되어가는 과정을 지켜보면서 점차 확신을 하게 되었습니다. 상호또래교수활동을 기다리는 학생들을 볼 때, 수업시간에 졸거나 소외되는 학생들이 없고 모두 적극적으로 활동하는 모습을 볼 때, 그리고 서로 또래 교사가 되겠다고 경쟁하는 모습을 볼 때, 교사 자신도 용기가 생깁니다.

아래 표는 학생들이 학기 말에 상호또래교수식 멘토링 수업에 대한 자기평가지에서 좋았던 점에 대한 응답들입니다.

표 12 또래 교사 경험에서 좋았던 점

또래 교사 경험에서 좋았던 점
이해도(수학적 원리에 대한 이해도, 개념원리에 대한 이해도) 향상
수학적 의사소통능력(수학적 언어로 말하고, 쓰고, 가르치고, 다른 사람의 풀이와 설명에 경청하는 능력) 향상

철저한 예습의 경험을 통한 자신감 향상
수학 수업의 집중력과 성적 향상
또래 교사의 역할에 대한 책임감과 배려심 향상

표 13 또래 교사의 도움을 받았던 경험에서 좋았던 점

학습자로서 좋았던 경험
이해도(일대일 맞춤식 눈높이에 맞는 설명으로) 향상
문제풀이의 성공경험을 통해 자신감 향상
즉각적 피드백(적시학습)을 통한 수학적 오류 수정
(이해한 것을 다시 설명하는 활동으로 인한) 수학적 의사소통능력 향상
(적극적 수업 참여로 인한) 수학 수업의 집중력 향상
즉각적 피드백(적시학습)을 통한 성적 향상
모르는 문제에 대한 질문에 대한 편안함
수학에 대한 불안감 감소
기타(소외되지 않음, 도움 줄 친구가 늘 있다는 믿음, 친구가 해결할 수 있다는 믿음)

3. 정리

Point !

- 학습자 자기평가와 또래 교사 자기평가
- 수업 후 또래 교사의 도움으로 학습지 반복 학습 권장
- 릴레이 또래 교사 제안

정리 단계에서는 형성평가 대신 학습자와 또래 교사가 자기평가를 하도록 합니다. 또한, 또래교사의 도움을 받은 학생들은 손을 들게 하여 또래 교사 역할의 소중함을 다 같이 느끼게 하거나, 또래 교사 활동을 한 학생 중에 한 명 정도 지명하여 자신의 소감을 말하게 합니다. 또한 도움이 더 필요한 학생들에게는 쉬는 시간과 자기 주도 학습 시간을 활용하여 또래 교사들에게 질문할 수 있도록 안내합니다. 수업을 마친 후에도 문제를 해결할 수 있는 또래 교사는 계속 교실에 남아있으므로 적극적으로 도움을 받도록 홍보합니다. 끝으로 또래 교사에 참여하지 못한 학생들을 대상으로 릴레이 또래 교사를 제안합니다.

Q 학습자의 자기평가는 어떠한 방법으로 하게 되나요?

학습자의 자기평가는 체크리스트로 하며, 모든 문항마다 4단계 체크를 완성합니다. 1단계 완전히 아는 문제, 2단계 또래 교사의 도움으로 완벽하게 해결한 문제, 3단계 조금 더 노력이 더 필요한 문제, 4단계 잘 모르는 문제입니다. 학생들에게 2단계와 3단계 문제에 대한 우선 복습을 강조하여 설명합니다.

Q 또래교사의 자기평가는 어떠한 방법으로 하게 되나요?

또래 교사의 자기평가는 성공 경험에 초점을 맞추어서 진행하였습니다. 또래 교사 활동 직후에 나누어 주고 작성하게 한 뒤 다음날 모둠장을 통해서 수합합니다. 그러나 또래 교사로 매주 참여를 하는 학생들은 평

표 14 학습자 자기평가 체크리스트

오늘의 학습 자기평가지

1. 나에게 도움을 준 또래교사 이름 :
2. 나의 수업 만족도 : (   ) %

문항 번호	완전히 아는 문제	또래교사의 도움으로 완벽하게 해결한 문제	조금 더 노력이 필요한 문제	잘 모르는 문제
1	□	□	□	□
2	□	□	□	□
3	□	□	□	□
4	□	□	□	□
5	□	□	□	□
6	□	□	□	□
7	□	□	□	□
8	□	□	□	□
9	□	□	□	□
10	□	□	□	□

가지를 매주 작성하는 것이 부담스러울 수도 있습니다. 이런 경우는 한 달에 한두 번 정도 제출하도록 하였습니다. 또래 교사 자기평가지를 제출하도록 강요하지는 않았지만, 대부분의 학생들은 자신이 해냈다는 뿌듯함으로 기쁘게 작성하여 제출합니다. 또래 교사를 통해서 정의적인 면에서 달라진 점과 인지적인 면에서 지도방법, 그리고 또래 교사를 하면서 변화된 점 등을 서술하게 하였습니다. 또래 교사 평가지는 수학 반장이 걷고 교사 확인 사인을 한 뒤 본인의 포트폴리오 자료로 활용할 수 있도록 학생들에게 돌려주었습니다. 교사는 이 자료를 복사하여 보관하고 학생들을 이해하는 자료 및 이후 학교생활기록부 기록 자료로 활용하였습니다.

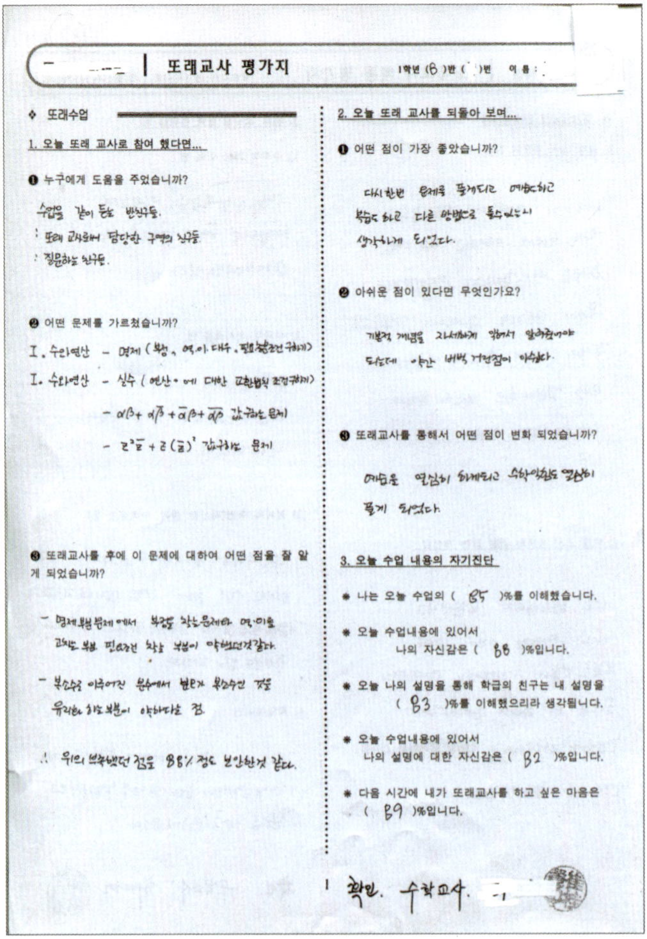

또래교사 평가지

1학년 (6)반 ( )번 이름 :

◆ 또래수업

1. 오늘 또래 교사로 참여 했다면...

❶ 누구에게 도움을 주었습니까?

❷ 어떤 문제를 가르쳤습니까?

❸ 또래교사를 후에 이 문제에 대하여 어떤 점을 잘 알게 되었습니까?

2. 오늘 또래 교사를 되돌아 보며...

❶ 어떤 점이 가장 좋았습니까?

❷ 아쉬운 점이 있다면 무엇인가요?

❸ 또래교사를 통해서 어떤 점이 변화 되었습니까?

3. 오늘 수업 내용의 자기진단

* 나는 오늘 수업의 (85)%를 이해했습니다.
* 오늘 수업내용에 있어서 나의 자신감은 (88)%입니다.
* 오늘 나의 설명을 통해 학급의 친구는 내 설명을 (83)%를 이해했으리라 생각됩니다.
* 오늘 수업내용에 있어서 나의 설명에 대한 자신감은 (82)%입니다.
* 다음 시간에 내가 또래교사를 하고 싶은 마음은 (89)%입니다.

확인. 수학교사.

그림 19 또래 교사 자기평가지

Q 릴레이 또래 교사를 시작하게 되신 계기는 무엇인가요?

수업시간에 다른 사람에게 설명하는 또래 교사 역할에 부담감을 느끼는 학생 중 희망자에 한해서 릴레이 또래 교사 제도를 운영하였습니다.

릴레이 또래 교사는 두 가지 목적으로 운영하였습니다. 첫째는 또래 교사 역할에 대한 자신감이 부족한 학생들을 위해 운영하였고, 둘째는 릴레이 또래 교사 역할을 통해서 이후 또래 교사로 용기를 낼 수 있게 하려고 운영하였습니다. 즉, 한 학기 동안 또래 교사 역할 참여에 한 번도 참여하지 않는 학생들을 독려하기 위하여 고안한 일종의 예비단계의 또래 교사 제도라 할 수 있습니다.

Q 릴레이 또래 교사(릴또)는 어떠한 방법으로 운영되나요?

수업이 끝난 후 그날 수업했던 내용 중에 어려운 문제나 틀리기 쉬운 문제, 질문이 많이 들어왔던 문제, 의미 있는 문제를 또래 교사와 함께 협의하여 릴레이 또래 교사 문제를 선정합니다. 선정된 문제를 학생들에게 공지하고 교사는 칠판에 해당 '릴또문제'를 적고 활동지를 희망자에 한해서 배부합니다. 희망자는 쉬는 시간이나 자기 주도 학습 시간을 이용하여 3명 이상의 학생들에게 일대일로 문제를 설명하고 설명 듣기를 하는 활동입니다. 물론 같은 반 친구가 아닌 다른 반 친구들을 대상으로 해도 됩니다. 용기를 내서 친구들에게 설명하기와 설명 듣기를 실행한 후 활동 상황을 메모하여 자유롭게 제출하는 형태입니다. 물론 수학 반장이 활동지를 모아서 수학 시간에 교사에게 제출합니다. 자신감이 부족한 학생들이 여러 번의 릴레이 또래 교사로 활동하다 보면 친구들에게 설명하는 활동이 익숙하게 되고, 이러한 작은 성공의 경험들이 누적되어 자신감과 수학적 의사소통 능력이 향상되고, 이후 또래 교사 역할에 참여할 수 있는 긍정적 변화로 이어지는 효과를 기대한 것입니다.

물론 교사는 또래 교사 평가지와 마찬가지로 교사 확인 사인을 한 뒤 본인의 포트폴리오 자료로 활용할 수 있도록 학생들에게 돌려주었습니다. 교사는 이 자료는 복사하여 보관하고 학생들을 이해하는 자료 및 이후 생활기록부 기록 자료로 활용하였습니다. 가끔 학생들의 소감문 속에서 학생들의 변화와 진심이 느껴져서 용기를 얻기도 하고, 수학교사라는 것이 자랑스럽기도 했습니다.

표 15 릴레이 또래 교사 활동지

릴레이 또래교사 활동

활동 날짜	2015년 ( )월 ( )일 시간( )
나의 이름	( )반 ( )번 이름 ( ) 확인 ( )
또래 멘티 이름	( )반 ( )번 이름 ( ) 확인 ( )
	( )반 ( )번 이름 ( ) 확인 ( )
	( )반 ( )번 이름 ( ) 확인 ( )
활동 내용	
활동을 통해 새롭게 알게 된 점	

OO고등학교 수학교사 OOO

Q 또래 교사나 릴레이 또래 교사 활동의 평가는 어떻게 적용하셨나요?

본 수업의 목적이 함께하는 수업, 성공경험을 체험하는 수업, 개인의 눈높이에 맞는 수업, 즐거운 수학 수업, 서로 돕는 수학 수업을 꿈꾸며 진행하였기 때문에 주로 점수화되는 양적 평가보다는 정의적 평가에 초점을 맞추어 운영하였습니다. 학기 말에 학교생활기록부의 교과학습 발달상황이나 진로영역에 활동 상황을 기록하였습니다. 학생의 인지적 특성뿐만 아니라 정의적 특성 및 의사소통 능력, 대인관계 능력, 협동성, 책임감 등 다양한 측면에서 학생을 평가할 수 있었습니다. 또한 또래 교사나 릴레이 또래 교사로 활동 한 학생들에게는 평소에 자기의 활동을 포트폴리오나 에듀팟에 누가 기록하여 자기소개서에 활용하도록 지도하였습니다.

한 학생의 자기소개서 사례

학급 내 개인차를 줄이고 모두가 협력하여 참여하는 수학 수업방법의 하나로 1학년 수학 선생님께서 제안한 또래 교사 활동에 동참하게 되었습니다. 또래 교사 활동을 통해 친구들의 오개념을 고쳐주었고 문제 풀이 방법을 알려주면서 보람을 느꼈고 이것을 통해서 저의 지식 또한 성장했습니다. 이러한 경험을 반 친구들뿐만 아니라 1, 2학년 전교생을 대상으로 하여 더 큰 나눔을 실천하고자, 뜻이 같은 친구들과 함께 동아리를 창단했습니다. 매주 주말마다 학교에서 자기 주도 학습을 하는 친구들의 수학 질문을 받고 함께 해결하였고 수학공부 방법이나 전략에 대한 고민을 함께 나누었습니다. 이 프로그램을 통해 수학 개념들과 그 개념들을 적용하는 방법을 알게 되었고, 친구들이 수학 문제를 포기하지 않고 해결하거나 수학에 대한 자신감을 느끼게 되는 것을 보면서 지식 나눔의 즐거움을 느꼈습니다. 또한 학습의 책임감을 느끼게 되었고 어려운 문제를 협력하여 해결하는 과정에서 개념들을 다시 익히고 이해할 수 있었습니다. 또한 쉽게 푸는 방법들을 생각하고 토론하면서 다양한 방향으로 접근하는 넓은 수학적 눈을 가질 수 있었고, 봉사라는 것이 일방적인 것이 아니라 쌍방향으로 서로에게 도움을 주는 것이라는 소중한 가치를 배웠습니다. 이러한 학교에서의 작은 실천의 성공을 지역사회에도 베풀기 위해 저는 지역아동센터에 방문하여 수학 자원봉사를 하였고 환경이 어려운 학생들에게 수학을 지도하며 가슴 뭉클한 동기를 얻었습니다. 대학에 입학하여서도 진정한 나눔의 작은 실천을 실현하고 싶습니다.

학교생활기록부 교과학습 발달상황의 평가 예

학급의 또래교사로 활동하면서 급우들의 오개념 지도, 기초학력 향상에 기여함. 또한 또래 교사 역할 수행을 통해 친구들에 대한 배려심과 학습에 대한 책임감을 향상해 나감. 또래 교사 활동을 통해 문제를 창의적으로 해결하는 절차와 자기점검 및 수학적 언어로 표현하는 방법에 대해 경험함으로써 자신의 수학적 개념에 대한 이해의 폭을 넓혔으며, 수학적 개념이나 문제풀이에 관한 설명을 급우들과 서로 주고받으며 자신의 문제 해결 과정에서의 장단점을 정확하게 파악하고 이를 통해 수학적으로 성장, 발전하는 계기가 됨. 특히 나머지 정리와 인수분해의 성질을 이용한 문제, 절댓값을 포함한 부등식 문제, 점과 직선의 거리공식을 적용한 응용문제와 관련한 또래 교사 활동에서 기량을 돋보임. 특히 실생활 관련 응용문제에서 주어진 문제를 좌표평면 위에 올려놓고 함수적 사고를 이용하여 문제에 접근하여 설명해 줌으로써 급우들에게 최고의 또래교사라는 찬사를 받음.

TIP!

- 누가 기록은 일회성 평가가 아니라 과정 평가로서의 의미 있는 평가활동이므로 수행평가에 활용하여도 좋습니다.
- 수행평가 활용 시에는 참여도와 충실도, 자기평가, 동료평가 등을 활용하여 기준안을 정하고 활용하면 됩니다.

수업 후 활동

Q 또래 교사 활동을 수업 이외의 활동과 어떻게 연결시키셨나요?

Point !

- 배움동행 멘티·멘토 프로그램 운영
- 수학 학력 향상 캠프 운영
- 수학 자신감 캠프 운영
- 다양한 경시대회 운영
- 재능 기부 동아리 활동과 연계하여 운영

상호또래교수법의 장점을 활용하여 일상 수업 시간 내 프로그램과 수학 교과 기초학력 향상을 위한 프로그램, 정의적 특성을 향상할 수 있는 교실 밖 프로그램을 병행하여 진행하였습니다.

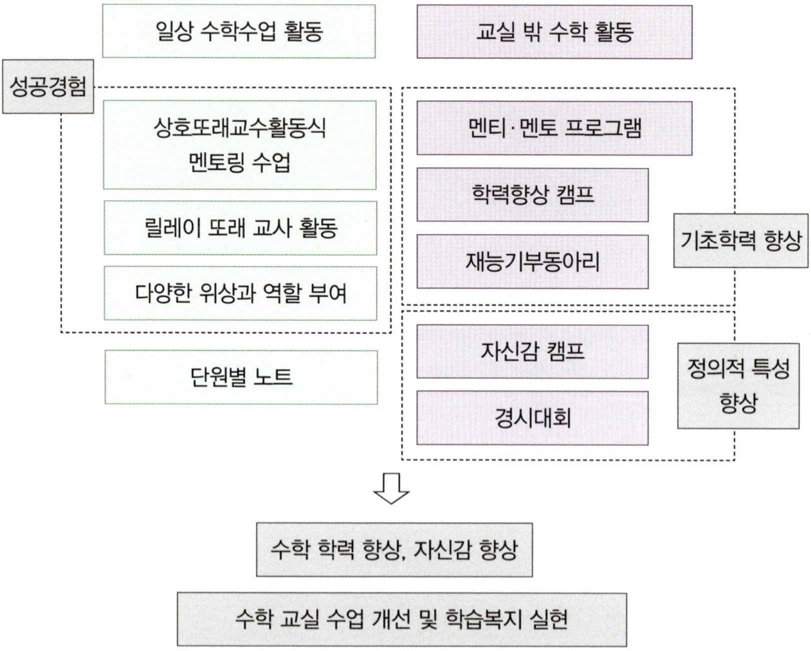

Q 배움동행 멘티·멘토 프로그램(MPG)은 무엇인가요?

상호또래교수활동을 적용하여 수학학습부진아 학생의 성장을 위한 멘토링 프로그램(MPG : Mentoring Program for students' Growth)을 고안하여 운영하였습니다. 이 프로그램은 기초학력 미달 학생으로 성적이 떨어질 가능성이 있는 하위 20~30%의 학생 중 학습에 의지가 있으나 학습방법에 개선이 필요한 학생을 대상으로, 자신감과 수학 불안도가 높은 학생들의 학력 향상과 정의적 발달을 위하여 프로그램을 계획하여 운영하였습니다. 이 프로그램의 목적은 개인차를 고려한 공동의 성장을 통한 학습권을 보장하여 학습 복지를 실현하고 멘토·멘티 활동을 위한 환경조성과 수업설계를 통해서, 학생들 사이에 서로 협력하고 재능을 나누는 분위기를 정착하기 위한 것입니다. 또한 학교 교육과정 내 멘토·멘티의 배움을 통해서 학생의 바람직한 성장을 추구하고자 합니다.

Q 배움동행 멘티·멘토 프로그램(MPG)의 구체적 운영방법은 무엇인가요?

Point !

- 학생 희망에 따른 멘토·멘티 선정
- 정기적 모임을 통한 지속적 관리
- 멘토와 멘티에게 적절한 보상
- 멘티 학생의 정의적 특성 발달에 초점

1. 학생 희망에 따른 멘토·멘티 선정

멘토는 2, 3등급에 해당하는 학생 중에서 희망하는 학생들이고, 멘티는 6, 7등급에 있는 학생 중에서 희망하는 학생들로 구성하였습니다. 활동에 대한 소개를 공고하고 희망자 중 담임교사 추천과 면담을 통해서 선정하였습니다.

2. 정기적 모임을 통한 지속적 관리

1년 동안 매주 금요일 야간 자기 주도 학습 시간을 활용하여 매주 70

분 동안 운영하였고, 학습 내용은 멘티가 원하는 내용으로 조마다 모두 다르게 진행하였습니다. 매시간 활동이 끝나고 5분 정도 소감문을 작성하도록 하였고, 학기별 협의회를 개최하여 진행사항을 공유하고 격려하는 시간을 가졌습니다. 또 활동 시에 교사는 되도록 개입하지 않았고 멘토 부재 시에만 해당 멘티 학생의 개인 멘토 역할을 하였습니다. 교사는 되도록 멘토의 역량 지원에만 개입하고 멘토에게 책임을 부여하였습니다. 또한 한 달에 한 번씩 멘토·멘티 짝을 돌아가면서 바꾸어 다양한 학생들과 그룹이 되도록 운영하였습니다. 또한, 수학문제의 양에 집중하지 않고, 수학문제를 이해하고 설명하고 표현하는 질적인 면에 초점을 맞추어 운영하였습니다. 수업시간에 진행 된 또래 교사 활동처럼 멘토가 멘티에게 설명한 후 멘티가 이해한 것을 다시 설명하게 하고 멘티가 성공할 때까지 끝까지 기다리고 격려하도록 하였습니다.

3. 멘토·멘티 학생에게 보상

멘티 학생 중 성적이 향상된 학생들에게는 상품을 주었고, 성실하게 참여한 우수 멘토 학생들에게는 교내상과 봉사시간을 부여하였습니다. 그리고 멘토·멘티 활동에 성실히 참여한 학생들은 방학이나 토요일에 진행되는 수학 캠프에 우선권을 주는 것으로 하였습니다. 교내상과 봉사시간은 학기 초에 학교장의 내부 결재를 받아 운영하면 됩니다. 또한 멘토·멘티 활동 상황과 소감문 내용을 중심으로 학기 말에 생활기록부에 기록하였습니다.

4. 멘티 학생의 정의적 특성 발달에 초점

이 프로그램은 부진 학생 맞춤형 학습 지도를 통해서 기본교과에 적극적으로 참여할 수 있도록 지원하고 학습으로부터 소외된 학생들의 자신감 함양을 위하여 운영되었습니다. 따라서 멘티가 원하는 학습 내용으로 팀별로 다르게 구성하여 운영하였고, 멘토는 멘티가 원하는 내용을 원하는 방식으로 지원하는 책임감을 부여하였습니다. 멘토링 프로그램의 진행 과정에서 멘토의 역할은 먼저 교과서 수준의 기초 개념을 설명하고 문제를 풀어줍니다. 이때 멘티는 학습 내용을 정리하고 문제 풀이 과정을 발표함으로써 수학적 개념 이해를 할 수 있도록 합니다. 그리고 멘티와 멘토의 공동 성장을 위해서 역할 바꾸기를 통해서 상호또래 교수활동을 체험하도록 합니다. 멘티가 수학문제를 정확히 이해하고 설

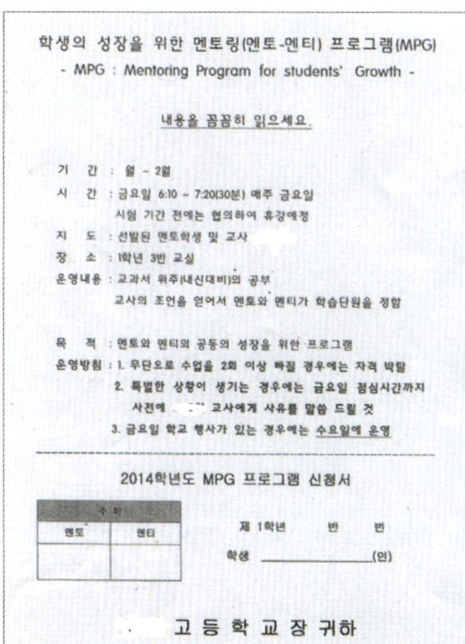

학생의 성장을 위한 멘토링(멘토-멘티) 프로그램(MPG)

- MPG : Mentoring Program for students' Growth -

내용을 꼼꼼히 읽으세요.

기 간 : 월 - 2월

시 간 : 금요일 6:10 - 7:20(30분) 매주 금요일

시험 기간 전에는 협의하여 휴강예정

지 도 : 선발된 멘토학생 및 교사

장 소 : 1학년 3반 교실

운영내용 : 교과서 위주(내신대비)의 공부

교사의 조언을 얻어서 멘토와 멘티가 학습단원을 정함

목 적 : 멘토와 멘티의 공동의 성장을 위한 프로그램

운영방침 : 1. 무단으로 수업을 2회 이상 빠질 경우에는 자격 박탈

2. 특별한 상황이 생기는 경우에는 금요일 점심시간까지 사전에 교사에게 사유를 말씀 드릴 것

3. 금요일 학교 행사가 있는 경우에는 수요일에 운영

2014학년도 MPG 프로그램 신청서

수학	
멘토	멘티

제 1학년 반 번

학생 __________(인)

고 등 학 교 장 귀하

그림 20 멘티·멘토 프로그램 신청서

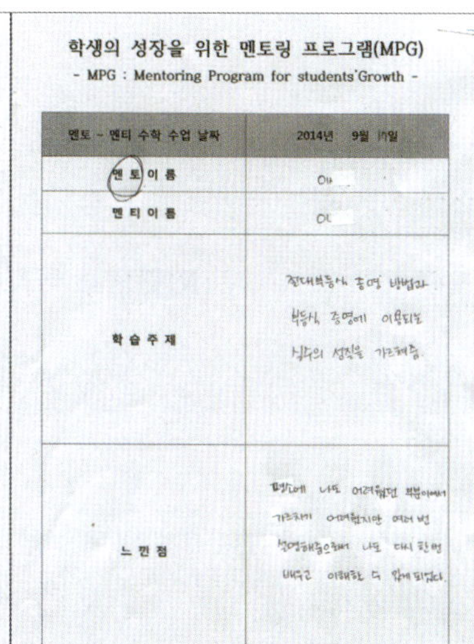

학생의 성장을 위한 멘토링 프로그램(MPG)

- MPG : Mentoring Program for students'Growth -

멘토 - 멘티 수학 수업 날짜	2014년 9월 17일
멘 토 이 름	이
멘 티 이 름	이
학 습 주 제	절대부등식 증명 방법과 부등식 증명에 이용되는 실수의 성질을 가르쳐 줌.
느 낀 점	평소에 나도 어려웠던 부분이어서 가르치기 어려웠지만 여러 번 설명해줌으로써 나도 다시 한번 배우고 이해할 수 있게 되었다.

그림 21 멘티·멘토 프로그램 소감문

명하고 표현하는 질적인 면에 초점을 맞추어 진행하였고, 멘티가 성공할 때까지 기다리고 격려하도록 하였습니다. 그 외에도 학생들의 수업 방법 개선 지도, 멘티의 풀이 과정 발표, 멘티의 학습 노트 정리 방법 지도, 수학에 대한 자신감 향상 등에 초점을 맞추어 운영하였습니다.

Q 수학 학력향상 캠프와 자신감 캠프는 어떻게 다른가요?

두 캠프 모두 정의적 특성 향상에 초점을 맞추긴 했으나 수학 학력향상 캠프의 경우는 멘토·멘티의 역할 바꾸기와 발표하기 등의 방법을 이용하여 문제를 풀고 수학 언어를 이용하여 표현하는 문제풀이 역량에 초점을 맞추어 운영하였고, 자신감 캠프는 교구 등을 이용해서 체험을 통해 원리를 체득하여 수학에 흥미를 느끼게 하고 동기를 부여할 수 있는 활동에 초점을 맞추었습니다.

Q 수학 자신감 캠프 운영은 어떻게 운영 하셨나요?

표 16 수학 자신감 캠프 운영표

운영시간	주제	비고
10:00–11:00	멘토와 멘티의 공동의 성장을 위한 역할바꾸기 상호또래교수 활동 체험	수학교사 지도
11:00–12:00	주제 : 나의 한계를 극복하는 수학 학습법 소개 주제 : 나만의 특징을 표현하는 자기소개서 쓰기 주제 : 개념있는 학교생활, 행복한 학교생활 주제 : 마인드컨트롤과 나의 꿈 갖기	본교 졸업생 선배들의 특강

12:00-13:00	점심시간	
13:00-15:00	수학 자신감 향상을 위한 교구활용 수업 체험 : 하노이탑을 활용한 수열의 이해	대학 교구동아리
15:00-15:30	캠프 평가회, 소감문 쓰기	수학교사 지도

수학동아리 3학년 선배들과 졸업생 선배들이 멘토의 역할로 캠프에 참여하고 선배들의 특강과 질의·응답, 토론으로 운영합니다. 하노이 탑 교구를 이용하여 수열의 귀납적 정의를 체험하고 이를 수학적 언어로 표현하고 발표하는 형태로 운영합니다. 모둠별로 체험하고 체험한 것을 서로 발표한 후 정리하는 수업으로 운영하고 모두가 성공할 때까지 서로를 격려하며 협동하는 프로그램으로 운영합니다. 하노이 탑을 활용한 수열의 이해 활동을 마치고 일반화시켜 수열의 귀납적 정의로 정리하는 활동으로 운영합니다.

그림 22
선배특강

그림 23
하노이탑을 이용한
1,2,3 단계 체험

그림 24
대학생과의 일대일 토론

Q & A

Q1. 수학 캠프는 실제로 어떻게 진행되나요?

두 가지 방향으로 진행합니다. 첫 번째는 수학 학력향상 캠프로 기존의 멘토링 교수법의 형식으로 진행이 되고, 두 번째는 수학 자신감 캠프로 수학에 대한 불안감을 느끼거나 자신감이 없는 학생들을 대상으로 클리닉 프로그램을 진행합니다.

모든 캠프의 경우 학생들이 캠프를 주도하고 직접 수업 내용도 선정하도록 합니다. 예를 들면, 멘토 학생들이 멘티를 모집하면서 중간값, 평균값, 연속, 합성 함수의 연속 등 어렵게 생각하는 주제를 정하고, 그 주제 중 하루에 하나 또는 두 개의 주제에 대하여 멘토링 활동을 합니다.

수학 학력향상 캠프의 경우 기존의 멘토링 방식으로 진행되지만 수학 자신감 캠프는 수학에 대한 불안감, 자신감 결여 등에 대한 처치가 목적이므로 수학 내용 학습은 적고 그 대신 게임 형식을 도입하여 진행합니다. 이 때 멘티 학생이 이길 경우에는 모든 학생이 기립박수를 치고 자신감을 얻을 수 있게 합니다. 이를 통해서 수학과 관련된 부분에서 멘티 학생도 잘할 수 있다는 것을 보여줄 수 있습니다.

학교에서 수학 경시대회를 개최할 때도 이와 관련된 내용으로 개최하여 전교생의 70% 이상이 참여할 정도로 호응을 얻었습니다.

Q2. 절봉이는 실제로 어떻게 사용되나요?

절봉이는 뿅망치, 막대기, 펜 등 학생과 합의한 물건을 사용하면 됩니다. 그리고 반지의 제왕이라는 영화에서 주인공인 프로도가 절대반지를 받고 임무를 수행하듯이 수학 시간에 절봉이를 받은 학생은 조는 학생을 찾아서 절봉이를 넘겨줘야 하는 임무를 받게 됩니다. 예를 들면, 먼저 교사는 수업 시간에 조는 학생이 있다면 그 학생에게 다가가 조용히 절봉이를 줍니다. 그러면 그 학생은 일어나서 절봉이를 들고 교실을 한 바퀴 돌면서 조는 학생을 찾아서 절봉이를 넘겨줍니다. 절봉이를 넘겨받은 학생은 약 2분 정도 짧은 시간 임무를 수행하지만 잠을 깨기에 충분한 것으로 보입니다. 그러나 만약 쉽게 잠이 깨지 않는 학생이 있다면 절봉이를 들고 교장실에 가서 교장 선생님께 인사를 드리고 오도록 합니다. 실제 한 학생은 교장 선생님께서 음료수를 주셔서 좋아하면서 돌아왔습니다.

처음에 절봉이를 도입하게 된 계기는 조는 학생을 깨울 때 기분 나빠하는 것을 보면서 어떻게 하면 좋을지 학생들에게 물어보았습니다. 이때 학생들이 이런 방식을 제안하였고 시간이 지나면서 학생들이 막대기에 이름을 정해주고 스티커도 붙이는 등 발전하게 되었습니다.

멘토링
수업 사례 Ⅳ

서바이벌 게임(Survival Game)식 멘토링 수업

Q 서바이벌 게임식 멘토링 수업을 시작하게 되신 계기는 무엇인가요?

한 단원이 끝나고 학생들에게 단원을 정리하는 유인물을 나누어주는 경우가 많았습니다. 그런데 학생들은 문제 풀이에만 집중할 뿐 수학적 원리를 찾으려고 하지 않았고 학습이 이루어질 수 없었습니다. 이러한 단점을 보완하기 위해서 교사가 많은 문제를 풀어 주는 대신 학생들이 시험 본 단원 평가지 한 장만 완전하게 학습을 하기로 하였습니다. 그래서 단원 평가를 보고 난 후 멘토 학생 한 명과 멘티 학생 한 명을 한 조로 구성하여 단원 평가지 문제들로 멘토링 활동을 하게 되었습니다.

3월 오리엔테이션

학생들과의 만남이 처음 이루어지는 3월 첫 수업시간에 학생들에게 멘토링 수업에 대한 오리엔테이션 시간을 갖는 것은 매우 중요한 일입니다. 학생들에게 일 년 동안 교사의 수업 진행에 대한 전체적인 흐름을 안내하는 시간이며, 학생들과 교사 사이에 반드시 지켜야 하는 규칙을 정하는 시간이기도 합니다. 그러므로 학생들과 첫 만남이 어떻게 이루어지느냐에 따라서 일 년간의 수업이 순조롭게 진행될지 아니면 어려운 시간이 될지 여부가 결정됩니다.

Q 오리엔테이션에서는 어떤 이야기를 하나요?

오리엔테이션에서는 다음 5가지 사항에 대해 이야기를 합니다.

첫째, 학생들의 수학에 대한 관심도 및 준비상태를 파악합니다.

학생들의 수학 과목에 대한 관심도를 자연스러운 분위기에서 확인해 봅니다. 가장 좋아하는 과목을 거수로 확인하고 칠판에 기록해서 각 반 학생들의 수학에 대한 관심도를 모든 학생들이 눈으로 확인하게 합니다. 그리고 수학을 얼마나 잘하고 싶은지에 관한 내용도 여러 가지 간단한 질문을 통해서 거수로 확인하고 칠판에 기록합니다. 지금 하고 있는 수학공부 방법에 대해서도 간단한 질문을 통해서 확인하고 선행 학습 정도도 확인합니다.

TIP!

이런 질문들로 확인할 수 있어요!

- 가장 좋아하는 과목이 무엇인가요? (과목별로 확인)
- 가장 싫어하는 과목이 무엇인가요? (과목별로 확인)
- 현재 학원, 인터넷 강의, 문제집, 방송, 학습지, 과외 등으로 공부하는 과목이 무엇인가요?
- 과목별로 사교육에 투자하는 시간은 얼마나 되나요?
  → 가장 많은 시간을 사교육으로 투자하는 과목에 대해 왜 그런지에 관한 토론을 합니다.
- 수학을 정말 잘하고 싶은 학생들은 손들어 보세요~
  → 수학을 정말 잘하고 싶은 이유에 관해 토론을 합니다.
- 방학 동안에 새 학년 수학을 선행 학습한 학생들은 손들어 보세요~

이런 조사와 토론을 통해서 학생들이 자연스럽게 왜 수학을 공부하는지, 왜 그렇게 많은 시간과 경제적 투자를 통해서 수학을 잘하려고 하는지 학생들 스스로 답을 찾도록 합니다.

둘째, 수학 학습에 성공한 학생 사례를 소개합니다.

수학성취도가 월등히 높아지게 된 실제 학생 지도사례에서 학생의 변화 모습을 들려줍니다. 성취도가 정말 많이 낮은 10점 이하의 학생이 학년 말 80점 이상의 성취도까지 오른 경우나 수학에 대해 많은 거부감으로 수업에 적응하지 못했던 학생이 스스로 수학 수업에 참여하게 된 사례 등을 학생들에게 소개하면서 자연스럽게 학생들이 수학 수업에 대한 동기유발이 되도록 유도합니다. 학생들에게 실례를 들려주면서 선행 학습을 하지 않아도 성취도가 현재 높지 않아도 누구나 그 사례의 주인공이 될 수 있다고 자신감을 부여하며, 하고자 하는 의지만 있다면 언제나 그 곁에 선생님이 있어서 함께 힘이 되어주겠다는 확신을 심어줍니다.

셋째, 일 년간 진행하는 수업시간 외 수학 보충학습 방법에 대해 소개합니다.

일 년 동안 수학 수업 시간 외에 학생들이 수학 보충에 참여할 수 있는 방법에 대해서 소개합니다. 선생님의 교무실 자리와 선생님의 수업시간표를 공개하고 질문이 있는 경우 학생들이 쉽게 올 수 있도록 소개합니다. 또 선생님의 핸드폰 번호도 공개하고 질문이 생겼을 경우 질문을 해결할 구체적인 방법도 소개합니다. 질문할 부분을 사진으로 찍어서 모바일 메신저로 보내는 방법, 메일을 이용하는 방법도 공개하고 언제나 학생들에게 적극적인 지원군이 되어준다는 확신을 심어줍니다. 방과 후 수업 진행 방법, 수학동아리 참여 방법, 일주일에 한 번씩 진행하는 무료 수학 질문 방과 후 시간, 기초 수학 다지기반 등의 수학 수업 외의 활동 또한 소개합니다.

넷째, 수학 수업에 지켜야 할 약속을 소개하고 합의합니다.

학생들과 수학 수업에 반드시 지켜야 할 약속들을 소개하고 학생들과 이에 관해 결정하는 시간을 갖습니다. 이때 여러 가지 많은 부분을 학생들에게 강요하기보다는 반드시 꼭 지켜야 할 4~5가지 정도만 확실하게 결정합니다.

특히 가장 기본이 되는 수업시간 예절에 대해서 반드시 지키도록 하고, 이를 어길 경우 어떻게 할 것인가를 학생들 스스로 결정하도록 합니다. (예: 수업 시간 전에 교과서, 준비물을 책상 위에 놓고 제자리에 앉아있기, 숙제는 친구의 것을 보고 하지 않고 반드시 스스로 해결하고, 모르는 문제가 있으면 미리 친구들에게 물어보거나 사전에 선생님에게 도움을 요청해서 해결하거나 모르면 문제라도 분석해오기, 수업시간에 수업과 관련 없는 행동으로 다른 친구나 선생님의 수업을 방해하지 않기, 너무 피곤해서 졸리거나 아플 경우 선생님에게 도움 청하기, 수업시간에 교사도 학생도 존댓말 쓰기 등)

또한, 약속된 사항에 대해서 혹시 어길 경우에 대해서 학생 스스로 어떻게 할지 정하는 시간을 갖습니다. (예: 수업 시작 후 늦게 들어오는 경우는 늦게 들어오는 사유에 대해 영어로 말하기, 수업 외 활동으로 수업 방해를 할 경우 남아서 수업 내용을 한 시간 정도 정리하고 가기, 숙제를 안 해오는 경우는 수행 평가 점수 감점 1점, 다른 친구의 숙제를 보고 그냥 적는 경우는 감점 2점 등)

다섯째, 수학 멘토링 수업이 무엇이며 어떻게 진행되는지 소개합니다.

멘토링 수업이 무엇인지에 대해 학생들에게 안내하고 멘토와 멘티의 역할을 소개합니다. 1-1 멘토링, 2-2 멘토링, 2-2-2 멘토링 조 구성법에 대해서 안내하고 3월은 1-1멘토링 조 구성법으로 수업이 진행된다는 것을 미리 안내하고, 단원성격에 따라 멘토링 조 구성법이 다르게 적용된다는 것도 안내합니다.

멘토링 조[7] 구성은 단원평가 결과에 따라서 멘토, 멘티 전체그룹만 교사가 결정하고 학생 스스로 자신의 상대 팀원을 결정하게 된다는 것을 안내합니다. 예를 들면, 첫 번째 단원은 교사가 먼저 멘토의 자리를 정해준 다음 멘티가 원하는 짝을 찾아가고, 두 번째 단원은 반대로 교사가 멘티의 자리를 정해주고 멘토가 찾아가도록 하여 단원마다 선택권이 번갈아가며 주어짐을 안내합니다. 계속 고정되는 경우를 방지하기 위해서 한번 만난 멘토와 멘티는 절대로 다음 활동에서는 만날 수 없다는 규칙을 학생들에게 소개하고, 이를 확인하기 위해서 교과서 맨 뒤쪽에 수학활동표를 부착해서 본인의 단원별 수학성취도와 멘토, 멘티 팀원 이름을 누적해서 기록해야 한다는 내용을 소개합니다. 혹시 같은 팀원이 다시 만나게 되는 팀이 발생하면 다른 팀원들이 다시 전체적으로 바뀌게 되는 규칙도 소개합니다.

멘토와 멘티의 활동은 매시간 이루어지며 이 활동 내용이 수행평가에 어떻게 적용되는지 구체적으로 소개합니다. 활동미션이나 문제풀이

---

7 조, 팀, 모둠의 의미가 다르지는 않습니다. 그런데 1-1구조가 2개 또는 3개 모여 2-2 또는 2-2-2 구조를 이루어 협동학습을 할 때는 1조, 2조 등등의 조 구성을 합니다. 팀과 모둠의 의미는 같습니다.

가 주어지면 각자 문제풀이 후 멘토와 멘티 활동을 서로 점검하고 혹시 해결되지 않으면 서로를 도와주게 되는데 두 사람의 힘으로도 해결되지 않으면 반드시 앞뒤 멘토링 조의 도움을 요청하거나 교사의 도움을 요청해서 해결해야 하고, 해결 후 '빙고'를 외치게 되면 교사는 이를 파악하는 과정으로 수업을 진행한다는 것을 소개합니다. 이 과정이 멘토링 활동의 가장 중요한 과정이라는 것을 학생들에게 소개하되, 혹시 아무리 설명해도 멘토나 멘티가 이해하지 못하는 경우에는 언제나 교사의 도움을 요청하면 미션이 완료가 된다는 것도 소개합니다. 또한, 활동에 둘 다 참여하지 않거나 한 명만 참여하는 경우도 미션 실패가 된다는 것도 학생들에게 강조해서 소개합니다.

반드시 교사는 학생의 시험점수 결과가 아닌 학생의 성취도 향상 정도를 가지고 평가한다는 것을 학생들이 이해하도록 합니다. 예를 들면, 90점 받은 학생이 87점을 받은 경우는 –3점으로 평가받지만 20점 받은 학생이 23점을 받은 경우는 +3점으로 평가받기 때문에 항상 자신의 점수 향상, 같은 팀원의 점수 향상, 본인의 노력하는 모습, 팀원의 노력하는 모습이 수행평가에 반영된다는 것을 학생들에게 소개하고, 언제나 노력하고 있는 서로를 칭찬해주며, 다함께 수업에 즐겁게 참여하는 멘토링 활동이 되어 학생들과 래포(rapport) 형성이 되도록 오리엔테이션 시간을 갖습니다.

수업 전 활동

Q 수업 전에 교사는 무엇을 준비해야 하나요?

1) 수업의 형태를 결정합니다.

먼저 교사는 수업의 방향성을 결정하고 이 과정을 통해서 수업 활동에서 중점을 두고자 하는 수업 형태를 결정해야 합니다. 서바이벌 게임식 멘토링 수업에서는 다음 네 가지 수업 형태를 적용하였습니다.

① 학생 간 협력수업(멘토-멘티 모둠 구성)
② 수학적 의사소통을 강조한 수업
③ 학교 홈페이지를 활용한 수업(학생들의 학습 및 활동 자료 탑재)
④ 수준별 맞춤식 교육활동수업(다높이 2.0 사이트에 탑재된 수업 동영상과 문제 활용)

2) 수업을 위한 멘토-멘티 모둠을 구성합니다.

수업의 형태가 결정되면 학생 모둠을 구성해야 합니다. 모둠을 구성하는 방법은 먼저 단원 평가를 보고 채점을 완료한 후 학생들에게 성적을 알려줍니다. 이 때, 멘토와 멘티를 구분하는 기준 점수도 함께 알려주어서 학생들이 스스로 역할을 인지할 수 있도록 합니다. 그리고 멘토인 학생들을 각 분단의 왼쪽 자리에 먼저 앉도록 합니다. 그 후 멘티 학생들이 자유롭게 앉고 싶은 자리에 앉도록 합니다.

TIP!

모둠 구성할 때 규칙

- 다음 모둠 구성에서는 멘티 학생들이 먼저 자리에 앉고 멘토 학생들이 자유롭게 멘티 학생을 찾아가도록 합니다.
- 한번 짝이 된 멘토와 멘티는 다음 멘토링 활동 중 다시 만날 수 없습니다. (교과서 맨 뒤쪽 수학 활동표에 멘토링 짝의 이름 기록하여 관리!)
- 반의 학생 수가 홀수인 경우는 학생들 점수 분포도에 따라 1팀만 멘토 2명, 멘티 1명 또는 멘토 1명, 멘티 2명으로 조직하게 되는데, 이 경우 3명이 한팀이 되는 경우는 멘토와 멘티가 나눠지는 점수대 학생들로 구성하는 것이 좋습니다.[8]

3) 학생 실태를 분석합니다.

학생 실태 분석하기는 수업을 시작하기 전에 이루어지는 설문조사와 수업을 마친 후에 이루어지는 설문조사로 구분할 수 있습니다. 수업을 시작하기 전에는 학생 이해 자료 설문조사와 수학 교과 흥미도와 학습법에 관한 설문조사를 하고, 수업을 마친 후에는 수학 수업 진행방식에 대한 설문조사를 추가로 시행합니다.

수업 전 학생 실태 분석하기는 다음 두 가지 내용으로 진행됩니다.

첫째, 학생 이해 자료에 대해 설문조사를 합니다. 다양한 학생들의 특성을 파악할 수 있도록 설문지를 구성하는 것이 중요합니다. 본 수업 시

8 예를 들면, 학급의 학생수가 31명일 경우 학생들의 수학성적순으로 나열했을 때 중간성적대인 15번째, 16번째,17번째 학생을 의미합니다. 교사는 학생들에게 이 무리의 학생들은 세 명이 한 팀을 이루는 경우 가장 활발한 팀 활동이 된다는 연구결과를 미리 공지합니다. 이 세 명의 학생들은 먼저 공지하고 남은 학생들에게는 팀 선택권을 부여합니다. 이 세 학생의 점수가 한 명이 높고 두 명이 낮으면 멘토 1, 멘티2로 구성, 두 명이 높고 한 명이 낮으면 멘토 2, 멘티1로 구성합니다.

작 전에 학생 전원이 『다높이 2.0 사이트(http://danopy.goedu.kr/)』를 통해 온라인으로 설문에 참여하고, 교사는 「○○중 ○학년 ○○반」과 같이 특정한 방을 개설하여 학생들의 참여를 쉽게 해주고 조사를 신속하게 할 수 있게 해줍니다.

TIP!

『다높이 2.0』은 이러한 프로그램이에요!

다높이 2.0 프로그램은 경기도교육청 직속기관인 경기도교육연구원에서 운영하는 학습 프로그램으로 공교육의 책무성 확대를 도모하고 학생들의 학력 신장을 지원합니다. 이 프로그램은 경기도사이버가정학습 서비스로 학생이 원하는 과목을 스스로 선택해서 공부할 수 있는 방법을 제시하고 있으며, 온라인상에서 과목별 학급에 들어가서 공부할 수 있도록 지원하고 있습니다.

둘째, 수학 교과 흥미도와 학습법에 관한 설문조사를 합니다. 이 설문조사도 수업을 시작하기 전에 이루어지는 것으로, 학생들이 수학 교과에 대해서 기본적으로 가지고 있는 흥미도와 학습법에 대한 설문조사를 실시하는 것입니다. 본 수업에서는 첫 번째 설문조사와 마찬가지로 『다높이 2.0 사이트』를 활용합니다.

TIP!

설문조사는 이러한 질문으로 구성할 수 있어요!

- 수학 과목의 흥미도는 어느 정도인가요?
- 가장 재미있는 수학내용은 무엇인가요?
  (도형, 측정, 수와 연산, 확률과 통계, 규칙성과 함수 중 선택)
- 수학공부는 주로 어떤 형태로 하고 있나요?

(혼자 교과서와 익힘책을 이용, 인터넷을 통해 동영상 강의를 듣거나 학습 사이트를 이용, 문제집이나 학습지 활용, 학원 수업, 학교 방과 후 수업 중 선택)

- 수업 시간을 제외하고 하루 동안 수학 공부하는 시간은 평균적으로 몇 시간인가요?

Q 수업 전에 학생은 무엇을 준비해야 하나요?

수업 전에 학생들은 멘토링 활동에 적극적으로 참여하기 위한 준비를 해야 합니다.

먼저 멘토-멘티 모둠은 쉬는 시간, 점심시간, 방과 후 시간을 이용하여 단원 평가 문제지의 25문항을 완벽히 학습해야 합니다. 만약 부족한 부분이 있다면 다높이 2.0 'OO중 O학년 OO반' 방을 이용하여 완전한 학습을 할 수 있도록 합니다. 그리고 모둠 구성원들끼리 수시로 부족한 부분을 채울 수 있도록 협력활동을 진행합니다. 그리고 함께 멘토링을 한 활동 내용을 여러 형태의 파일로 OO중 홈페이지 자료실에 올립니다.

Q 서바이벌 게임식 멘토링 수업에 필요한 준비물은 무엇인가요?

교사는 지난 차시에 배운 내용을 확인하고 본 차시 내용을 게시하기 위한 PPT, 본 차시를 위한 유인물들(수학활동 개인 평가표, 방정식 단원의 내용 정리와 평가를 위한 활동지와 평가지, 오답 노트), 그리고 칠판에 게시할 문제지(크게 출력)를 준비합니다.

그리고 학생들이 앞에 나와서 문제 풀이할 때 필요한 칠판용 펜, 색분필 등은 미리 준비하고, 마지막으로 학생들이 홈페이지에 멘토링 활동 자료(사진, 일지)를 탑재한 것을 동영상으로 제작하여 준비합니다.

다음 그림은 오답 노트의 예시입니다.

오답 노트를 만들게 된 계기는 학생들의 서바이벌 게임식 멘토링 수업에서 미션수행에 실패한 학생들에게 다시 점수를 회복할 수 있는 기회를 주면서 학생들이 자발적으로 학습할 수 있는 동기를 주기 위해 도입하게 되었습니다.

오답 노트의 활용 방안은 미션수행을 실패한 학생이 담당 교사 책상 위에 있는 오답 노트를 가져가서 미션 실패한 문제를 다시 풀면서 실패한 원인을 분석하고, 그 문제와 유사한 문제 3개를 찾거나 만들어서 다시 풀고, 그 오답 노트를 다음 수학 시간 전까지 교사에게 제출하면 미션수행 실패로 감점된 점수를 회복시켜주는 것입니다. 단, 이 활동은 미션 실패한 학생들 모두에게 부여하는 의무사항이 아니고 하고 싶은 학생만 참여합니다.

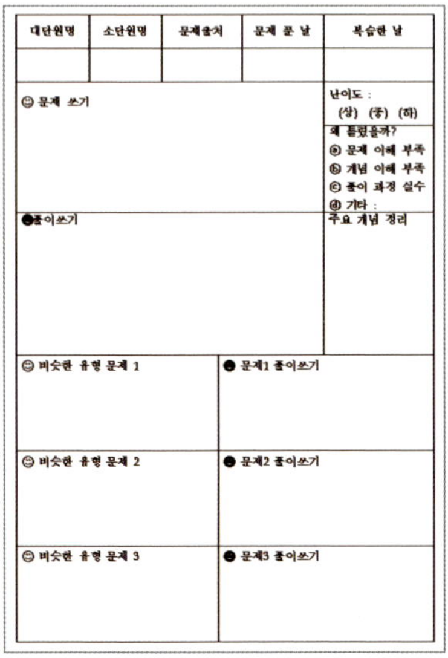
대단원명
소단원명
문제출처
문제 푼 날
복습한 날
☺ 문제 쓰기
난이도 :
(상) (중) (하)
왜 틀렸을까?
ⓐ 문제 이해 부족
ⓑ 개념 이해 부족
ⓒ 풀이 과정 실수
ⓓ 기타 :
●풀이쓰기
주요 개념 정리
☺ 비슷한 유형 문제 1
● 문제1 풀이쓰기
☺ 비슷한 유형 문제 2
● 문제2 풀이쓰기
☺ 비슷한 유형 문제 3
● 문제3 풀이쓰기

그림 25 오답노트 예시

CHECK!

- 수업 내용 PPT
- 학생들이 학교 홈페이지에 탑재한 멘토링 활동을 찍은 사진을 동영상으로 준비
- 수업 시간 중 칠판에 게시할 수 있도록 크게 출력한 문제지
- 학생 개인 평가표(학기 초 배부)
- 단원 내용 정리 활동지
- 단원 내용 평가지
- 오답 노트 프린트

Q 교실 내 학생들의 자리 배치는 어떻게 하나요?

서바이벌 게임식 멘토링 수업의 자리 배치는 아래 그림과 같이 하였습니다. 교실 앞쪽에 컴퓨터 화면과 연결된 빔프로젝터 화면이 있고 오른쪽 앞쪽으로 문제풀이용 화이트보드가 배치되었고 그 옆으로 수업 진행순서 및 조별 점수표가 게시된 화이트보드가 있습니다.

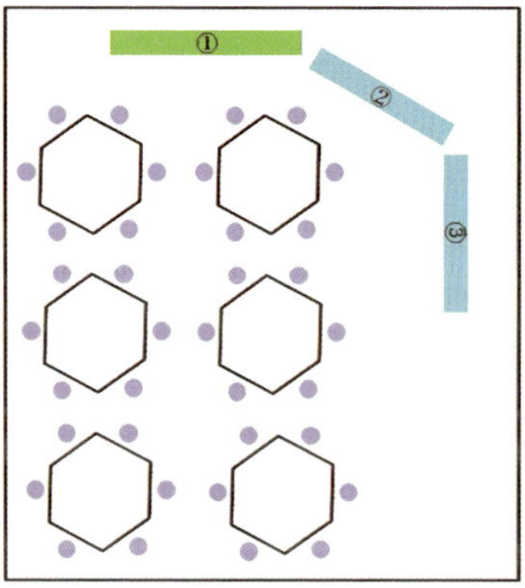

① 빔프로젝터 화면
② 문제 풀이용 화이트 보드
③ 수업진행순서 및 조별 점수표 화이트 보드

학생들은 수업의 도입과 정리, 그리고 멘토링 활동 중에는 오른쪽 그림과 같이 6명이 한 조가 되어 앉아 있고, 수업이 전개되는 동안은 학생들의 발표를 경청하기 위해서 모두 ②번 화이트보드 앞으로 모여 앉습니다.

실제 수업 활동

Q 서바이벌 게임식 멘토링 수업은 어떻게 진행되나요?

서바이벌 게임식 멘토링 수업은 크게 도입, 전개, 정리로 이루어집니다.

도입은 학습 목표를 제시하고 선수학습을 확인하는 단계로, 학생들이 만든 마인드맵을 활용하여 지난 시간의 내용을 복습하고, 수학활동 개인평가표를 통해서 수학 성적에 대한 변화 추이를 확인하면서 학습 동기가 유발될 수 있도록 합니다.

전개는 본격적인 서바이벌 게임이 시작되는 단계로 총 4개의 마당으로 구성됩니다. 4개의 마당은 동일 방식으로 구성되는데 첫째, 문제를 제시하고, 둘째, 발표자를 선정하고, 셋째, 문제 풀이 후 설명(발표)을 합니다. 이때 발표하지 않는 학생들은 질문하기와 오류지적하기 활동을 하게 됩니다. 이러한 과정에서 적절한 질문과 오류지적을 통해서 수업 참여 점수를 획득할 수 있습니다.

마지막으로 정리 단계에서는 수업 시간 중에 풀지 못한 문제를 형성평가 문제로 제시하고, 함께 문제를 해결한 후 멘토링 활동 우수 조를 선정하고, 다음 차시 예고를 하면서 수업을 마무리하게 됩니다.

1. 도입

수업의 도입 부분에서는 3가지 활동을 합니다.

첫째는 마인드맵을 활용한 복습을 하고, 둘째는 학습 목표를 확인하며, 셋째는 수학활동 개인평가표 작성을 통한 학습 동기 유발 활동을 합니다.

Q 마인드맵을 활용한 복습은 어떻게 하나요?

학생들은 본 수업 전에 마인드맵을 작성하여 제출합니다. 교사는 교실 정면 스크린을 통해서 학생들이 마인드맵을 볼 수 있도록 준비하고, 수업의 도입 단계에서 지난 시간 복습용 마인드 맵을 사용합니다.[9]

TIP!

이런 방법으로 하면 도움이 되어요!

- 학생들에게 질문할 때 모두가 크게 대답할 수 있도록 스크린에 내용을 띄워 놓고 진행합니다.
- 마인드맵을 만드는 방법 : 학기 초 1단원 마무리 단계에서 교사가 예시를 보여주고, 다음 단원부터 아이들이 직접 만들 수 있도록 지도합니다. 처음에는 종이에 간단한 그림을 그리도록 하고, 어느 정도 익숙해지면 컴퓨터를 이용해서 마인드맵을 완성하도록 지도합니다.
- 개인 과제로 제시할 경우 – 먼저 종이에 그리고 쓰면서 모든 학생이 참여하도록 합니다. 시간이 많이 소요되기는 하지만 복습 차원에서 의미 있는 활동이 되는 장점이 있습니다.
- 그룹 과제로 제시할 경우 – 많은 시간을 할애하지 않고 수업 시간 중 간단하게 복습하는 경우 사용됩니다. 이 경우는 활동에 참여하지 않고 무임승차하는 학생들이 발생하기 때문에 역할 분담이 중요합니다.

대표적인 Episode

교사 : 그럼 우리 지난 시간까지 배웠던 기본도형에 관하여 복습을 한번 해보죠. 점, 선, 면, 기본요소, 교점, 교선. 각에는 어떤 각이 있죠? 각의 크기에 따라서 4가지 기억나시나요?

학생 : 네.

교사 : 첫 번째

학생 : 예각 직각 둔각 평각

교사 : 네 맞췄습니다. 4개가 있고요. 그것이 수직을 이루었을 때 수선의 발이 되죠. 평행선 하면 기억나는 각 두 가지가 있었는데 뭐가 있을까요?

주의해야 할 점: 마인드맵 내용에 집중하고 예쁘게 꾸며진 외적인 부분에 학생들이 치중하지 않도록 하기 위해서, 학생들 스스로 종이에 써서 만든 마인드맵을 그대로 사진으로 찍어 화면으로 보여주는 방법도 좋습니다.

---

9 단원을 마무리하면서 하는 활동이기 때문에 큰 대단원별로 수업이 진행됩니다. 예를 들면, 입체도형 단원에는 소단원으로 다면체, 정다면체, 회전체, 기둥의 겉넓이와 부피, 뿔의 겉넓이와 부피, 구의 겉넓이와 부피, 이렇게 6개로 이루어져 있는데, 모둠마다 1개의 소단원을 맡아 마인드맵을 작성하고 그것을 모아서 큰 마인드맵을 하도록 학생들에게 전달한 후 수업을 진행합니다. 모둠원들의 능력차가 있기 때문에 마인드맵 작성이 잘 되지 않는 경우라도 서로 도와가면서 각자의 역할을 할 수 있도록 지도합니다. 부족하지만 모둠원들의 역할수행으로 완성된 모둠에게 칭찬스티커를 부여하게 되면, 학생들은 자연스럽게 멘토링 활동을 통해 마인드맵을 제작하게 됩니다.

Q 수학활동 개인평가표를 통한 동기 유발은 어떻게 하나요?

교사는 학기 초에 수학활동 개인평가표를 준비하여 학생들에게 나누어 줍니다. 학생들은 수학활동 개인평가표를 수학책 맨 뒤쪽에 붙이고 단원평가, 또는 정기평가가 끝날 때마다 자신의 성적을 적고 그래프로 나타내도록 합니다. 그리고 수업을 시작할 때, 학생들이 수학활동 개인평가표를 통해서 자신의 성적변화를 확인할 수 있도록 합니다.

대표적인 Episode

교사 : 단원 평가 점수를 기록하고 본인의 이번 단원 점수 향상도를 계산해보세요.

학생 : (학생들 모두 본인의 점수 그래프를 그려나간다.)

교사 : 혹시 그래프가 올라가는 학생 있으면 자랑스럽게 손들어 보세요.

학생 : 저요! 선생님 저 많이 올라갔어요.

교사 : 얼마나 올라갔을까요?

학생 : 선생님 저 30점 더 올라갔어요.

교사 : 선생님은 널 사랑할 수밖에 없는데 선생님 사랑 받아줄래?

주의해야 할 점: 학생의 점수는 본인 스스로 기록하도록 하고 공개하지 않도록 해야 합니다. 특히 향상도만을 가지고 이야기를 나누며, 성적 그래프가 향상되고 있는 학생들이 자신감을 가질 수 있도록 마음껏 칭찬해주고, 친구들이 부러워하도록 분위기를 조성합니다.

2. 전개

서바이벌 게임식 멘토링 수업의 전개는 마당 활동으로 이루어집니다. 마당 활동은 총 4단계로 구성되며 모든 마당의 진행방법은 같습니다.

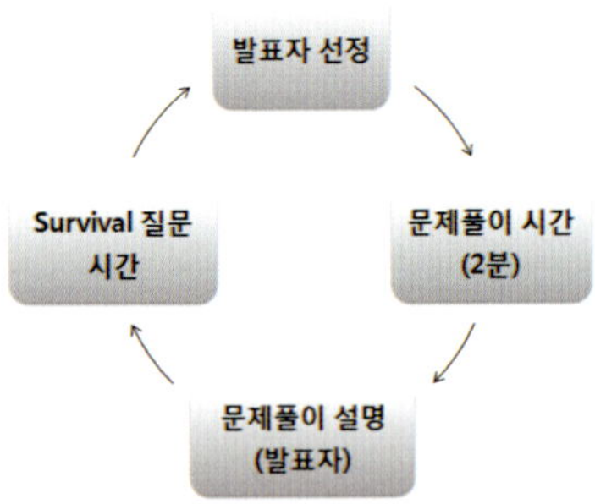

한 마당은 위 그림과 같이 진행됩니다.

먼저 교사는 미리 출력한 4문제를 스크린의 오른쪽 칠판에 붙입니다. 그리고 학생 선정 프로그램을 이용하여 학생들과 함께 발표자를 선정하도록 합니다. 문제의 난이도에 따라서 선정된 학생이 속한 팀의 멘토와 멘티 중 발표자를 선정합니다. 어려운 문제인 경우는 선정된 학생팀에서 멘토를 발표자로 지정하고, 쉬운 문제인 경우는 선정된 학생팀에서 멘티를 발표자로 지정하며, 선정된 학생들은 2분간 칠판에 문제를 풉니다. 그 후 1번 문제부터 차례대로 문제를 푼 학생이 칠판 앞으로 나와서 설명합니다. 나머지 학생들은 경청하다가 질문이 있으면 질문을 할 수 있고, 문제를 푼 학생은 답변을 해야 합니다. 또한, 설명과 풀이에 오류가 있다면 지적할 수 있습니다. 이 과정이 끝나면 한 마당이 끝이 납니다. 한 시간 수업에서 이 과정을 2번 반복하고 3시간 정도 하면 한 장의 단원평가지 서바이벌 게임식 멘토링 수업은 끝나게 됩니다.

이 활동을 진행하면서 교사는 학생들의 의사소통 활동, 발표 학생과 질문 학생의 태도를 평가합니다. 그리고 적절한 발문을 통해서 학생들이 마당활동에 적극적으로 참여할 수 있도록 지도합니다.

Q 발표자 선정은 어떻게 하셨나요?

무작위로 발표자를 선정하는 컴퓨터 프로그램을 활용합니다. 이 프로그램의 장점은 학생들의 사진을 미리 저장해 놓으면 스크린에 학생들 얼굴이 나타나기 때문에 보는 학생들이 좋아하고 집중하게 됩니다. 활용 방법은 인터넷 검색 창에 "발표자 뽑기"와 같은 문구로 검색하여 간단히 다운받아 활용할 수 있습니다.

Q 발표자가 칠판에 문제풀이를 하는 동안 나머지 학생들과 교사는 무엇을 하나요?

발표자가 칠판에 문제를 푸는 동안 나머지 학생들은 멘토-멘티로 짝을 이루어 자신의 자리에서 멘토링 활동을 통해 문제를 풀게 됩니다. 그리고 교사는 멘토링 활동을 하는 학생들을 관찰하면서 학생들의 질문에 대해 간접적인 방향[10]을 제시합니다.

10 서바이벌 멘토링 게임 수업 전에 이미 멘토와 멘티는 단원평가지에 대한 멘토링 활동을 사전에 했고, 팀별 게임이 진행되는 수업시간에는 혹시 해결되지 않는 문제에 대해서 직접적인 문제풀이를 제시해주는 것은 게임방식과 맞지 않는 활동이라, 질문이 나올 경우는 문제의 힌트를 제시하여 학생 스스로가 해답을 찾아가도록 하는 간접적인 방향제시 정도로만 줍니다.

Q 교사는 발표학생과 질문학생을 어떻게 평가하나요?

저는 이 활동에서 평가라는 용어를 직접 사용하지 않고, 서바이벌 게임 성공 혹은 실패라는 용어를 사용하였고 이 게임의 규칙을 만들었습니다.

'서바이벌 게임 성공'은 발표자가 시간 내에 문제풀이를 하고 질문에 대한 답을 정확하게 했을 경우이고, 이때 멘토 / 멘티에게 +2점을 부여합니다. '서바이벌 게임 실패'는 발표자가 시간 내에 문제풀이를 하지 못하거나 질문에 답변을 못한 경우 또는 오류가 있는 경우이고, 이때 멘토 / 멘티에게 -2점을 부여합니다.

그리고 발표자 외 학생들이 타당한 질문을 하거나 오류를 제기한 경우에 +1점을 부여합니다.

TIP!

서바이벌 게임의 규칙

• 발표자

서바이벌 게임 성공	서바이벌 게임 실패
• 시간 내 문제풀이 • 질문에 답변 성공 • 오류사항 없음 • 멘토/멘티 +2점 획득	• 문제풀이 시간초과 • 질문에 답변 실패 • 오류사항 지적 • 멘토/멘티 −2점 획득

• 발표자 외 학생들
질문 또는 오류 지적 성공 +1점

주의해야 할 점: 학생들이 어떤 문제에 대해서 질문할 경우 반드시 해

당 문제와 내용상 관계있는 질문만 해야 한다는 것을 모든 학생에게 안내하고, 공격성 질문을 하거나 발표자가 어려움에 직면하게 하는 질문으로 발표자를 난처하게 하는 경우가 없도록 학생들에게 사전에 공지합니다. 특히 발표자가 말하는 어투나 다른 부분들의 약점을 잡는 경우가 없도록 지도합니다. 발표자, 질문자, 오류를 지적한 모든 학생은 반드시 경어를 사용하도록 약속합니다. 발표자가 내성적인 학생인 경우 발표 목소리가 아주 작고 자신 없어 하는 경우가 종종 있는데, 그 경우에는 발표자의 자신감을 북돋워 주기 위해서 교사가 옆에서 모든 학생이 들을 수 있도록 발표내용을 조금씩 정리해주기도 합니다.

Q 발표자의 설명에 오류가 없는 경우 교사는 어떻게 해야 하나요?

발표자가 설명을 잘하여 질문이 없거나 오류가 없는 경우, 교사는 발표자가 설명하지 않은 부분에 대해서 발문하여 학생들이 다양한 방향으로 사고를 확장할 수 있도록 합니다.

TIP!

이런 발문을 할 수 있어요!

- "왜"와 "어떻게"를 활용하여 발문을 하거나 주어진 문제의 조건을 바꾸면 풀이방법이 어떻게 변하는지 발문합니다. 또한 "다른 풀이 방법이 있는지"를 발문합니다.
- 학생들이 개념 간의 차이점을 얼마나 이해하고 있는지를 확인하기 위해서 발표자에 대해 다른 학생들이 질문이 없는 문제들에 대해서 교사가 발표자에게 질문하는 기회를 갖기도 합니다.
- 이 수업에서는 교사가 지식전달자가 아니라, 다른 친구들과 동등한 자격의 수업 참여 학생과 같은 입장이라는 것을 학생들이 느끼도록 하는 계기를 만듭니다.
- 개방형 질문을 던져서 여러 가지 아이디어를 공유하는 계기를 만듭니다.

대표적인 Episode (방정식 활용문제)

교 사 : 연속한 세 짝수의 합이 72인 세 자연수를 구하는 이 문제에서 혹시 문제를 바꿔서 연속한 세 홀수의 합이 75인 세 자연수를 구하는 문제로 바꿀 경우 미지수 설정을 어떻게 하면 좋을까요?

학생1 : $x+1$, $x+3$, $x+5$로 세워서 하면 좋을 것 같아요.

교 사 : 혹시 다른 의견 있는 학생 없나요?

학생2 : $x-1$, x, $x+2$로 세워서 해도 될 것 같아요.

교 사 : 이 두 학생의 의견 중 어느 학생의 주장이 맞을까요?

학 생 : 둘 다 맞아요./ 학생1이 맞아요./ 학생2가 맞아요.

교 사 : 학생1이 맞는다고 생각하는 학생은 왜 학생2의 주장이 틀렸다고 생각하지요?

주의해야 할 점: 학생들에게 교사가 질문할 경우 너무 어려운 개념을 묻거나, 말투가 공격적이거나 부드럽지 못해 질문을 받는 학생이 자신감을 잃지 않도록 주의해야 합니다. 교사가 질문할 경우는 다른 친구들에게서 질문을 받는 경우보다 훨씬 더 긴장감이 고조되기 때문에 긴장하지 않도록 질문하며, 절대 학생의 답변에 대해서 공개적으로 사실 여부를 판단하여 교사가 얘기하지 않고, 답변을 못하거나 틀린 답변을 할 경우에는 질문을 전체 학생들 대상으로 바꾸어 질문하여 학생들 스스로 답을 찾아가도록 합니다.

Q 발표자가 설명하다가 막히면 교사는 어떻게 해야 하나요?

발표자가 문제 해결 과정을 설명하다가 중간에 설명하지 못하는 경우는 교사가 발표를 이어갈 수 있도록 발표자를 격려하는 발문을 합니다. 또한, 같은 모둠의 멘토/멘티가 흑기사(흑장미)가 되어 도움을 줄 기회를 줍니다. 이런 경우 같은 모둠이 함께 문제를 해결하였으므로 'Survival Game 성공'으로 볼 수 있습니다.

그리고 자신감이 없는 학생들의 경우에는 교사가 옆에서 보조설명을 하면서 발표를 이어 나갈 수 있도록 도움을 줍니다. 보조설명은 발표 학생이 설명한 내용을 거의 반복하되 좀 더 명확한 설명을 하도록 합니다.

TIP!

이런 발문이 도움이 되어요!

- 앞에서 발표자가 설명한 내용이 ~내용을 설명한 것이 맞나요?
- 앞부분 풀이를 참 잘 해주었어요. 너무 긴장하지 말고 발표자가 풀이한 내용을 한번 읽어본다는 마음으로 발표해주세요.
- 발표자가 준비를 많이 했는데 너무 긴장해서 풀이를 잊어버렸어요. 너무 안타까운데 이 친구를 도와줄 흑기사(흑장미)를 요청해도 될까요?

주의해야 할 점: 발표자가 발표하는 도중 막히거나 너무 긴장한 나머지 발표를 못하고 서 있는 경우에는 최대한 발표자가 부끄러워지는 상황을 없애주는 것이 좋습니다. 발표자가 풀이한 내용까지라도 발표를 자신감 있게 하도록 교사가 천천히 질문형식으로 발표자의 발표를 반복하는 형식으로 유도해서 발표를 이어 나갈 수 있도록 지도하지만, 모든 풀이를 선생님이 주도해서는 안 됩니다. 흑기사(흑장미) 선정에 있어서

도 풀이나 발표가 중단된 시점에서 바로 시행하지 말고, 최대한 발표자가 발표할 기회를 주고 난 후에도 발표가 이어지지 못할 경우, 흑기사(흑장미) 요청으로 발표의 중단 위기를 넘길 수 있도록 지도합니다. 흑기사(흑장미)의 도움으로 위기를 모면한 팀의 점수 부여는 선생님의 임의로 하지 말고, 발표를 듣는 학생들이 점수부여를 판정할 수 있도록 분위기를 조성합니다.

3. 정리

정리 단계에서는 형성평가와 수업 마무리를 합니다.

Q 형성평가는 어떠한 방법으로 하게 되나요?

형성평가 문항은 수업 진행 상황과 수업내용에 따라 구술평가, 지필평가로 진행됩니다. 멘토링 수업 활동이 끝나고 남은 수업시간이 3분 이내인 경우는 구술평가로 진행하고, 5분 이상의 여유가 있는 경우는 지필평가를 실시합니다. 문항은 제 1마당~4마당까지 학생이 설명을 제대로 하지 못하거나 틀린 문항을 중심으로 문제를 제시하여 형성평가를 하며 난이도는 중 단계로 출제합니다. 수업 전 학생들의 오류사항을 미리 예측하고 몇 개의 문항을 미리 준비합니다. 그중에서 한 문제를 칠판에 제시하고 학생들은 형성평가를 합니다. 지필 형식의 형성평가는 학생 스스로 채점한 후 멘토링 활동이 1분 정도 이루어지도록 지도하여 개념을 이해하도록 합니다. 구술평가 형식의 형성평가는 멘티가 멘토에게 문제

풀이 과정을 설명하도록 하고, 멘토는 그 내용을 듣고 평가합니다. 오답으로 인정될 경우 멘토가 멘티에게 다시 설명하는 과정을 거칩니다. 멘토, 멘티 두 사람이 모두 해결되지 않은 문제인 경우에는 교사의 도움을 요청하여 해결합니다.

Q 수업 마무리는 어떻게 해야 하나요?

형성평가가 끝난 후에 수업 마무리를 합니다. 수업을 마무리할 때는 다음 시간 내용을 예고하고, 멘토링 활동 우수 모둠을 선정합니다. 멘토링 활동 우수 모둠 선정은 다음 절차를 통해서 진행됩니다. 학생들은 본 수업 전에 미리 멘토링 활동 상황이 담긴 사진을 찍어서 홈페이지에 올립니다. 교사는 수업 전에 이 사진들을 동영상으로 제작합니다. 그리고 이 동영상을 수업 마무리 단계에서 학생들에게 보여주어서 학생들이 직접 멘토링 활동 우수 모둠을 선정하도록 합니다.

수업 후 활동

본 수업과 연계된 수업 후 활동으로는 크게 '학생 실태 분석하기'와 '본 수업 외 추가 활동'으로 구분할 수 있습니다.

학생 실태 분석하기

- 다높이 2.0을 활용한 설문조사

본 수업 외 추가 활동

- 멘토링 활동 보고서 활용
- 또래 멘토링 우수학생 시상
- 수학 문화원 체험 활동

1. 학생 실태 분석하기

Q 학생 실태 분석하기는 어떤 내용으로 이루어지나요?

수업을 마친 후 마지막으로 수학 수업 진행방식에 대해 설문조사를 합니다.

교사가 수업의 진행방식에 대한 학생들의 반응을 살펴보고, 수업에 대한 개선할 부분을 확인하는 데 유용한 과정입니다. 수업 전 설문조사와 마찬가지로 『다높이 2.0』을 활용할 수 있습니다.

TIP!

설문조사는 이런 질문들로 구성할 수 있어요!

- 초등학교 때 수학 수업의 만족도와 비교해서 지금 중학교 수학 수업의 만족도는 어느 정도인가요?
- 수학 수업 진행방식 중 가장 선호하는 방식은 무엇인가요?
  (교사의 전달식 수업, 발표수업, 체험활동 위주 수업, 멘토링 협력수업, 수학적 의사소통수업(현재 수업방식) 중 선택)
- 서바이벌 게임식 멘토링 수업방식의 만족도는 어떤가요?
- 멘토링 조 구성법(멘토-멘티 짝 찾기)에 대한 만족도는 어떤가요?
- 다높이 학습방(수학심화방)의 수업구성이 수학공부에 효과적인가요?
- 일주일에 다높이를 학습에 이용하는 정도는?

Q 학생 실태 분석하기는 어떻게 활용하면 되나요?

'학생 실태 분석하기'는 학생들의 실태를 조사한 결과를 바탕으로, 수학 과목의 내용 영역별 관심도, 학교수업 외 학습법, 수학 수업 진행방식에 대한 선호도, 자신의 수학 학습법에 대한 반성, 더 나아가 다음 다섯 가지의 지도방향에 대한 길잡이로 활용합니다.

첫째, 학생들의 수학 과목에 높은 대한 흥미를 기반으로 학생들의 능동적인 학습이 이루어지도록 더욱 흥미 있는 체험활동 수학을 구성하도록 노력해야 합니다.

둘째, 혼자 하는 학습법보다는 멘토-멘티 협력수업을 다양한 방법으로 활용하여 아이들의 의사소통이 원활하고 재미있는 수업이 되도록 지도합니다.

셋째, 사교육에 의존해서 기계처럼 문제풀이식 수학을 공부하고 있는 학생들의 문제점을 없애기 위해서 창의력 신장을 위한 다양한 생활 속 문제들을 교실 수업에 적용하는 수업을 개발해야 합니다.

넷째, 다높이 사이버가정학습을 가정과 연계하여 지속해서 관리 학습하도록 하여 사교육에 집중된 학생들의 교육을 공교육으로 흡수하는 노력을 하여야 합니다.

다섯째, 학생들의 만족도 조사를 다높이 설문방을 이용하여 주기적으로 하여 학생들의 수학 학습 방법의 문제점과 건의사항을 계속해서 수학교육에 반영하여 학생들의 학습의욕을 높이며 다음 차시 수업계획에 자료로 활용합니다.

2. 본 수업 외 추가 활동

Q 본 수업 외 추가적인 활동에는 어떤 것들이 있나요?

본 수업 외 추가 활동은 다음 세 가지 내용으로 진행합니다.

첫째, 멘토링 활동 보고서 활용하기입니다. 이 활동은 활동 내용을 학교 홈페이지 자료실에 여러 형태의 파일로 탑재하여, 다른 학생들과 정보를 공유하며 의사소통할 기회를 제공할 수 있습니다.

다음 표는 또래멘토링 활동보고서, 보고서 전시패널, 홈페이지 멘토링 보고서 탑재, 서술형평가 문항 활동집-멘토링 협동학습 자료집, 수준별 멘토링 협동학습 활동지, 다높이 2.0을 활용한 방과 후 멘토링 활동에 관한 자료입니다.

표 17 방과 후 멘토링 활동 사례

구분		내용
또래멘토링 활동보고서 및 홈페이지 탑재내용		각 단원이 끝날 때마다 서바이벌 게임식 멘토링 활동을 하게 되는데 멘토링 활동을 하면서 학생들이 멘토링 활동 내용과 장면을 간단하게 기록한 보고서를 학교홈페이지 과제 방에 올리게 됩니다. 시간제한을 두고 탑재하게 되어 있고, 학생들이 보고서를 다 올리고 나면 교사는 프린트해서 수학 교실에 전시하고 수행평가 과제로 채점하여 점수에 반영합니다. 학생들은 다른 팀들의 활동사항을 수업 전후에 전시된 보고서를 통해 확인합니다.
	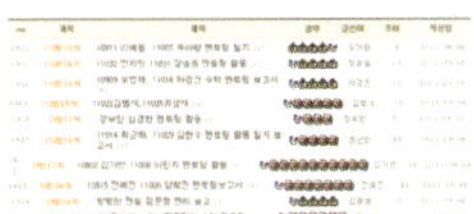	멘토링 활동 보고서는 출력하지 않고 학생들에게 제출 기한만 제시하고 학교홈페이지에 탑재하도록 합니다. 홈페이지 탑재 시 탑재시간이 기록되기 때문에 학생들의 제출기한 조건도 확인할 수 있고, 학생들이 따로 출력하지 않아도 되고 다른 학생들의 보고서 내용도 공개되기 때문에 채점의 공정성을 기할 수 있습니다.
보고서 전시패널	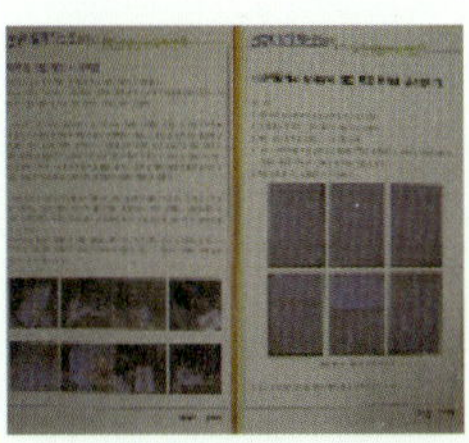	한 반에서 모범적인 보고서 2~3편씩 선택하여 플로터로 크게 출력하여 우드락에 붙여 수학 교실 복도에 전시합니다. 학생들은 오가면서 보고서 내용을 확인합니다. 패널에 전시된 보고서에 대해서는 수행평가 보고서 점수에서 가산점을 부여하여 학생들 동기부여를 통해서 멘토링 활동이 활발히 이루어지도록 합니다.
서술형평가 문항활동집 –멘토링 협동학습 자료집	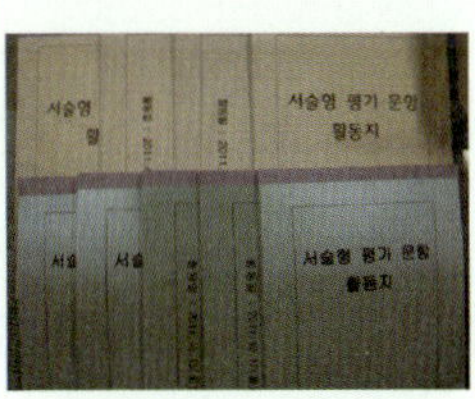	단원이 끝날 때마다 학생들이 본인의 수준에 맞게 서술형평가 문항을 한 문항씩 만들고, 그 문항의 채점기준표를 만들어 보는 활동을 합니다. 본인이 채점기준표를 만들면서 문제의 핵심을 파악하는 활동을 하고 난 후, 학생들은 문제개념을 익히는 과정에서 문제의 핵심을 파악하는 공부법을 익히게 됩니다.

<table>
<tr><td>수준별
멘토링
협동학습
활동지</td><td>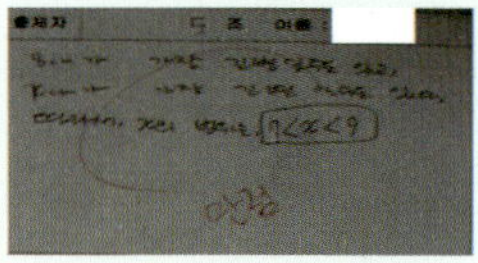</td><td>학생들의 서술형 평가 완전정복을 위해서 '수준별 멘토링 서술형 평가 협동학습 대항전'을 실시합니다. A~F별로 수준별 그룹을 만들어 본인이 낸 수준별 문제지를 가지고 수준별 문제 해결 대항전을 벌여 채점기준표에 가장 부합한 답에 문제지를 붙여서 조별 점수를 따는 대항전 활동지입니다.</td></tr>
<tr><td>다높이
2.0을 활용한
방과 후
멘토링
활동 독려</td><td></td><td>『다높이 2.0 사이트』에 학습방을 개설하여 학생들이 수준별로 보충학습을 할 수 있도록 만듭니다. 보충, 기본, 심화방을 만들어 온라인 보충수업을 스스로 실시하도록 독려하고 학생들의 수업진행률을 교사가 점검할 수 있습니다.</td></tr>
</table>

둘째, 또래 멘토링 우수학생 시상입니다. 또래 멘토링 우수학생 시상은 다양한 방법으로 실시할 수 있고, 이 시상을 통해 학생들의 또래 멘토링 활동을 독려할 수 있습니다.

표 18 멘토링 활동 시상 사례

구분	내용
육팔면체 분할퍼즐체험 –멘토링 우수학생 시상	또래멘토링 우수학생 시상으로 학생들이 간단한 설명을 듣고 직접 만들 수 있는 체험 도구들을 선물로 증정합니다. 시상품으로 받은 도구들을 가지고 학생들은 방과 후 시간을 이용해 수학원리가 들어있는 구조물을 만들게 되고 만든 구조물은 수업시간에 모든 학생을 대상으로 수학적 원리를 설명해줍니다.
간식 –멘토링 동영상 우수학생시상	멘토링 활동 보고서 중 멘토링 활동이 잘된 학생들 보고서 내용을 토대로 활동장면 사진과 보고서 내용이 포함된 동영상을 제작하여 수업시간에 학생들에게 소개하고 이들에게는 간단한 간식을 선물합니다.

도서상품권 – 멘토링 협동학습 우수학생 시상	학기당 한 번 정도 최우수 멘토링 활동과 협동학습에서 최우수 팀을 각 반에서 한 팀씩 정도 선정하여 도서상품권을 선물합니다.
협동학습 우수조 선정을 위한 활동점수판 제작 	협동학습 점수판을 제작하여 협동학습이 진행될 때마다 점수판을 활용합니다. 귀여운 캐릭터를 이용하여 점수판을 플루토로 크게 출력하여 코팅해서 수학 교실에 비치합니다. 조별 협동학습 결과를 캐릭터 수로 결정하게 되는데 조별로 얻은 점수를 활동 시마다 부여하여 수업 종료 시에 공개합니다.

셋째, 수학문화원 체험활동입니다. 이 활동은 우수 멘토링 활동 조를 각 반당 4팀(2명씩)을 선정하여 약 40여 명의 학생들을 대상으로 진행합니다. 학기 초, 교육청에 협동학습이나 모둠활동 계획서를 제출하여 체험하러 다녀올 수 있는 버스 한 대를 매년 지원받았습니다. 일 년에 한 번 정도 경기도 남양주시 수동에 있는 수학문화원을 방문하여 학생들에게 교과서와 연계된 여러 수학체험활동을 경험하게 해줍니다. 또한, 교과서에 나온 체험 활동을 실제 방문해서 경험해본 후, 그 내용을 보고서로 작성하여 전시하면 멘토링 활동에 좀 더 적극성을 갖게 됩니다.

표 19 수학 문화원 체험 사례

구분		내용
육팔면체 분할퍼즐 체험		중학교 1학년 학생들을 대상으로 육팔면체 퍼즐을 직접 제작합니다. 학생들은 육팔면체 분할 퍼즐을 제작하면서 2학기 교과서에 있는 입체도형의 부피, 겉넓이 개념과 연계된 조금 더 확장된 수학 원리들을 익히게 됩니다.

삼각형 외심 내심 모래체험		중학교 2학년 2학기 교과서에 나오는 삼각형의 외심과 내심을 모래실험을 통해서 눈으로 직접 찾아보는 활동을 합니다. 자, 컴퍼스가 아니라 모래가 아래로 내려가면서 자연스럽게 외심과 내심을 찾아가는 원리를 통해 학생들은 좀 더 깊이 있는 학습을 하게 됩니다.
문화원 체험활동		수학문화원에 있는 도구들을 이용해 싸이클로이드 곡선의 원리를 익히게 됩니다. 도구를 통해 먼저 학생들은 체험하게 되고, 체험 후 왜 이런 결과가 나오게 되는지 수학문화원 강사님의 설명을 듣고 수학적 원리를 익히게 됩니다.
수학문화원 체험활동 기념촬영		체험활동을 마치고 나와서 학생들과 함께 수학문화원 체험을 통해 학습한 내용에 대해서 서로 얘기하는 시간을 갖고 마지막 기념사진을 찍습니다.

TIP!

우수학생 시상을 본 수업과 이렇게 연계하면 좋아요!

- 우수학생으로 선발된 학생들에게 수학구조물을 만들 수 있는 퍼즐 조각 등을 상품으로 수여하고, 학생들이 방과 후 시간을 이용해 구조물을 만들게 하고, 본 수업에서 만들어진 구조물을 학생들에게 소개하고, 구조물 속에 숨어 있는 수학적 요소를 함께 찾아보는 시간을 간단하게 갖습니다. 소개 후 우수학생에게 구조물을 만들면서 스스로 터득한 원리를 발표하게 합니다.
- 우수학생으로 선발된 학생들에게 수학문화원에서 교과서 단원과 연계된 수학체험을 하는 기회를 부여합니다. 학생들은 학교에서 쉽게 접해보지 못하는 수학도구들을 만지고 설명을 듣고 체험하는 과정에서 수학적 원리를 체험하게 되고, 체험하면서 만든 도구들을 체험 후 학교로 돌아와서 다른 친구들에게 소개하는 시간을 갖게 합니다.

TIP!

수학 문화원 체험활동을 한 후에, 본 수업과 관련하여 이러한 장점이 나타났어요!

- 수학문화원 체험과정에서 실생활 속에 여러 가지 숨어있는 수학적 원리들을 익히고 돌아와서 학생들은 익힌 내용을 보고서로 작성합니다. 작성된 보고서는 수학 교실에 전시하고 수업시간 전 학생들이 미리 올라와서 보고서를 읽어볼 수 있는 기회를 부여합니다. 본 수업 시간에 창의력 수학을 다루면서 학생들이 체험했던 내용과 연계된 질문을 했을 때, 직접 체험했던 학생들이 자신감 있게 그 내용을 발표하는 경우가 종종 있게 되고, 그 발표를 통해 우수 활동 조로 선정되지 못한 학생들에게 자극이 되는 경우들이 자주 발생했습니다.

Q & A

Q1. 수학적 개념 설명을 어떠한 방법으로 하시나요?

학생들의 학습 동기 유발을 위해서 학습 교과서 단원 맨 처음 두 페이지의 그림을 가지고 1시간 수업을 합니다. 그 그림에서 배워야 할 수학적 개념과 관련 있는 단어들을 찾아보도록 시간을 주고 자유롭게 발표하도록 합니다. 이때 학생들이 제시하는 모든 단어를 칠판에 기록하고 그 단어를 바탕으로 이야기를 이끌어 갑니다. 학생들의 약간 엉뚱할 수 있는 반응에도 교사는 수용하며 수업에 반영합니다. 특히, 교사에게 학생들을 이끌어 오려고 하지 말고 아이들의 대화 속으로 들어가서 이야기를 나눌 수 있어야 합니다. 이러한 과정 후에 멘토-멘티 간에 이야기할 수 있도록 시간을 줍니다.

Q2. 멘토링 수업의 주기는 어떻게 되나요?

교사와 학생이 멘토링 수업을 시작할 수 있도록 준비가 되지 않은 3월에는 멘토링 수업을 하지 않습니다. 3월에는 옆 친구와 말하는 정도로만 시작할 수 있게 합니다. 이 시기에는 멘토링이 무엇인지 어떻게 하는 것인지에 대한 소개만 합니다. 1단원이 끝나고 단원평가를 본 후 그 결과에 따라 멘토와 멘티를 정함으로써 멘토링 활동이 본격적으로 시작됩니다. 다양한 멘토링 방법을 활용하기보다는 1대1 구조로 천천히 멘토링 수업을 진행하다가 어느 정도 정착이 되면 서바이벌 게임식 멘토링 방법을 사용하기도 하고 단원의 특성에 따라 릴레이 방식을 이용할 수 있습니다.

Q3. 멘토링 활동에서 조별로 같은 수준끼리 서로 문제를 내주는 경우 학업 성취도가 가장 낮은 멘티는 문제를 어떻게 만들 수 있나요?

교사가 학생들이 교과서에 있는 가장 쉬운 문제의 숫자를 바꿔서 문제를 내더라도 허용해줍니다. 이렇게 교사가 2~3번 정도 허용하면 그 학생이 속한 그룹에서 성적이 가장 좋은 멘토가 도움을 줍니다. 교사는 이렇게 허용하여 서로 도움을 주고받을 수 있는 분위기만 조성해줍니다. 이때 교사는 순회 지도를 하면서 어려움을 겪는 경우, 교사에게 질문하여 해결할 기회를 부여합니다.

Q4. 멘토링 활동을 하는 교사의 담당 학급과 다른 학급의 수행평가 점수는 어떻게 하나요?

일반적으로 포트폴리오나 참여 점수 등을 다른 반은 10번 정도 하여 점수를 산출하는데, 멘토링 활동을 하는 반은 40~50번 정도로 측정하는 것에 대해 학생들과 합의를 합니다. 10번 중에 한 번 못하면 1점이 감점되지만 50번 중에 1~2번 실수해도 감점이 되지 않는다는 점을 강조하며 학생들에게 많은 횟수의 평가가 학습에 도움이 될 것이라고 이야기합니다.

Q5. 서바이벌게임 방식으로 멘토링 활동을 진행할 때 학생들의 질문은 어느 정도까지 받아주시나요?

한 팀이 사용하는 발표 및 질의·응답 시간이 지나치게 긴 경우는 교사가 조절을 합니다. 너무 많은 질문이나 지적을 받게 되면 발표를 하고 질문을 받는 학생이 마음에 상처를 받을 수 있기 때문입니다. 질문이 많을 경우 교사가 활동을 조절하고 종료한 후에 추가적인 설명을 해줍니다.

Q6. 전체 학생들이 해결할 수 없는 문제가 나오면 어떻게 멘토링 활동을 진행하나요?

멘토링 활동은 문항의 난이도 구성이 참 중요합니다. 상, 중, 하 수준의 문제를 적절한 비율로 제시해도 어려워서 해결하지 못하는 경우에는 멘토링 활동 이전에 학생들이 교사에게 직접 찾아와서 해결합니다. 또한 수업의 과정 속에서 문제 해결에 어려움이 생기는 경우 다른 팀들이 참여해서 해결을 하면 플러스 점수를 받을 수 있기 때문에 해결할 수 있습니다.

Q7. 아이들이 답안을 설명하는 과정에서 실수하거나 작성한 답안이 지나치게 길어질 경우 어떻게 해야 하나요?

근본적으로 아이들이 답안에 길들여지지 않도록 해야 합니다. 참고서의 답안이나 선생님의 설명은 정해진 답으로만 해결해주기 때문에 학생 스스로가 겪는 오류를 알지 못합니다. 설명 과정에서 틀린 경우, 교사는 "이런 부분을 실수하지 말라고 얘기해주고 싶었는데 네가 제대로 보여줘서 고맙다"고 하면서 박수를 쳐주도록 합니다. 이렇게 길어지거나 불필요하다고 생각될 수 있는 부분들에 의미를 부여합니다. 또한 답안이 지나치게 길어지면 불필요한 부분을 지우도록 해서 답안을 만들어가도록 합니다.

멘토링 교수법의 효과성[11]

1. 멘토링 교수법의 효과성

수학 수업의 효과성은 수업의 과정 속에서 교사와 학생이 상호간에 유기적으로 의사소통하고 방향을 수정할 수 있을 때 극대화될 수 있다. 이러한 과정에서 더욱 중요한 역할과 책임을 가지고 있는 주체는 수업의 방향을 제시하고 이끌어 가는 교사이기 때문에, 이를 위한 교수법을 개발할 수 있는 수업 전문성은 중요하다(강현영, 이동환, 고은성, 2012; 김남희, 2002; 손승남, 2005; 유한구, 2001; 이금선, 강옥기, 2008). 특히 이러한 전문성이 학교현장에 실제로 영향력을 미치기 위해서는 수업 실천 영역에서 학생을 주체로 학습에 참여시키며 수학적 의사소통이 활발하게 일어날 수 있는 수업을 개발하는 교사의 역량이 중요하다. 왜냐하면 교사는 상호작용이 활발한 역동적인 상황에 즉각적으로 대응하고 방향을 제시함으로써 그 전문성이 실제적으로 활용되고 개발될 수 있기 때문이다.

---

11 멘토링 교수법의 효과성은 최상호·하정미·김동중(2016b)의 "동료 멘토링 교수법에서 교사의 수업 참여전략과 발문전략 분석. 한국학교수학회논문집, 19(2), 153-176"을 발췌·인용한 것으로 저작권은 한국학교수학회에 있음을 밝힘.

따라서 학습자의 수업 참여와 상호작용에 관심이 있는 교사라면 먼저 학생의 참여를 적극적으로 이끌어낼 수 있는 교수법을 개발하기 위해서 노력해야 한다. 특히, 교사가 학습자의 참여를 이끌어 내기 위해 선행되어야 할 것은 학습 참여적 동기를 유발하는 것이다. 이러한 동기 유발에 효과적인 교수법 중에 하나는 동료 멘토링 방법을 활용하는 것이다. 이는 동료 멘토링 과정에서 교사와 학생의 관계보다 학생과 학생의 수평적인 관계에서 긍정적인 관계 형성이 가능하기 때문에 편안한 사회적 규범 형성이 가능하다. 이를 통해서 학생 친화적 설명이 가능하여 학습 동기 유발에 도움을 줄 수 있고, 이를 통해 학습자의 수업 참여를 촉진할 수 있기 때문이다(김은주, 도승이, 2009; 김종렬, 2014; 김종렬, 이은주, 2012; 박소영, 2004; 백정은, 권혁진, 2007; 조현철, 2011).

이러한 장점으로 인하여 지금까지 연구 결과에서 동료 멘토링 방법이 학업성취도의 향상과 학습에 대한 자신감, 학습태도와 수업만족도에 긍정적인 영향을 끼친다고 보고하고 있다(김명자, 안성신, 2008; 박소영, 2004; 안미경, 2009; 윤보경, 김수연, 2011; 이제행, 2010; 정현식, 2005; 차지혜, 최상호, 김동중, 2015; 하정숙, 박종호, 2010; Weaver & Qi, 2005). 이러한 선행 연구들은 동료 멘토링의 특성상 학생과 학생의 의사소통에 초점을 두고 진행한 연구로써 그 효과성을 보였다. 하지만 역동적인 의사소통을 포함하는 참된 수업 참여는 학생과 학생의 활발한 상호작용뿐만 아니라 그 상호작용에 대한 교사의 역할과 기여도 포함되어야 하는데(김종두, 2000), 이 두 가지를 종합적으로 고려한 연구는 미흡한 편이다. 동료 멘토링 방법을 활용하여 교사와 학생 간 상호작용의 특징을 통한 학습자의 수업 참여를 촉진하기 위해 교사의 수업 실천측면에서 담론적 실행에 중점을 두고 생각해 보고자 한다.

동료 멘토링 방법에서 다양한 수업 참여전략은 학습측면에서 학습자에게 동기를 유발하고 수업 참여를 증진시킬 수 있다. 한편, 교수측면에서 동료 멘토링 방법을 더 효과적으로 만들기 위해서 사회적 상호작용에 대한 교사의 역할과 기여의 중요성을 바탕으로 이해될 수 있다. 이러한 중요성으로 인하여 동료 멘토링 방법에서 교사의 수업 참여전략과 발문전략이 학습자에게 동기를 유발시키고 학생들의 수업 참여를 증진하여 효과적인 학습을 위한 비계가 될 수 있는지 예를 통해 보여주고자 한다. 또한 멘토링 과정과 교사의 발문 과정 중에 나타나는 특징을 분석하고, 교수법의 다른 맥락에서도 활용될 수 있도록 시사점을 주고, 학생들의 학습과정에서 나타나는 특징들을 보여줌으로써 그 필요성을 논의하고자 한다.

2. 동료 멘토링 방법과 전략

1) 동료 멘토링 방법과 수업 참여전략

수업 참여는 학습자가 수업에서 주의를 집중하고 학습 활동 과정에서 자신의 의견을 표현하는 것으로(Marks, 2000) 행동적 참여, 정서적 참여, 인지적 참여로 정의할 수 있다(Fredricks, Blumenfeld, & Paris, 2004). 행동적 참여는 학습의 과정 속에서 우리가 관찰하고 인식할 수 있는 형태로 수업 내용에 대해서 교사와 학생, 학생과 학생 간에 의사소통하는 것을 의미하고, 정서적 참여는 학습을 하려고 하는 성향에 관련된 것으로 학습에 대한 흥미와 동기가 예가 될 수 있다. 그리고 인지적 참여는 학습 내용을 이해하거나 주어진 문제를 해결하기 위해 주의를 집중하고 다양한 학습 전략을 사용하는 참여로 학습 과정에서 발생할 수 있는 인지적 어려움을 극복하기 위해 노력하는 의지를 포함한다(김은주, 도승이, 2009; Fredricks, Blumenfeld, & Paris, 2004). 인지적, 정서적, 행동적 참여는 수학적 과정에서 연속적이고 역동적으로 상호작용하며 이러한 연속적이고 역동적인 상호작용 과정 속에서 수학 과제의 특징들과 수학 활동의 본질은 인지적 참여의 기초가 될 수 있다. 따라서 수업 참여전략은 주로 정서적 참여를 바탕으로 학생의 주의를 집중하는 "초점의 중심(centers of focus)"을 결정할 수 있으며, 발문전략은 사회적 상호작용을 바탕으로 행동적 참여를 이끌 수 있고 수업에서 담론적 실행과 개발을 가져 올 수 있다(Lobato, Rhodehamel, & Hohensee, 2012). 즉, 정서적 참여를 바탕으로 행동적 참여로 발전되어 서로 상호작용하며 인지적 참여로 귀결될 수 있는 것이다.

따라서 학습자의 수업 참여를 위해서 먼저 고려해야 할 것은 학습자의 흥미와 동기를 유발하여 정서적 참여가 이루어질 수 있도록 하는 것이다. 이를 위하여 활용할 수 있는 교수법은 학습자 친화적 학습 환경을 조성할 수 있는 방법 중에 하나인 동료 멘토링을 활용하는 것이다. 동료 멘토링 방법은 학생과 학생 간의 1대 1 의사소통 방식으로, 기존에 교사 중심으로 하는 강의식 수업에서의 경직될 수 있는 분위기보다는 편안한 분위기 조성이 가능하다. 또한 설명을 하는 멘토 학생은 교사보다 멘티의 학습에 대한 어려움을 잘 이해하고 공감할 수 있을 뿐 아니라 멘티-친화적 언어를 바탕으로 친절한 설명이 가능하기 때문에 긍정적인 사회수학적 규범 형성에 도움을 줄 수 있다. 이러한 학습 환경과 학습자 중심의 학습을 통한 긍정적인 관계형성은 결국 학습 동기 유발에 도움을 줄 수 있다(김은주, 김민규, 임은비, 2012; 김은주, 도승이, 2009). 따라서 동료 멘토링 방법 자체의 학습 동기 유발의 특성은 학습자와 학습자 간의 상호작용에 도움을 줄 수 있다.

이러한 관계성에 기반한 상호작용을 바탕으로 교사가 학습자의 참여를 유도할 수 있는 수업 참여전략을 실제 수업에서 실행한다면 그 효과성은 극대화될 수 있다. 교사가 수업 참여를 촉진하기 위한 전략을 개발하고 적용하기 위해서는 어떠한 경우가 학습자의 참여를 촉진했다고 볼 수 있는지에 대한 기준이 필요하다. 이러한 기준 설정에 도움을 주기 위해서 학습자의 참여를 측정할 수 있는 도구는 〈표 20〉과 같이 수업준비하기, 수업활동하기, 의사표현하기, 수업확장하기, 수업 열정측면에서 살펴볼 수 있다(차민정 외, 2010).

표 20 학습자의 수업 참여 측정 도구(차민정 외, 2010)

요인	내용
수업준비하기	수업 전에 수업목표와 수업내용을 확인하고 미리 읽어본다.
수업활동하기	선생님 또는 동료 학생이 발언할 때 눈을 맞추고 듣고 교사의 질문에 발언권을 얻으면 답변한다.
	주어진 학습활동을 지시에 따라 수행하고 모둠 활동을 할 때에는 맡은 역할을 충실히 수행한다.
의사표현하기	모르는 내용이나 궁금한 것이 있으면 질문하면서 토론에 적극적으로 발언한다.
	전체를 대상으로 제시된 질문처럼 발표할 기회가 주어지면 자원하여 답변한다.

수업확장하기	수업 후 수업 내용에 대해 동료 학생들과 의견을 나누고 수업 내용과 관련된 자료를 더 참고한다.
	수업 후에 수업을 개선하기 위한 의견을 선생님께 제안하거나 웹사이트 게시판에 자신의 의견이나 질문을 게시한다.
수업 열정	수업내용에 대해 흥미를 느끼고 열중하려고 노력한다.

이러한 참여 측정에 대한 요인들을 바탕으로 실제 수업에서 실행하여 학습자의 참여가 발현된다면 수업 참여전략이라고 볼 수 있다. 이러한 수업 참여전략은 동료 멘토링 활동에서 학생과 학생 간의 소통을 바탕으로 교사와 학생 간의 소통에서 구체적으로 발현될 수 있다. 동료 멘토링 방법에서의 수업 참여전략의 첫 번째는 학생들이 수업 내용을 바탕으로 공유와 협동에 대한 가치를 인식하고 수업에 참여하는 태도를 갖도록 하는 것이 중요한데, 이는 학기 초 오리엔테이션과 같은 수업 준비하기 활동에서 가능하다. 동료 멘토링 수업을 진행하는 과정에서 학생 간에는 협동, 그리고 교사와 학생 간의 상호작용을 촉진하는 것은 수업 활동하기와 의사소통하기에서 할 수 있다. 수업이 종료된 후에는 수업 중에 실시한 동료 멘토링 활동을 보완하고 확장할 수 있는 과제를 제시함으로써 수업을 확장할 수 있는 것이다. 이와 같이 수업 전, 중, 후 단계에서 다양한 수업 참여전략을 구체화할 수 있다.

2) 동료 멘토링 방법과 교사의 발문전략

동료 멘토링에서의 수업 참여전략을 통해서 촉진될 수 있는 참여를 바탕으로, 수학적 내용에 대한 목표와 학습자의 사고에 기초한 교사의 시기적절한 발문의 활용은 수학적 사고를 발전시키는데 도움을 줄 수 있다(Schwartz, 2015). 일반적으로 발문은 학습자의 수학적 사고를 발전시키기 위해서 문제들을 제기하는 것으로, 자신이 알지 못하거나 의문이 있는 것을 상대방에게 물어보는 질문과 구별된다(현종익, 이학춘, 2002).

이러한 발문에는 학습자의 사고를 유도하는 정도에 따라 폐쇄적인 발문과 개방적인 발문으로 구분할 수 있다. 폐쇄적 발문은 학습자의 사고에 진전이 없는 경우 사고 과정에 방해가 되지 않는 범위 내에서 적절한 힌트를 제공하고, 학습자의 사고가 주어진 논제를 벗어나는 경우 문제를 다시 명시화하고 주의를 환기시키는 발문이다(NCTM, 2007). 반면에 개방적 발문은 학습자의 반응을 토대로 수학적 사고를 확장시키기 위해서 "어떻게"와 "왜"에 대한 발문을 지속적으로 실시하는 것이다. 어떠한 전략을 활용하여 문제를 해결하고 왜 그렇게 해결했는지 등 그들의 사고 과정을 반성하고 발문의 방향을 정함으로써 학습자들의 수학적 사고를 확장하는데 도움을 줄 수 있는 것이다(현종익, 이학춘, 2002). 교육 현장에서 일반적으로 활용될 수 있는 두 가지 발문에서 실제 수학 수업에서 사용될 수 있는 교사의 발문유형은 〈표 21〉과 같다.

표 21 교사가 수학 수업 시간에 사용하는 발문유형(Boaler & Brodie, 2004)

	발문유형	설명	발문 예시
1	정보를 수집하거나 절차를 말하도록 유도하는 발문	즉각적인 답변을 요구하거나 알고 있는 사실과 절차를 연습하고 학생들이 사실과 절차의 진술	일차방정식 $2x+3=5$에서 x의 값은 얼마인가?
2	전문용어를 사용하는 발문	아이디어가 논의 중이면, 그 아이디어를 설명하기 위해 올바른 용어 사용	학생들의 비공식적인 표현에 대해" 우리가 이것을 어떻게 정확하게 쓸 수 있니?"
3	수학적 의미와 관계를 탐구할 수 있는 발문	수학적 의미와 관계를 지적하고, 수학적 아이디어와 표현의 연결	확률의 의미가 무엇인가?
4	증명하기와 친구들에게 자신의 사고를 명확히 설명하는 발문	학생들에게 생각을 명확하고 정교하게 하기 위한 목적	너의 생각을 설명할 수 있니?
5	논의를 생성하는 발문	교실의 다른 친구들이 발표할 수 있는 기회 부여	이것에 대한 다른 의견이 있니?
6	연결과 적용을 위한 발문	수학적 아이디어 및 다른 학문 영역 사이의 관계 지적	이 개념이 다른 상황의 무엇에 적용될 수 있나?
7	사고를 확장하기 위한 발문	논의 중인 상황을 비슷한 아이디어가 사용될 수 있는 다른 상황으로 확장	다른 수체계에도 동일한 규칙을 적용할 수 있니?
8	방향을 정하고 초점을 맞추기 위한 발문	문제해결을 위해 학생들이 중요한 요소에 초점을 맞추도록 도움	이 문제 풀이 과정에서 중요한 것이 무엇인가?
9	맥락 설정을 위한 발문	수학적 해석을 위한 다양한 맥락 제공	복권에 담겨진 수학적 원리는?

〈표 21〉에서 제시된 발문유형 중에 특히 학습자가 수학적 의미와 관계성을 탐구할 수 있고 자신의 사고를 명확히 설명하며 논의를 만들 수

있도록 하는 발문전략은 중요하다. 왜냐하면, 이러한 발문전략을 바탕으로 상호작용성을 촉진하는데 도움을 줄 수 있기 때문이다(Boaler & Brodie, 2004). 따라서 동료 멘토링 활동에서 학습자의 수업 참여를 촉진할 수 있는 발문전략은 멘토링 활동 결과 발표를 용이하게 할 수 있도록 문제해결 절차를 유도하거나 전문용어를 사용할 수 있는 기회를 부여하고, 발표 과정에서 중요한 수학적 개념에 초점을 맞출 수 있도록 하는 질문과 논의를 생성할 수 있는 발문을 하게 한다. 이렇게 활동 결과 공유를 한 후에는 수학적 사고를 확장하기 위해 수학적 개념 간의 관계성을 이해할 수 있는 발문전략을 활용할 수 있다.

3. 멘토링 교수법의 배경

1) 동료 멘토링 수업 배경

경기도 소재 Y중학교 1학년 한 학급 36명을 대상으로 실시하였다. 참여한 교사는 교직경력이 13년차인 여자 교사로 12년 동안 동료 멘토링 방법의 효과성을 체험하면서 수업을 변화시키고 있고, 지금도 동료 멘토링 방법으로 수업을 진행하고 있는 교사이다. 교사는 매년 매 시간을 동료 멘토링 방법으로 수업을 진행하고 있다. 분석된 자료는 멘토링 활동 중 단원별로 1회씩 실시되는 단원정리용 멘토링 방법이다. 중학교 1학년 단원이 총 10개이므로 이러한 멘토링 방법은 1년 간 총 10번 실시하게 된다. 연구에서 활용된 동영상은 1년 동안 10번의 동일한 수업 방법 중에서 동료교사들에게 공개한 수업을 모니터하고 피드백을 받기 위해서 촬영한 것이다. 촬영을 한 후 수업의 전 과정을 전사하여 교사가 학생의 수업 참여에 도움을 주기 위해서 어떻게 수업 참여전략을 실행하고, 효과적 멘토링 과정을 위해서 어떻게 발문전략을 활용하는지를 분석하였다.

이렇게 분석된 수업의 참여전략과 발문전략의 특징을 멘토링 수업의 현장 적용 가능성을 보이고, 일반화 가능성을 고취하고자 수학 성취도에 어떠한 영향을 미치는지 분석하였다. 이를 위해서 1학기말 수학 성적과 2학기말 수학 성적을 대응표본 t-검정 하였다. 1학기 말 성적과 2학기 말 성적을 비교한 이유는 동료 멘토링 방법이 학기 초기에 교사와 학생, 학생과 학생 간의 긍정적인 관계성을 형성하는 것이 중요한데, 관계형성을 위해서는 일정한 시간이 필요하기 때문이다. 즉, 1학기 중반과 후반에 갈수록 동료 멘토링 방법을 실행할 수 있는 교실 분위기가 형성될 수 있기 때문에, 1학기 말 성적과 2학기말 성적을 비교한 것이다. 특히, 전사 자료를 만들고 분석할 때 교사는 “T”, 학생 전체 답변은 “S”로 표현하는 한편, 멘토(Mentor)는 “MR”로 표현하고 멘티(Mentee)는 “ME”로 표현하였다. 그리고 수업은 〈표 22〉와 같이 제 1~4마당으로 구성되는데, 수학적 의사소통이 일어나는 활동은 2마당과 4마당이므로 각 마당별로 번호를 부여하였다. 예를 들면, 멘티가 2마당에서 3번째 문제를 발표를 하게 되면 “ME 2-3”으로 표현하고, 제 4마당의 2번째로 질문 또는 지적을 한 학생은 “S4-2”로 코딩하였다.

2) 동료 멘토링을 이용한 수업 방법

(1) 멘토와 멘티의 구성 방법

멘토링 조 편성은 단원별로 학업성취도를 조사하여 상위 50%를 멘토로 하고 나머지를 멘티로 분류하였다. 이 때 멘토팀 학생들이 각 분단의 왼쪽자리에 앉고 멘티팀 학생들이 자신의 멘토 학생을 스스로 결정한 후 그 옆자리를 찾아가서 앉도록 하였다. 조 편성은 매 단원 성취도에 따라 변하기 때문에 단원이 바뀌면 다음 조 편성에서 멘티팀 학생이 먼저 자리에 앉고 멘토 학생들이 스스로 멘티 학생을 찾아갈 수 있도록 하고 한 번 활동한 멘토와 멘티는 13번(9개 단원, 중간고사 2회, 기말고사 2회)의 멘토링 활동 중 다시 만날 수 없는 규칙을 적용하였다. 이러한 규칙을 적용한 이유는 같은 조를 한 학기 또는 1년 동안 유지하여 학생 간의 관계에 문제가 발생하는 경우 동료 멘토링 활동에 좋지 않은 영향을 끼쳤던 다년간의 경험을 통해서이다.

(2) 생존 게임 방식[12]의 동료 멘토링 수업 전개 과정

생존 게임 방식으로 동료 멘토링 수업을 전개하기 전에 교사는 2단계의 동료 멘토링 방법의 변화를 겪게 된다. 첫 번째 단계는 동료 멘토링 활동을 시작하는 초기 단계로 학습 수준이 많이 낮은 학생들을 수업에 참여시키기 위해서 특별 보충 수업 시간에 멘토링 활동을 적용한 단계이다. 이 방법의 효과성을 바탕으로 두 번째 단계에서는 동료 멘토링 방법을 정규 수업 시간에 적용하게 되는데, 성적에 바탕을 두고 멘토-멘티가 공동의 문제를 해결하도록 하였다. 이 때 조별로 차등적인 점수를 부여하였다. 하지만 이러한 그룹 간의 경쟁심이 지나쳐서 상대의 발표보

12 대단원 정리를 위한 수업 방법으로 학생들에게 단원 종합 문제를 제시하고 문제를 해결하게 한 후 선발된 학생이 칠판에 문제를 해결하고 전체 학생에게 설명을 하는 과정에서 설명을 듣는 학생들이 의문사항을 질문하거나 오류를 지적할 때 발표자가 옳은 답변을 한 경우는 생존하여 점수를 획득하고 그렇지 않으면 실패하여 점수가 감점되는 방식

다는 자신의 멘토링 활동에 집중을 하는 개인주의가 심화되었다. 이를 해결하기 위해서 멘토-멘티가 해결한 문제를 모든 학생들 앞에서 발표하고 지적할 수 있도록 하는 생존 게임 방식을 적용하였다.

생존 게임을 이용한 수업 방법은 크게 도입, 전개, 정리로 진행되는데, 도입 단계에서는 학습자의 동기를 유발시키기 위해서 지난 시간 내용 복습과 학습목표를 확인한다. 다음으로 전개 활동은 총 4개의 학습마당으로 이루어지는데, 제 1마당은 멘토링 활동으로 칠판에 주어진 4개의 문제에 대해 멘티 4명을 선정한 후 선정된 학생이 칠판에서 문제를 풀고 나머지 학생들은 칠판에 제시된 문제를 바탕으로 2분 동안 멘토링 활동을 한다. 제 2마당은 표현하기 활동과 수학적 의사소통 활동으로, 멘토링이 종료된 후 칠판에 문제를 풀었던 멘티가 나와서 해결한 문제를 설명하고, 발표를 듣는 학생들은 의문나는 사항에 대해 질문을 하며 잘못된 부분이 발견되면 지적활동을 한다. 이러한 1, 2마당과 동일한 형식으로 3, 4마당을 진행하되, 1, 2 마당과는 다른 문제 4개를 제시하여 멘토링, 표현하기, 수학적 의사소통 활동을 진행한다. 마지막 정리 단계는 형성평가 단계로 1~4 마당에서 오류가 있던 유형의 문항으로 형성평가를 실시하게 된다. 이러한 과정은 〈표 22〉와 같이 정리될 수 있다.

특히, 이러한 과정 중에 학생들에게 멘토링 활동의 동기를 부여하기 위해서 생존 게임 방식으로 수업을 진행한다. 제한된 2분 내에 멘티학생이 문제를 풀고 설명할 때 학생들의 질문에 방어하고, 오류사항이 지적되지 않으면 멘토와 멘티가 +2점을 획득하고 그렇지 않으면 멘토와 멘티가 -2점을 획득한다. 또한 발표를 듣는 학생들은 질문에 성공하거나 잘못된 점을 지적했을 때 +1점을 획득한다. 이러한 과정에서 생존 게임의 성공과 실패 여부를 전체 학생들이 결정하게 되면 학습활동이 마무리 된다.

표 22 생존 게임 수업 방식의 전개 과정

단계	과정	내용
도입	학습목표 및 선수학습 확인	– 마인드맵을 활용한 지난 시간 내용 복습 – 학습 목표 확인 – 수학적 의사소통의 중요성 강조 – 수학활동 개인평가표 확인을 통해 학습 동기를 부여
전개1	제1마당	– 문제1 ~ 문제4 칠판에 게시 – 문제마다 1명씩 4명의 멘티 학생 호명 – 선택된 학생이 칠판에 문제풀이(2분)
전개1	제2마당	– 1번부터 해당학생이 문제풀이 설명 – 학생들에게 질문을 받고 답변 – 나머지 학생은 문제풀이나 설명에 오류사항 지적 – 학생들의 수학적 의사소통활동 평가 – 발표학생, 질문학생들의 태도까지 평가
전개2	제3,4마당	전개 1의 반복
정리	평가	– 오류가 있었던 유형의 문제로 형성평가 – 정답 확인 후 다음 차시 예고

생존 게임	
성공	실패
– 시간내 풀이 – 질문에 답변 성공 – 오류사항 없음 – 멘토 / 멘티 +2	– 문제풀이 시간초과 – 질문에 답변 실패 – 오류사항 지적 – 멘토 / 멘티 –2
– 나머지 학생	– 질문 성공 +1 –오류지적 성공 +1

3) 분석틀

동료 멘토링 방법을 활용하여 효과적인 수학 교실 담론을 전개하고 발전시키기 위해서는 연속적이고 역동적인 의사소통과정을 조정할 수 있는 교사의 역량이 중요하다. 동료 멘토링 활동에서 참여를 촉진하는 교사의 역량 중에 효과적인 수업 참여전략과 발문전략을 중심으로 분석하기 위해 다음과 같은 분석틀을 활용하였다.

(1) 수업 참여전략

수업 참여 측정도구를 가지고 동료 멘토링 방법에서의 수업 참여전략을 분석하기 위한 분석틀은 〈표 23〉과 같다.

표 23 학습자의 수업 참여 측정도구와 동료 멘토링의 수업 참여전략

요인 (차민정 외, 2010)	동료 멘토링의 수업 참여전략
수업준비하기	소통의 가치 공유와 복습 및 학습목표 말하기 전략
수업활동하기	멘토와 멘티 간 협동 활동의 극대화를 위한 전략
의사표현하기	멘토와 멘티의 발표, 질문, 답변을 유도하기 위한 전략
수업확장하기	동료 멘토링 활동의 보완과 확장을 위한 과제 제시 전략
	동료 멘토링 활동의 반성을 통한 수업 개선 방법에 대한 피드백 전략
수업 열정	수업 열정과 흥미를 유도하기 위한 참여전략

이를 바탕으로 동료 멘토링 방법에서의 수업 참여전략은 일반 강의식 수업에서 학습자의 수업 참여를 촉진하는 전략의 일반성과 동료 멘토링을 바탕으로 수업 참여를 촉진할 수 있는 특수성을 대응시킬 수 있다. 〈표 23〉의 수업 준비하기에서는 동료 멘토링 방법의 의사소통활동

에 대한 목표를 명확히 하고, 그 목표를 바탕으로 학생들과 의견을 나눔으로 소통의 가치를 공유할 수 있고, 이를 통해 동기 유발에 도움을 줄 수 있다(Ames & Archer, 1987, 1988; Jang, Reeve, & Deci, 2010). 또한 복습 및 학습목표를 다 같이 말할 수 있도록 함으로 동료 멘토링 활동을 위한 준비가 가능하다고 볼 수 있다. 수업 활동하기에서는 동료 멘토링 활동을 진행하는 과정에서 멘토와 멘티 간에 협동 활동을 극대화할 수 있도록 하는 참여전략으로 구체화될 수 있다. 의사표현하기에서는 동료 멘토링 활동 후 활동 결과를 전체 학생들과 공유하는 과정에서 토론에 적극적인 발언을 하고, 발표할 기회가 주어지면 자발적으로 답변할 수 있도록 하는 참여전략으로 구체화될 수 있다. 수업확장하기에서는 수업 종료 후에도 동료 멘토링 활동을 보완하고 확장할 수 있는 과제를 제시하거나 수업 개선을 위한 의견을 교사에게 제안할 수 있다(김종두, 2000). 수업 열정에서는 학생들이 흥미를 느낄 만한 다양한 수업 방법과 도구들을 활용함으로 가능할 것이다. 이렇게 참여 측정도구를 바탕으로 동료 멘토링에서 수업 참여전략으로 구체화하여 그 특징을 분석하고자 한다.

(2) 교사의 발문전략

교사의 발문유형을 바탕으로 하는 동료 멘토링 방법에서의 발문전략을 분류하면 〈표 24〉와 같다.

표 24 교사가 사용하는 발문 유형과 동료 멘토링 방법에서 교사의 발문전략

<table>
<tr><th></th><th>발문유형(Boaler & Brodie, 2004)</th><th>동료 멘토링 방법에서 교사의 발문전략</th></tr>
<tr><td>1</td><td>정보를 수집하거나 절차를 말하도록 유도하는 발문</td><td rowspan="5">동료 멘토링 활동 결과의 공유를 도와주는 발문전략</td></tr>
<tr><td>2</td><td>전문용어를 사용하는 발문</td></tr>
<tr><td>3</td><td>증명하기와 친구들에게 자신의 사고를 명확히 설명하는 발문</td></tr>
<tr><td>4</td><td>논의를 생성하는 발문</td></tr>
<tr><td>5</td><td>방향을 정하고 초점을 맞추기 위한 발문</td></tr>
<tr><td>6</td><td>수학적 의미와 관계를 탐구할 수 있는 발문</td><td rowspan="4">동료 멘토링 활동 결과 공유한 후 사고를 확장하고 다양한 맥락과 연결을 위한 발문전략</td></tr>
<tr><td>7</td><td>연결과 적용을 위한 발문</td></tr>
<tr><td>8</td><td>사고를 확장하기 위한 발문</td></tr>
<tr><td>9</td><td>맥락 설정을 위한 발문</td></tr>
</table>

교사가 학생에게 제시하는 발문유형을 동료 멘토링 방법에 적용할 수 있다. 동료 멘토링에서 멘토와 멘티 간의 의사소통을 바탕으로 자신이 해결한 풀이 과정을 전체 학생들에게 설명하는 과정에서, 교사는 발표 학생 자신의 문제 해결 과정을 명확히 설명하고 그 내용을 전체 학생들과 공유하기 위한 발문전략을 활용할 수 있다. 이를 위해서 문제해결 절차를 유도하는 발문을 하거나, 학생이 사용하는 비형식적인 용어들을 수학적인 전문용어로 사용할 수 있도록 하는 발문을 할 수 있다. 이 과정에서 중요한 개념이 등장하는 경우, 모든 학생이 초점을 맞출 수 있도록 유도하는 발문을 할 수 있고 또한 수학적 개념에 대한 이해가 명확하지 않은 경우 논의를 생성할 수 있는 발문을 할 수 있다.

한편, 동료 멘토링 활동 결과를 공유하는 과정이 끝나면 수학적 의미

와 관계를 탐구할 수 있는 발문을 하여 사고를 확장하고 다양한 맥락과 연결시키기 위해서 개념들을 연결하고 적용할 수 있는 발문을 할 수 있다. 이러한 발문전략들은 동료 멘토링 활동을 바탕으로 그 결과를 전체 학생들과 공유할 수 있고, 더 나아가 수학적 사고를 확장하여 창의적 사고를 할 수 있도록 발문전략들을 활용함으로 참여가 촉진되는 역동적인 교실 분위기 형성에 도움을 줄 수 있을 것이다 (한정민, 박만구, 2010).

이러한 분석틀을 바탕으로 학생과 학생 간의 활발한 상호작용을 하며, 교사가 제시하는 다양한 수업 참여전략과 발문전략을 통해서 학습자의 수업 참여를 촉진하기 위한 구체적인 특징을 분석하였다.

4. 효과적인 동료 멘토링을 위한 전략

1) 수업 참여전략

학생의 수업 참여를 촉진하는 수업 참여전략을 도입, 전개, 정리 단계로 구분하여 분석을 실시하였다.

(1) 수업준비하기

① 동료 멘토링 수업 준비를 위한 소통의 가치 공유 전략

교사는 본격적인 수업을 전개하기 전에 학습 동기를 유발시키기 위한 활동목적을 발췌문 1과 같이 명확하게 설정하여 수업의 방향성을 학생과 공유하고 있다.

발췌문 1

순서	화자	전사내용
31	T	너희들이 했던 보고서 학교 홈페이지에 너희들이 올린 내용을 보고서로 다 다운을 받아서 해놨어요. 멘토링 활동에 대해서 우리가 평가를 받았는데요. 마지막 최종 목표가 뭐예요?
32	S	수학적 의사소통 능력 기르기
		…(중략)…
37	T	논리적 사고 합리적 사고력, 창의성을 키우는데 굉장히 효과적인 과목이거든요. 그래서 우리가 얘를 어떻게 좀 길러볼까 선생님이 찾아낸 방법이 수학적 사고력이 무언가가 친구들에게 선생님에게 설명할 수 있다면 그것은 다 내 것이구나를 확인하는 거예요. 자기 지식을 갖고만 있으면 안되구요. 남에게 설명할 수 있을 정도가 된다면 그거는 그 사람은 100%의 학습목표에 도달한 것이거든요. 그래서 수학적 아이디어를 뭘 사용한다구요?
38	S	수학적인 언어 기호
39	T	수학적인 언어 기호를 사용해서 다른 사람에게 한 번 나도 선생님이 되어 보자 이 얘기에요. 친구들 사이에서 아니면 선생님에게 그래서 수학적 의사소통능력을 기르려고 해요.…(중략)…

발췌문 1을 통해서 살펴본 학생들의 수업 참여에 도움을 주기 위한 전략은 활동목적을 수학적 의사소통 능력을 기르는 것으로, 명확하게 묻고 말하게 함으로써 학습자의 동기 유발에 도움을 주는 것이다(순서

[32]). 이를 위해서 수학적 의사소통 능력의 중요성을 설명하고([37]), 설명하기와 구체적 접근법을 학생들과 소통하면서 활동목적을 명확히 하고 그 방법을 설명해주고 있다([38], [39]). 이렇게 소통의 가치를 공유함으로써 동료 멘토링 수업 준비하기에 도움을 줄 수 있다.

② 동료 멘토링 수업 준비를 위한 복습 및 학습목표 말하기 전략

본 차시 수업이 시작하기 전에 교사가 지난 시간에 배운 내용을 복습하는 한편, 이번 시간에 배울 내용에 대해서 소개하는 활동을 발췌문 2와 같은 의사소통과정을 통해 실시하였다.

발췌문 2

순서	화자	전사내용
3	T	…(중략)…세 번째 다시 멘토링 활동과 네 번째 평가 형성평가로 이어집니다. 그럼 우리 지난 시간까지 배웠던 기본도형에 관한 전체 다룬 것을 복습을 한 번 해보죠. 점, 선, 면, 기본요소, 교점, 교선. 각에는 어떤 각이 있죠? 각의 크기에 따라서 4가지 기억나시나요?
4	S	네
5	T	첫 번째
6	S	예각, 직각, 둔각, 평각
		…(중략)…
17	T	…(중략)…학습목표 크게 한번 읽어봅시다. 첫 번째
18	S	점, 선, 면, 각에 대한 간단한 성질을 이해할 수 있다.

발췌문 2를 통해서 살펴본 학생들의 수업 참여에 도움을 주기 위한 전략은 복습과 학습목표 함께 말하기를 통한 수업 참여이다. 대부분의 학생들이 지난 시간 학습 내용에 대한 교사의 질문에([3], [5]) 단체로 말하면서 수업에 참여하는([4], [6]) 한편 오늘 배울 학습목표를 함께 읽고 말하기 활동을 통해서([17], [18]) 수업의 방향을 예상하고 이해함으로써 멘토와 멘티 모두가 수업에 참여할 수 있는 환경이 만들어졌다고 할 수 있다.

(2) 수업활동하기

① 멘토와 멘티 간 협동 활동의 극대화를 위한 전략

멘티 자신이 해결한 문제를 설명하다가 모르는 부분이나 잘못된 부분은 발췌문 3과 같이 멘토가 도움을 줄 수 있도록 교사가 안내를 하였다.

문제

공간에서 다음 설명 중 옳은 것을 모두 고르면?

① 한 직선에 평행한 서로 다른 두 직선은 평행하다.

② 한 직선에 수직인 서로 다른 두 직선은 평행하다.

③ 한 평면에 평행한 서로 다른 두 직선은 평행하다.

④ 한 직선과 꼬인 위치에 있는 서로 다른 두 직선은 꼬인 위치에 있다.

⑤ 한 평면에 수직인 서로 다른 두 직선은 평행하다.

발췌문 3

순서	화자	전사내용
382	ME4-3	한 직선에 평행하는 다른 두 직선은 평행하다는 1번은 맞고 한 직선에 수직인 다른 두 직선은 평행하지 않기 때문에 2번은 틀렸고 한 평면에 평행한 다른 두 직선은
383	T	애들이 알아듣질 못 할거 같아요. 조금 돌아서서 아이들에게 이 사각형을 보여주면서 육면체를 보여주면서 하는게 좀 더 나을 거 같아요.
384	ME4-3	한 평면에 평행하는 서로 다른 두 직선은 평행,
385	S	하하(웃는다.)
386	T	이상하다. 답은 1번 5번 써있는데 3번에 걸렸어요. 살려주세요. 어허(웃는다.) 누구?
		…(중략)…
388	T	멘토. 네 먼저 나오세요. 3번에서 막혀서. 3번부터 설명하세요. 3번부터
		…(중략)…
391	MR4-3	3번에서 이 한 평면에 평행한 서로 다른 두 직선에 평행이라고 하셨는데요. 아니 평행이라고 나와 있는데 이 한 평면에 평행한 서로 다른 두 직선은 이렇게 만나서 수직이 될 수 있습니다. 따라서 3번은 틀렸습니다.

발췌문 3을 통해서 살펴본 학생들의 수업 참여를 촉진하는 전략은 멘티의 학습 어려움에 대해 멘토가 도움을 줄 수 있도록 하여 수업 참여에 도움을 주는 것이다. 즉, 멘티가 설명을 하다가 잘못하거나 막히는 부분이 있으면([382], [386]) 멘토가 발표를 도와줄 수 있도록 하여([388], [391]) 멘티가 다시 발표를 이어갈 수 있도록 했기 때문에 멘토가 멘티의 수업 참여를 도와줄 수 있는 수업 환경이 조성되었다.

(3) 의사표현하기

① 멘토와 멘티의 발표, 질문, 답변을 유도하기 위한 전략

학습 과정을 생존 게임 방식으로 진행하고 수업 참여 점수를 부여하기 때문에 발췌문 4와 같이 활발한 의사소통에 도움을 주고 있다.

문제

길이가 $x$cm인 선분 AG가 있다. $\overline{AF}:\overline{FG}=2:1$, $\overline{AB}:\overline{BF}=1:2$, $\overline{BE}:\overline{EF}=2:1$, $\overline{BC}:\overline{CE}=1:2$를 만족하는 $\overline{CE}$가 16cm일 때 x의 값은?

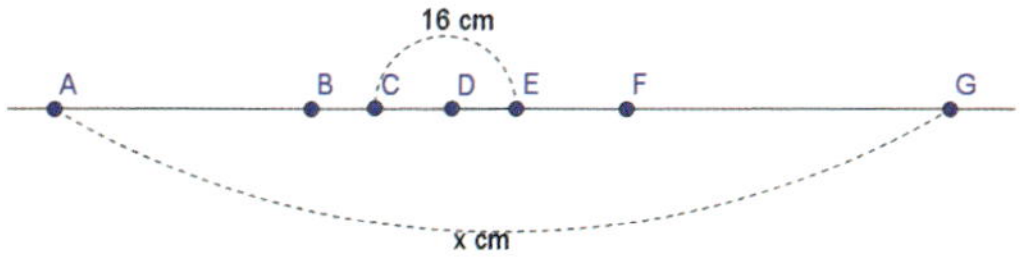

발췌문 4

순서	화자	전사내용
78	T	…(중략)…질문 없어요? 지적 있으신 분 질문…질문 한 번 해보세요. 일어서서
79	S2-1	굉장히 어렵게 구하셨는데 다른 방법은 없나요?
		…(중략)…
88	S2-2	저기 1하고요 2뿐만 해야 되는게 아니라 거기 문자를 만들어야 되는 거 아닌가요?
89	T	좋은 지적입니다.
90	ME2-1	어 1엑스와 2엑스는 엑스나 2에 문자가 될 수 있는데 저는 이 과정에서 문자를 넣으면 더 헷갈리기 때문에 문자를 넣지 않았습니다.
91	T	음. 문자를 원래 넣어야 하는데 헷갈릴까봐 안 넣었대요. 어느 것이 맞는 표현일까요?
92	S2-3	문자를 넣는거요
93	T	문자를 넣어야 할까요? 넣지 말아야 할까요?
94	S	넣어야 해요..넣지 말아야 해요..

발췌문 4를 통해서 살펴본 학생들의 수업 참여를 촉진하는 전략은 참여 점수 부여로 인한 동기유발이다. 즉, 발표가 종료된 후 질문하기와 오류 지적활동을 통해서 참여점수를 획득할 수 있기 때문에 학생들은 다

양한 질문과 지적을 하게 된다. 이러한 활동이 잘 이루어질 수 있도록 교사는 발표를 듣는 학생들이 질문을 할 수 있는 환경을 만들어주고 난 후([78]) 학습자의 질문이나 지적에 대해서 격려하는 모습을 볼 수 있다([89]). 또한 교사가 정확한 답을 제시하지 않는 발문을 함으로써([91], [93]) 학생들이 의견을 제시할 수 있도록 하여 활발한 의사소통을 유도하고 있다([92], [94]). 이러한 참여점수 획득 기회와 교사의 격려 발문을 통해서 학생들은 발표한 멘티에게 모르는 내용이나 궁금한 것이 있으면 질문을 하면서([88]) 활발한 의사소통을 통해서 수업에 참여하였다고 볼 수 있다.

(4) 수업확장하기

① 동료 멘토링 활동의 보완과 확장을 위한 과제 제시 전략

교사는 앞으로 전개될 학습에서도 학생들이 수업에 참여할 수 있도록 도와주기 위해서 학습 지속력을 향상시키는 수업 참여전략을 발췌문 5와 같이 전개하고 있다.

발췌문 5

순서	화자	전사내용
267	T	...(중략)...자 선생님이 다음으로 넘어갈게요. 자 보세요. 지금부터 평가합니다. 어떤 팀이 이겼을까요? MR 2-1, ME2-1팀 성공 또 요기는

268 S　성공

269 T　요기는 어땠을까요?

270 S　실패

…(중략)…

273 T　아쉽네요. 이분들은 어떻게 해야 될까요?

274 S　5장부터..

275 T　똑같은 유형 몇 개를

276 S　3개를

277 T　3개를 선생님께 개인지도를 받으십시오. 끝나고 방과 후 시간을 이용해서. 아시겠죠?

…(중략)…

466 T　홈페이지에 들어가 있거든요. …(중략)… 다높이를 이용해서 심화문제를 또 풀어요. 다높이 2.0에 수학 심화방있죠?

발췌문 5를 통해서 살펴본 학생들의 수업 참여를 촉진하기 위한 전략은 향후 학습을 전개시키는데 도움을 주기 위해서 학습 지속력을 향상시키는 것이다. 즉, 학습과 멘토링 활동이 지속될 수 있도록 다높이 2.0이라는 웹 사이트 게시판을 이용하여 학생들이 지속적으로 참여할 수 있도록 도와주었다. 예를 들면, 수업 시간에 멘토링 활동에서 방어에 실패한 팀은 점수가 2점이 감점되었는데, 오답노트에 비슷한 유형의 문제를 3개 풀어오면 -2점이 +1점으로 회복되도록 하였다([276], [277]). 이러한 활동을 평가와 연계시킴으로써 다음 수업에 참여를 지속할 수 있도록 도움을 주었다고 볼 수 있다. 반면에 교사는 심화학습이 필요한 학생에게 수업 후에 다높이 2.0에 수학 심화방을 이용하여 심화학습을 할 수 있도록 하여 상위권 수준에 맞는 수업을 할 수 있도록 기회를 제공하여([466]) 수업 시간에 진행된 동료 멘토링 활동을 보완하고 확장시키는데 도움을 줄 수 있다.

② 동료 멘토링 활동의 반성을 통한 수업 개선 방법에 대한 피드백 전략

교사는 자신의 수업 방법에 대한 피드백을 통해 다음 수업에서 학생들의 학습에 도움을 주기 위해서 [그림 26]와 같이 홈페이지 설문을 진행하였다.

[그림 26]에서 학생의 수업 참여를 촉진하기 위한 전략은 교사가 수업이 종료된 후에 다높이 2.0을 이용하여 수업 방법에 대한 설문조사를 실시하고 내용을 분석한 후 다음 수업계획에 피드백을 받음으로써 향후 동료 멘토링 수업에서 학생들의 수업 참여를 도와주기 위한 교수 방법을 고민할 수 있는 시간이 가능하다.

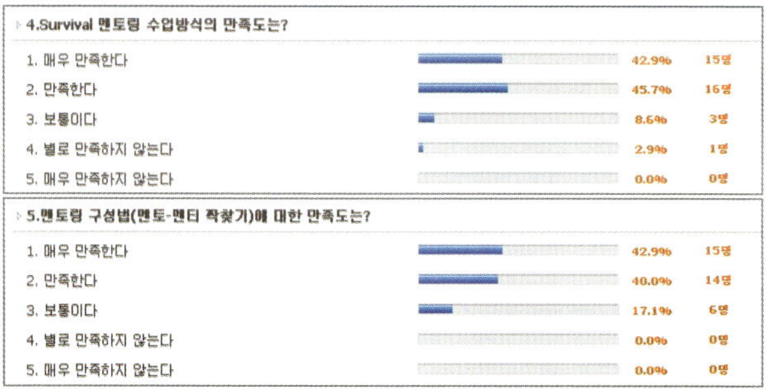

그림 26 다높이 2.0의 수업 방법에 대한 피드백

(5) 수업 열정

① 수업 열정과 흥미를 위한 참여전략

수업의 전개 과정에서 총 8문제를 해결하게 되는데 이 때 발표자로 8명을 선정한다. 발표자를 선정하기 위해서는 무작위로 발표자를 선정하는 컴퓨터 프로그램을 이용하여 흥미를 유발하였다.

발췌문 6

순서	화자	전사내용
51	T	수학적 의사소통 활동을 할 거예요. 이 3가지를 제 1마당에서 할겁니다. 자 그럼 발표자를 뽑아야 되겠죠.
52	S	우와..
53	T	우와, 어떡하지? 지금부터 발표자를 한 번 뽑아보겠습니다. 준비 스탑을 외쳐주세요
54	S	스탑..우와
55	T	다시
56	S	스탑..

발췌문 6을 통해 살펴본 학생들의 수업 참여를 촉진하는 전략은 무작위 발표자 선정을 통한 흥미 유발이다. 즉, 발표자를 선정할 때 컴퓨터 프로그램의 무작위 발표자 뽑기를 통해([51]) 발표자를 선정함으로써, 학생들이 수업에 대해 긴장감과 흥미를 느끼고 집중할 수 있도록 하여

([53], [54]) 학생의 수업 참여 환경을 만들어 주었다고 볼 수 있다.

2) 교사의 발문전략

동료 멘토링 방법을 이용한 수업 참여전략은 학생들의 수업 참여를 도와주었다고 할 수 있다. 그렇다면 동료 멘토링 방법을 이용한 수업에서 교사는 동료 멘토링 활동 결과의 효과성을 바탕으로 전체 학생들과 공유할 수 있도록 도움을 주는 발문전략을 활용할 수 있는 한편, 사고를 확장하고 다양한 맥락과 연결을 할 수 있는 발문전략을 활용할 수 있다. 이러한 발문전략을 어떻게 진행하여 학생들의 수학적 개념 형성과 문제해결에 도움을 주었는지 살펴보도록 하자.

(1) 동료 멘토링 방법이 효과적인 경우

멘티가 2분간 해결한 문제를 오류없이 설명하고 전체 학생들의 질문과 지적에 자신이 올바르게 정당화하여 멘토링 활동에 성공한 경우 교사는 수학적 개념 간의 연결과 적용, 사고의 확장과 맥락 설정을 위해 과정지향 발문, 단계적 발문을 통한 일반화, 그리고 다른 풀이 전략을 활용할 수 있도록 도움을 주는 발문전략을 활용하였다.

① 수학적 의미와 관계성을 탐구하는 과정 중심 발문

동료 멘토링 활동이 효과적인 경우 교사는 발췌문 7과 같이 수학적 의미와 관계성을 탐구하기 위한 발문을 위한 예로 학생들에게 직접적인 답을 제시하지 않는 과정지향 발문하였다. 또한 학습자의 개방적인 사고 과정을 유도하고, 단계적인 발문을 통해 수학적 개념을 일반화할 수 있는 기회를 부여하고 있다.

문제

점 O를 지나는 세 반직선 OC, OP, OQ에 대하여 ∠AOP=2∠COP, ∠BOQ=2∠COQ일 때 ∠POQ의 크기는?

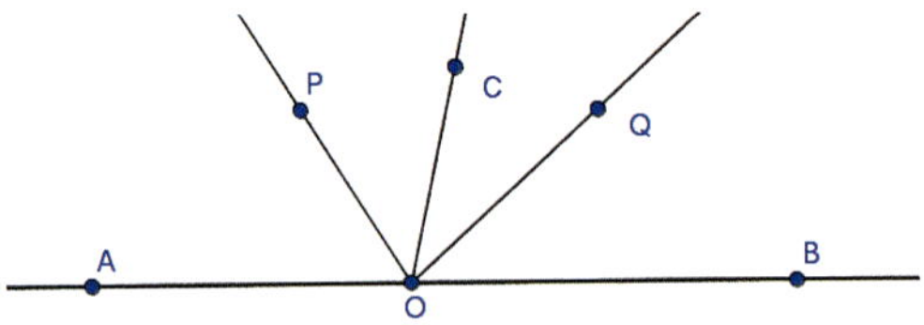

발췌문 7

순서	화자	전사내용
113	ME2-2	각 AOP는 각 COP와 같고…(중략)…따라서 각 POQ는 60도가 됩니다.
		…(중략)…
117	T	네. 질문 한 번 해보세요.
118	S2-5	각 동그라미하고 각 엑스하고 따로 따로 구하셨나요?
		…(중략)…
125	T	왜 못 구할까요?
		…(중략)…
129	T	왜 구할 수 있는지 혹시 아는 사람?

…(중략)…

134 S2-6 동그라미 플러스 엑스 전체에다 3을 곱한거가 180이니까 비례식 아니 그 방정식을 써서 하면 돼요.

135 T 네. 그래요. 내 얘기하고 조금 다른 거 같은데..왜 이 문제에서 동그라미하고 엑스를 합을 알 수 있을까요?

…(중략)…

138 S2-7 평각이 180도 라는

139 T 180도라는 것 때문에? 선생님이 만약에 문제를 동그라미를 3개를 주고 엑스를 4개를 주면 어떻게 할까요?

…(중략)…

142 S2-8 동그라미의 각 수와 엑스의 각 수가 같기 때문에

143 T 네.

144 S2-8 그것을 다시 산수로 나눴을 때 답을 구하는 거예요.

145 T (손으로 발표한 학생을 가리키며) 네 맞아요. 이게 키포인트예요. 이 문제가 만약에 동그라미와 엑스의 개수를 만약에 3개나 4개로 따로 줬다면 가능할까요?

146 S 아니요.

147 T 선생님이 문제를 이렇게 바꿔볼게요. 동그라미를 3개 주고 엑스를 6개 주면 가능할까요?

148 S 네

주어진 문제를 올바르게 설명했지만([113]) 발표를 듣던 학생의 궁금증을([118]) 해결하는 과정에서 교사는 직접적인 답을 제시하기보다는 "왜"라는 과정적인 질문을 제시함으로써 학생들이 다양하고 유연하게 사고할 수 있도록 도움을 주고 있다([125], [129]). 이러한 유연성과 함께 주어진 문제가 각이 구체적으로 제시되지 않고 비례 관계가 성립해야 주어진 문제의 답을 구할 수 있다는 좀 더 일반화된 수학적 개념을 깨달을 수 있도록 단계적으로 발문을 하고 있다([135], [139], [145], [147]). 이렇게 과정을 중시하는 발문을 함으로써 창의적 사고를 할 수 있도록 도움을 줄 수 있다(한정민, 박만구, 2010).

② 사고를 확장하는 개방적 발문

멘토링 활동이 효과적인 경우 교사는 발췌문 8과 같이 멘티의 발표에서 지적사항이나 질문이 없을 때, 다른 해결 방법이 있는지 발문함으로써 전략의 다양성을 경험할 수 있는 기회를 부여하여 사고를 확장할 수 있는 기회를 부여하였다.

문제

한 직선 i위에 50개의 점 $A_1, A_1, A_1, \cdots\cdots, A_{50}$이 있을 때 반직선과 선분은 각각 몇 개씩 만들어지는가?

발췌문 8

순서	화자	전사내용
164	ME 2-3	이 문제는...(중략)...근데 이렇게 계속 나오니까 마지막은 1이 됩니다. 다 더하면 1225개가 나옵니다.
		...(중략)...
178	T	다 더 했어요? 그럼 혹시 이거를 혹시 쉽게 구할 수 있는 방법을 아시는 분 손들어보세요.
		...(중략)...
183	S 2-10	49부터 1까지 더한 방법은 어 방법을 이렇게 무지기식으로 계속 더해서
184	S	하하하(웃는다)
185	S 2-10	50이 24개가 나옵니다. 그리고 가운데 남는 수가 50곱하기 24를 하면 음...어...1200이 나오고 그리고 이거 25더하고 가운데 25가 남습니다. 거기다가 25를 더해서 1225가 나옵니다.

이 문제의 해결은 ME 2-3의 풀이처럼 1부터 49까지의 합을 순서대로 더해서 구하는 것이다([164]). 이 때 발표를 듣는 학생들의 질문이 없는 경우 교사가 직접 다른 방법으로 해결할 수 있는지 발문함으로써([178]) 문제해결에 대한 다른 전략을 생각해 볼 수 있는 기회를 학생들에게 주고 있다([185]). 이렇게 기존의 풀이 방법 이외에 다양한 전략을 찾는 과정에서 자유로운 사고를 할 수 있도록 도움을 줄 수 있기 때문에 창의적

사고를 자극하는데 도움을 줄 수 있다(한정민, 박만구, 2010).

(2) 동료 멘토링 방법이 비효과적인 경우

멘티가 2분간 해결한 문제를 전체 학생들의 질문과 지적에 자신이 올바르게 정당화를 하지 못하여 동료 멘토링 활동이 비효과적인 경우 교사는 동료 멘토링 활동 결과를 전체 학생들과 공유할 수 있도록 절차 유도, 수학 용어의 사용, 사고의 명확한 설명, 논의 생성과 초점을 맞출 수 있도록 도움을 주는 발문전략을 발췌문 9와 같이 전개시키고 있다.

문제

$\triangle ABC$와 $\triangle DCE$는 정삼각형이다. $\overline{AE}$와 $\overline{BD}$의 교점을 P라고 할 때 $\angle APB$의 크기는?

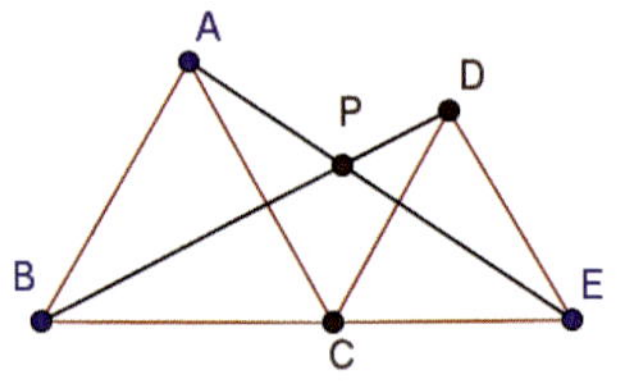

발췌문 9

순서	화자	전사내용
386	T	이상하다. 답은 1번 5번 써있는데 3번에 걸렸어요. 살려주세요. 어허. 누구?
		...(중략)...
388	T	멘토. 네 먼저 나오세요. 3번에서 막혀서. 3번부터 설명하세요. 3번부터
		...(중략)...
399	S 4-7	육면체를 왜 그리셨어요?
400	S	하하하(웃는다.)
401	T	아주 중요한 질문이에요? 육면체를 왜 그리셨어요?
402	MR 4-3	육면체를 그려보면 공간 안에서의 위치관계를 설명하기가 더 쉬워지기 때문입니다.
		...(중략)...
405	T	오. 그러면 성공이네요. 오. 다음. 멘티가 살았습니다. 네 계속
406	ME 4-4	이 문제는 각 APB를 구하는 문제인데요. 일단 삼각형 ABC와 삼각형 DEC는 정삼각형이기 때문에 이쪽도 60도고
407	T	들어주는 행동도 중요해요. 얘기할 때
408	ME 4-4	60도, 60도 60도입니다. 따라서 따라서 이걸 어..어....삼각형 ABC와 삼각형 DEC를 C를 중심으로 돌리면 이게 합동이 됩니다.
409	T	우와 중요한 이야기가 나왔어요. 뭐라고 했어요?
410	S	C를 중심으로

411 T C를 중심으로 돌렸대요. 회전을 맞나요?

412 S 네.

413 ME 4-4 그래서 그래서 CAD와 CBD는 CBD의 각은 같아서 O로 표시했고 어 각 각 각 C, BDC와 BDC BDC와 A, AEC는 ABC, ABC의 각은 같은 X로 잡아주었습니다.

414 T 요기까지 이해가 가요?

415 S 네

416 T 너무 떨려가지고 계속 왔다 갔다해서 선생님이 불안해서 요기를 요렇게 동그라미를 해서 안 보일까봐 선생님이 표시해둘게요. 이제 이게 보이나요?

417 S 네

418 T 이게 같다는 거까지 설명을 했어요. 많이 떨리나봐 그리고?

419 ME 4-4 이게 합동관계이므로 ACE는 이게 120도 이므로 A플러스 X는 60도가 나옵니다. 어. 어. 동그라미에 X를 더하면 이 값과 같아지므로 이 값은 각 APB는 60도가 나옵니다. 질문 있으십니까?

420 S (손을 든다.)

421 T 가위 바위 보. 가위만 일어서세요. 가위만

422 S 4-8 (일어선다.)

423 T 어 한 명이야 일방적으로 오...

424 S 4-8 합동조건 말해주세요.

425 T 합동조건 말해주세요.

426 ME 4-4 SAS합동

발췌문 9를 보면 멘티 학생이 설명을 바르게 하지 못하는 경우([386]), 교사는 먼저 멘토의 도움을 요청하고([388]), 멘토의 설명을 바탕으로 질문자와 멘토가 교사의 재질문을 통해서 직접 의사소통하는 기회를 제공하여([399], [402]) 논의를 만들어가고 있다. 한편 멘티가 수학적 사고를 하여 설명할 수 있도록 청중들의 주의를 환기시키고([407]) 수학적 사고를 지속할 수 있도록 격려함으로써([409]) 중요한 요소에 초점을 맞추고 사고 과정을 명확히 설명할 수 있도록 도움을 주고 있다. 또한 학생의 용어사용을 다시 언급하고 의미를 분명히 하기 위해서 수학적 용어를 사용하여서([411]) 멘티가 지속적으로 발표를 이어갈 수 있도록 도움을 주었다. 특히, 수업 전체의 이해를 돕기 위해서 문제해결과정에서 중간점검을 하고([414]), 학생들에게 핵심을 강조할 뿐 아니라([416]), 마지막으로 임의의 학생을 선택한 후 이해한 내용을 확인하는 과정을 거침으로써([421], [425]) 문제 해결 과정의 절차를 말하고 이해하도록 하는 발문 전략을 활용하였다.

3) 동료 멘토링 방법의 수업 효과

동료 멘토링을 통한 수업 참여전략이 학생들의 수업 참여를 촉진할 수 있었고, 교사의 적절한 발문은 학생들의 수학적 개념 형성과 문제해결을 통한 담론 개발에 도움을 주었다고 볼 수 있다. 또한 멘토링 수업의 현장 적용 가능성과 일반 교실에서의 적용 가능성을 보기 위해서 〈표 25〉와 같이 학생들의 수학 성취도에 변화를 분석하였다.

표 25 수학 성적 변화 비교 결과

	성적	t값
1학기말(36명)	75.83	−5.996***
2학기말(36명)	82.22	

$p<0.05^{*}$, $p<0.01^{**}$, $p<0.001^{***}$

분석 결과를 보면 1학기말 성적은 75.83점이고 2학기말 성적은 82.22점으로 약 7점이 유의미하게 향상되었다. 중간고사와 기말고사의 객관성을 위해서 수업을 진행한 교사가 시험문제출제를 하지 않고, 멘토링 수업을 진행하지 않는 나머지 2명의 수학교사가 출제하였다. 학교에서 공식적인 시험인 중간고사, 기말고사 난이도 조절을 위해서 상 수준 20%, 중 수준 50%, 하 수준 30%의 비율로 출제를 하였다. 내용적 타당도를 위해서 동학년을 가르치는 수학교사들이 함께 협의회를 통해 전체적인 성취도를 맞추어 출제하였다. 따라서 동료 멘토링을 통한 수업 참여전략과 교사의 발문전략이 학생들의 학업 성취도 향상에 긍정적인 영향을 미친 요인이었다는 것을 고려해볼 수 있다.

5. 수업 참여전략과 발문전략

생존 게임 전략을 이용한 동료 멘토링 수업에서 수업 참여전략과 발문전략이 학생의 수업 참여와 수학적 개념 형성과 문제해결에 어떠한 영향을 주는지 분석하는 것인데 그 결과는 〈표 26〉과 같이 요약할 수 있다.

표 26 연구 결과

학습 참여 촉진 전략	수학적 개념 형성에 도움을 주는 발문전략	
	동료 멘토링 활동이 효과적인 경우	동료 멘토링 활동이 비효과적인 경우
• 소통의 가치 공유와 복습 및 학습목표 말하기 전략 • 멘토와 멘티 간 협동 활동의 극대화를 위한 전략 • 멘토와 멘티의 발표, 질문, 답변을 유도하기 위한 전략 • 동료 멘토링 활동의 보완과 확장을 위한 과제 제시 전략 • 동료 멘토링 활동의 반성을 통한 수업 개선 방법에 대한 피드백 전략 • 수업 열정과 흥미를 유발하기 위한 참여전략	• 수학적 개념 간의 연결과 적용을 위한 발문전략 • 사고를 확장하기 위한 발문전략 • 다른 문제 해결 전략 유도를 위한 발문	• 사고를 명확히 설명하고 논의를 생성하는데 도움을 주는 발문 • 수학적 사고 지속을 위해 격려하고 절차를 말하도록 유도하는 발문 • 수학 용어를 사용하고 초점을 맞출 수 있도록 하는 발문

첫째, 동료 멘토링 방법에서 맥락을 고려한 수업 참여전략은 학습 동기를 유발하여 수업 참여에 도움이 될 수 있었다. 연구 결과를 보면 수업 준비하기에서는 활동목적을 수학적 의사소통 능력 향상으로 정하고 설명함으로써 소통의 가치를 공유할 수 있도록 하는 한편, 복습과 학습목표를 함께 말할 수 있도록 하여 수업준비에 도움을 주었다고 볼 수 있다. 수업활동하기에서는 멘티가 문제해결에 어려움을 겪는 경우 멘토가 도움을 줄 수 있도록 하여 멘토-멘티 간 협동 활동을 극대화할 수 있는 전략을 활용하였다. 의사표현하기에서는 멘토와 멘티의 발표, 질문, 답변을 유도하는 참여전략을 활용하여 동료 멘토링 활동 결과를 공유할 수 있도록 하였다. 수업확장하기에서는 수업이 종료되어도 지역 교육청에

서 권장하는 학습 프로그램을 통해서 다양한 수준의 학습자가 복습을 할 수 있도록 안내함으로써 동료 멘토링 활동의 보완과 확장을 추구하였다고 볼 수 있다. 또한 교사가 동료 멘토링 활동의 반성을 통한 피드백을 받는 전략을 통해서 향후 동료 멘토링 수업 방법의 개선에 대한 아이디어를 얻을 수 있다. 수업 열정에서는 발표자를 선정할 때 컴퓨터 프로그램을 이용하여 무작위로 선정함에 따라 학습자에게 긴장과 흥미를 줌으로써 학습 동기를 유발하였다. 이러한 동료 멘토링 방법의 수업 전개 과정에 따라 다양한 수업 참여전략을 활용함으로써 학습자의 흥미와 동기 유발에 도움을 줌으로써 학습에 지속적으로 참여할 수 있도록 도움을 주었다.

둘째, 생존 게임을 적용한 동료 멘토링 방법의 효과성에 따른 교사의 시기적절한 발문은 학습 과정에서 학생의 수학적 개념 형성과 문제해결에 도움을 줄 수 있었다. 교사는 동료 멘토링 과정이 효과적인 경우 수학적 의미와 관계성을 탐구하기 위해서 문제 속에 내재된 다양한 수학적 개념들을 발견할 수 있도록 과정 지향 발문과 단계적 발문을 하였다. 또한, 사고를 확장할 수 있도록 다른 문제해결 전략이 있는지 발문하였다. 반면에 동료 멘토링 과정이 비효과적인 경우에, 교사는 설명 과정 중의 실수로 인해 위축된 멘티에게 용기를 북돋워주는 발문을 하여 멘티가 스스로 발표를 이어나갈 수 있도록 하였다. 뿐만 아니라 학생들이 주체가 되어 수학 용어를 활용하여 문제풀이과정을 이해하고 해결할 수 있도록 계속 중간점검을 하였다. 이 과정에서 핵심요점을 강조하면서 수학적 사고의 지속적인 활동을 위해 격려하고 확인하는 발문을 제공함으로써 주요 개념에 초점을 맞추고 자신의 사고를 명확히 설명할 수 있는 기회를 통해 학생들의 수학적 개념 형성과 문제해결에 도움을 주었다. 이렇게 수업 참여를 촉진하는 수업 참여전략과 발문전략은 결국 학습자의 수학 성취도 향상에 도움을 주었다고 볼 수 있다.

이러한 결론을 바탕으로 생존 게임 방식을 이용한 동료 멘토링 방법에서 수업 참여전략과 발문전략의 효과성에 대해서 논의할 수 있다. 첫째, 수업을 실행하기 위해 필요한 요소로써 지금까지 주로 고려되었던 교수학적 지식역량뿐 아니라(Ball, Thames, & Phelps, 2008; Shulman, 1986) 교사의 담론적 역량 개발의 필요성을 제시하였다고 볼 수 있다. 수업 전문성의 수업 실천 영역에서 학습자의 참여에 따라 역동적으로 변화하는 수업의 과정 속에서, 교사가 갖추어야 할 실천적 역량은 교수학적 지식역량을 넘어서서 역동적이고 연속적인 담론 과정에서 개발되는 수업 참여전략에 따른 발문전략을 포함하는 담론적 역량이라고 볼 수 있고, 본 연구를 통해서 이 역량에 대한 필요성을 제시하였다고 볼 수 있다.

둘째, 학습자의 수업 참여 촉진 전략으로 활용될 수 있는 교사의 역할과 기여에 대한 구체적인 방법을 제시하였다. 연구의 결과처럼 교사는 학습자의 흥미와 동기 유발의 중요성을 인식해야 하기 때문에, 이를 위한 구체적인 활동목적과 수업목표를 설계하고 수학적 과정에서 선의의 경쟁, 기회의 균등성, 발표자 선정 프로그램 등을 통해서 동기부여와 수업 참여에 도움을 주었다고 볼 수 있다. 또한 동료 멘토링 과정에서 멘토링 활동이 효과적일 때와 비효과적일 때를 고려하여 학생들의 상황과 다양성을 바탕으로 하는 발문전략은 학생들의 수학적 사고를 발달시키고 수업 참여를 촉진하는 구체적인 방법을 제시하였다고 볼 수 있다.

이와 같은 결론을 토대로 다음과 같은 제안을 할 수 있다.

첫째, 학습측면에서 학생들의 수업 참여를 촉진하기 위해서 인지적, 정서적, 행동적 참여를 통합적으로 고려할 필요가 있다. 이를 위해서 학습적 측면에서 학생 친화적인 수학과제, 학생에게 동기를 부여할 수 있는 수업 진행 과정과 수업 이후의 참여전략, 학생이 주체적으로 수학적 사고를 할 수 있는 교사의 발문전략, 학생의 수학적 담론을 더 효과적으로 개발할 수 있는 교사의 담론적 역량의 특징들이 개발되어질 필요가 있다.

둘째, 교수측면에서 학생들의 수업 참여를 촉진할 수 있고 수학적 과정을 경험할 수 있는 발문전략의 필요성을 이해하고 개발할 수 있도록 환경 조성과 교사 자신의 담론적 역량을 증진시킬 수 있는 교사교육의 기회가 주어질 필요가 있다. 학생의 수업 참여를 촉진하기 위해서 인지적 참여를 위한 자료 개발, 정서적 참여를 위해 공평성을 바탕으로 하는 수업 참여전략 개발, 행동적 참여를 위해서 학생의 다양성을 바탕으로 하는 발문전략과 학생과의 효과적 의사소통을 위한 교사의 담론적 역량이 필요하다. 학습은 학습 참여적 동기가 유발되어야 시작된다고 해도 과언이 아닐 정도로 학습에서 동기 유발이 중요하다. 이를 위해서 교사에게 학생들이 초점을 맞출 수 있는 수학 과제의 특징과 학생들의 수학 활동에 대한 본질을 이해하는 다양한 수업자료를 제시할 뿐만 아니라 서로 다른 특성의 학생들이 수업에 공평하게 참여할 수 있도록 개인차를 고려한 수업 참여전략과 담론적 역량을 개발하여야 한다.

맺는말

멘토링 교수법을 실제로 실행하려면 교사의 역할이 매우 중요하다. 전통적인 강의식 수업과 비교했을 때 교사의 역할이 다양해지기 때문에 교사의 역량을 고려하여 수업방법을 선택해야 한다. 수업 전에 교사는 설문조사, 관찰기록 그리고 면담 등을 통해서 학생들의 실태를 분석하여 각 학생들에게 적합한 역할을 부여해야 하며, 학생들에게 멘토 또는 멘티의 역할이 부여되고 나면 각 역할에 맞는 활동을 진행할 수 있도록 안내를 해야 한다. 적절한 수학 과제 부여, 멘토들의 사전 교육, 멘토 또는 멘티들의 회의 진행 등이다.

그리고 학생, 교사, 그리고 환경적 맥락을 고려하여 수업 형태를 결정해야 하는데, 수업의 형태를 결정하기 위해서 학기 초에 학급과 학생의 특성을 파악하는 것이 중요하다. 또한 수업의 형태는 맥락의 역동성에 따라 유동적으로 변화할 수 있으므로 교사의 판단이 중요하다고 할 수 있다.

본 수업이 진행되면 멘토와 멘티들이 수업을 진행하여 교사가 적극적으로 개입하지 않아도 된다고 생각할 수 있으나, 원활한 의사소통이 이루어지고 학생들에게 동기를 부여하기 위해서는 여러 장치들을 마련해 놓아야 한다. 예를 들면, 학생들의 성적과 성향 등을 고려한 자리 배치, 동기를 유발할 수 있는 게임 및 규칙, 그리고 학생평가표 등이 이에 포함된다. 또한 학생들 사이의 의사소통이 원활하게 이루어지지 않은 경우 교사가 개입하여 상황을 진단하고 문제 해결을 위한 안내자의 역할도 해야 한다. 또한 어떤 학생의 성향이 소심하거나 수학에 자신감이 없는 경우 교사가 개입하여 자신감을 줄 수 있는 발문 또는 격려가 필요하다. 이와 같이 교사는 수업이 진행 될 때 전반적으로 수업을 관리하고 문제를 해결하는 안내자로서 역할을 해야 한다.

수업이 끝난 후에도 수업의 연장선상에서 학생들의 참여를 독려하기 위한 활동들을 마련해야 하는데, 예를 들면, 멘토링 동아리 결성, 수업에 대한 피드백을 받을 수 있는 설문조사 실시, 활동의 결과물의 공유 등이다.

2015년에 발표된 제2차 수학교육 종합계획은 창의적 융합인재 양성을 위한 수학교육을 강조하고 있으며 여러 정책들을 추진 중에 있다. 이러한 취지에 맞게 학교 현장에서도 이를 실천하기 위한 실제적인 지원 및 이해가 뒷받침되어야 할 것이다. 특히 멘토링 교수법은 학생들의 참여와 공유를 바탕으로 이루어지며 학생이 수업의 주체가 되어 자신의 역할을 수행하기 때문에, 수학학습에 대한 성공 경험의 기회가 증대되고 수업 이외의 동아리 활동 등을 통한 자기 주도적 학습도 이루어질 수 있다. 또한 교실 수업에서 소외될 수 있는 학생들도 개인의 역량에 맞는 역할을 부여 받고 수행할 수 있는 기회가 주어진다. 교사가 일방적으로 수학적 개념을 전달하는 방법이 아니고, 학생 상호간의 의사소통을 통한 과정 중심의 수업이 이루어지므로 제2차 수학 교육 종합계획의 추진

전략을 실행할 수 있는 교수법으로 활용될 수 있을 것으로 기대된다. 그러나 현실적으로 교수법을 전환하기 위해서는 많은 제약이 있으므로 학교와 교육청 그리고 국가 차원의 적극적인 지원이 필요하다.

예를 들어, 멘토링 교수법에서는 학생이 주체가 되어 의사소통을 기반으로 하는 수업이 실행되므로 교실 간 소음이 발생될 수 있고, 학습 진도에도 영향을 줄 수 있으므로 새로운 교수법의 필요성에 대한 동료 교사 사이의 인식 변화가 필요하며, 교수법 실행에 대한 관리자와 학부모의 동의 및 이해가 요구된다. 교실 간 소음이 발생하는 경우 수학교과교실이 확보된다면 수학교사 간의 협력을 통해서 해결 가능하고, 또한 동료 교사들의 동의를 구하기 위해서는 더욱 바람직한 수업을 위한 교사연구 동아리 등의 교사모임을 조직할 수 있을 것이다. 멘토링 교수법은 실제로 수학 이외의 과목에서 적용한 사례들이 있으므로 범교과적으로 교사 모임의 조직이 가능하다.

또한 우리나라는 모든 학교가 국가차원의 교육과정을 따르고 있지만 교사들이 실제 수업을 하는 맥락은 매우 다양하다. 즉, 교사와 학생의 역량, 교실 환경 등 교수법을 실행하는데 필요한 지원 사항들이 다르기 때문에, 교수법의 실행을 위해서 다양한 맥락에 유연하게 적용할 수 있는 교사의 역량이 제고되어야 한다. 교사 한 사람이 교수법을 계획하고 실행하고 그 결과를 반영하려면 많은 시간이 소요된다. 따라서 지역 교육청 또는 국가의 교사 재교육에 대한 예산 및 지원이 필요하다.

멘토링 교수법이 활성화되기 위해서는 지역, 경력, 교수법의 유형 등을 고려한 교사학습공동체의 결성 및 확산도 필요하다.

본 저서의 저자들 중에서 4명의 교사는 각각 초임교사, 경력교사, 중

학교, 고등학교 등으로 서로 다른 여건을 가지고 있고, 멘토링 교수법을 시작하게 된 계기도 차이가 있기 때문에 각각의 교수법의 특성이 다르다. 이와 마찬가지로 현장의 많은 교사들은 각 맥락을 반영한 독특한 교수법을 형성하고 있지만, 이를 공유하고 소통할 수 있는 체제는 상대적으로 부족한 실정이다. 따라서 교사들의 요구에 부응 할 수 있는 다양한 교사공동체 모임의 구성과 모임을 지속할 수 있는 행정적인 지원이 필요하다.

그리고 교사뿐만 아니라 수학교육 전문가, 수학 전문가 등이 참여하는 지역 및 국가 차원의 모임이 정기적으로 이루어지고 우수 교사 또는 창의적인 교수법에 대한 평가 및 지원, 그리고 온라인상에서의 확산 방법을 모색한다면 멘토링 교수법의 활성화에 기여할 수 있을 것이라 생각한다.

멘토링 교수법의 실행에서 가장 중요한 요소 중 하나는 교사의 역량이므로 교사교육 또한 중요하다고 할 수 있다. 제2차 수학교육 종합계획에서는 수학 교사들의 전문성 신장을 위해서 생애주기, 참여 유형, 그리고 프로그램 유형 등을 고려한 프로그램 개발을 제안하고 있다. 따라서 교사들의 경력 및 상황 등을 고려한 멘토링 교수법 연수 프로그램을 개발하고 확대하여, 교사들이 자유롭게 소통하고 교수법을 발전시켜 나갈 수 있는 자리를 마련해 줄 수 있는 기회가 왔다고 할 수 있다. 예비 교사 교육은 교수법 확산을 위한 효과적인 방법 중 하나이다. 그러나 아직 현장 경험이 없기 때문에 현장의 다양성, 역동성에 대한 이해가 부족하므로 다양한 멘토링 교수법을 경험하는 기회를 갖는 것이 중요하다. 특히 중학교와 고등학교의 맥락이 다르고 각 교수법을 개발한 교사들의 배경이 차이가 있으므로 이를 이해하고 접근하는 것이 중요하다. 어떤 교사가 왜 이러한 특징을 가진 교수법을 만들었는지 그 교사의 신념과 지식에 대해서 이해하는 것도 필요할 것이다. 따라서 다양한 교사의 멘토링 교수법에 대하여 이해하고, 가상의 현장에 적합한 교수법을 구성해보는 경험을 갖게 하며, 이를 모의로 실행하는 과정을 통해서 실제 현장의 맥락적 역동성을 고려한 예비교사 교육도 효과적인 멘토링 교수법 전파 방법일 것이다.

멘토링 교수법은 학생들의 의사소통을 바탕으로 참여를 촉진하고 정의적인 능력을 향상시키며 학생들의 자아효능감을 향상시킨다는데 의미가 있다. 따라서 어떤 경우에 의사소통과 참여가 촉진되는지, 정의적인 측면에 긍정적인 효과가 있는지 등에 대한 연구가 수반되어야 하며, 현장에서의 교수법의 개발과 그 교수법에 대한 수학교육학적 연구도 동시에 이루어져야 한다. 따라서 수학교육학회가 참여하는 워크샵 개최 또는 학회지 발행 등을 통하여 교수법의 발전 및 확산이 이루어질 수 있을 것이다.

멘토링 교수법은 수학교과뿐만 아니라 타 교과에도 적용 할 수 있는 범교과적인 교수법이며 국가적으로 지향하고 있는 과정 중심 수업을 위한 도구로서 활용될 수 있다. 따라서 국가 차원의 멘토링 교수법에 대한 프로젝트를 통해서 범교과적인 연구를 수행하여 수학 수업에서의 시사점을 얻을 수 있을 것이다. 또한 국외 우수 사례와 국내 사례를 비교 연구하여 국내 수학교육에 대한 시사점을 얻을 수 있을 것이다.

2015년 초 발표된 제2차 수학교육 종합 계획에서는 '쉽고 재미있는 수학 교육', '체험·탐구 중심의 수학 교육', '학생 맞춤형 수학교육'을 지향하여 스토리텔링 방식, 공학 도구(교구), 수학 멘토링을 그 방법으로 제안한 바 있다. 이 방법들은 학생들의 참여를 바탕으로 활용될 수 있으며, 학생들의 참여와 공유를 촉진하여 학생들의 관계성 형성에 기여한다고 할 수 있다. 또한 학생간의 담론 형성의 기회를 제공하며 상호간의 의견을 조율하는 과정을 통해서 학습이 촉진되고 교실 규범이 형성될 수 있다. 따라서 이 방법들을 통합적으로 고려한 수학 수업의 개발과 적용에 대한 연구가 필요하다.

교구를 활용한 수업에서 교구는 학생들이 예상한 생각을 구체화하고, 이를 통해 개개인의 추상적인 사고를 명료화하도록 돕는다. 또한 학생들은 교구를 매개로 수학적 상황을 설명하거나 자신이 이해한 수학 내용의 결과를 표현하기도 한다. 이때 교사들은 학생들이 교구를 통해 어떤 표현 방식을 보이는지 추적하면서 학생들의 사고의 흐름을 이해하게 된다. 즉, 교구는 교사가 학생들이 수학 내용을 이해하고 있는지를 파악하도록 도와주는 소통의 창구가 된다. 이러한 측면에서 학생들의 의사소통 과정을 더욱 촉진할 수 있는 방안 중 하나가 멘토링 교수법과의 융합이 될 수 있다. 교구 활용 수업에 멘토링 교수법을 융합하면 학생들이 자신의 생각을 구체화시킬 수 없었던 대상을 교구로 표현한 후, 멘토링 과정을 통해서 학생 개개인이 가지고 있었던 다양한 관점을 서로 의사소통하면서 자신의 사고를 확장시켜 나갈 수 있게 된다. 즉, 학생들이 교구를 통해서 서로의 생각을 공유하고 상대방의 논리과정을 이해하거나 반박하면서 학생과 학생간의 의사소통이 더욱 촉진된다. 이러한 수업에서 교구는 학생들에게 언어와는 또 다른 소통의 매개체로 활용될 수 있다. 또한 이러한 방법은 교구의 단순한 활용이 중요한 것이 아니라, 이것을 어떻게 활용할 것인지에 대해서 고민하는 교사들에게 긍정적인 답변을 줄 수 있을 것이다. 현재 많은 교사들이 학생들의 구체적인 조작 활동을 활발하게 할 수 있는 교구에 대한 중요성을 인식하고 있으나, 학년이 올라갈수록 수학이 더욱 추상적이고 형식적으로 발전해가기 때문에 오히려 교구가 수학 학습에 방해가 된다고 생각하기도 한다. 따라서 교구를 어떻게 활용할 것인지에 대한 방법적인 측면에 멘토링 교수법을 접목한다면, 학생들의 활발한 상호작용과 적극적인 수업 참여를 실현시킬 수 있는 미래의 교육방법이 될 것으로 기대한다.

또한 공학도구를 활용한 수업은 직관적인 탐구활동을 통해서 학생들의 추론과 증명에 대한 이해력을 높일 수 있으며, 추상적인 수학 내용을 시각적으로 구체화할 수 있다는 가장 큰 장점이 있다. 그러나 공학도구를 활용한 수업을 실행할 때, 학생들의 수학 내용의 이해 정도뿐만 아니라 공학도구 활용 정도에 대한 개인차를 반드시 고려해야 한다. 즉, 공학도구를 활용한 수업에서는 공학도구를 활용하는 주체가 이를 얼마나 유연하게 활용하는지 여부가 수업의 흐름에 큰 영향을 미칠 수 있다. 일부 학생들은 공학도구 조작 자체에 어려움을 겪기 때문에, 학생들의 관심이 수학적 지식의 탐구보다는 컴퓨터 조작의 습득으로 옮겨질 수 있다. 이는 공학도구가 학생들의 수학 개념 이해의 보조적인 도구로 활용되었을 때에는 그 문제가 더욱 심각할 수 있다. 이러한 수학 교실 맥락에서 멘토링 교수법이 하나의 해결책이 될 수 있는데, 예를 들어, 공학도구를 활용하여 일차함수의 기울기를 탐구하는 수학 수업에 멘토링 교수법을 적용해볼 수 있다. 이 활동의 핵심은 공학도구의 슬라이드 기능을 이용하여 일차함수의 기울기를 다양하게 변화시켜보는 것인데, 슬라이드 기능을 구현하는 것조차 힘든 학생들의 경우는 수업의 핵심적인 활동을 경험하는 단계에 도달하기 어렵다. 이때 슬라이드 기능을 빠른 속도로 실행한 멘토가 멘티의 공학적 도구를 대신 조작해주는 것이 아니라, 구두로 각 단계를 설명하여 멘티가 좀 더 빠른 속도로 조작을 마칠 수 있도록 도와줄 수 있다. 이렇게 학생이 많은 학급에서 한 명의 교사가 다양한 공학도구 활용 수준을 가진 학생들을 개별적으로 지도할 수 없는 현실적인 제약을 고려한다면, 멘토링은 공학도구가 반드시 필요한 수학 수업에서 원활한 진행을 위한 훌륭한 교수법이 될 수도 있다. 따라서 멘토링 교수법이 학생들의 공학도구의 제한적인 활용으로부터 조금은 자유로울 수 있도록 도와주고 이로 인해 더 많은 학생들이 수업에 참여할 수만 있다면, 향후 새로운 교수법으로 많이 활용될 수 있을 것이다.

그리고 스토리텔링 수업은 학생들이 자신들과 관련이 깊고 의미 있는 수학적 문제 상황에 참여함으로써, 학생들의 주의집중을 이끌어 내고 수업에 능동적으로 참여시킬 수 있다. 일반적으로 수학 수업에서 이러한 스토리가 활용되어 온 대표적인 형태가 문장제(word problem)이다. 현 교육과정에서 문장제 문제는 순서적인 측면에서 수학의 기본적인 원리를 익힌 후에 적용하고, 맥락적인 측면에서 실생활과 관련시키려고 노력하고 있지만 간단한 상황이나 학생들과 관련 없는 소재를 활용한다. 그런데 스토리텔링은 문장제에 유의미한 맥락을 제공하여 학생들의 흥미와 상상력을 촉진하고 학생들의 간접적인 경험과 공감을 증대시킬 수 있다. 그러나 문제점은 대부분의 학생들이 현 교과서의 문장제도 어렵게 받아들이고 문제해결을 시도하는 것조차 두려워하는 성향이 있는

데, 스토리텔링을 고려한 문장제는 더욱 어렵게 받아들일 수 있다는 것이다. 이에 대한 대안책이 될 수 있는 것이 바로 멘토링 교수법이다. 예를 들어, 본문에서 소개된 'Survival Game식 멘토링 수업'을 했던 한 교사가 실제 수업에서 활용했던 멘토링 수업 방식을 들 수 있다. 이 교사는 4명의 학생을 한 조로 구성하고, 문장제의 풀이과정을 Polya의 문제해결 4단계에 맞춰서 문제 이해, 계획 작성, 실행, 반성 및 질의응답으로 구성하였다. 즉, 4명의 조원들은 멘토링 활동을 통해서 해당 문제를 함께 이해한 후, 각 조원들은 문제해결 단계별로 한명씩 나와서 문장제를 해결한다. 이러한 멘토링 과정을 통해서 학생들은 어려운 문장제를 협력해서 해결할 수 있게 된다. 따라서 멘토링 교수법은 스토리텔링을 반영하여 보다 실제적인 맥락에서의 문장제를 해결하는 교수법과 적절하게 융합함으로써, 학습자가 제시된 내용을 수동적으로 받아들이는 소극적인 대상이 아니라, 학습자의 내적인 탐구과정을 촉진하여 수업에 몰입하도록 유도하는 교육적인 효과를 기대할 수 있을 것이다.

본 저서에서는 멘토링을 직접 계획하고 실행하고 있는 네 명의 교사가 자신들의 멘토링 교수법을 각자의 시각에서 구체적인 예를 들어서 자세히 소개하였다. 교수법에는 많은 다양한 방법들이 있는데, 여기에서는 그중 하나인 멘토링 교수법에 대해서 자세히 알아보았다. 본 저서가 현장교사뿐 아니라 교수법에 관심 있는 여러 분야의 교육학 관련 연구자들에게 조금이라도 도움이 되었으면 하는 마음으로 글을 마친다.

참고문헌

강현영, 이동환, 고은성 (2012). 좋은 수학수업과 교사 전문성 개발에 대한 현직 수학교사 인식 조사: 학교급 및 교육경력에 따른 차이 조사. 수학교육, 51(2), 173-189.

교육과학기술부 (2011). 수학과 교육과정. 교육과학기술부 고시 제 2011-361호 [별책 8].

교육부 (2015a). 제 2차 수학교육 종합 계획. 교육부.

교육부 (2015b). 2015 수학과 교육과정 시안개발 정책 연구 공개 토론회 자료집. 교육부.

권순현 (2014). 교실을 춤추게 하는 감동의 수업여행. 서울: 즐거운 학교

김남희 (2002). 수학교사의 전문성 개발을 위한 사례방법. 학교수학, 4(4), 617-631.

김동원, 박경미, 박미미 (2015). 수학의 핵심역량과 정의적 측면에 대한 교사들의 인식 조사 연구. 학교수학, 17(1), 99-118.

김명자, 안성신 (2008). 가정과 수업에서의 동료멘토링 활용 효과. 생활과학연구지, 24, 79-98.

김은주, 김민규, 임은비 (2012). 유능성과 관계성이 내재동기에 미치는 영향. 교육학 연구, 50(1), 193-225.

김은주, 도승이 (2009). 협동학습에서 학습자의 유능감 및 관계성 욕구와 내재동기 및 수업 참여의 관계분석. 교육심리연구, 23(1), 181-196.

김종두 (2000). 교육과 의사소통. 서울: 양서원.

김종렬 (2014). 내재적 동기, 학습전략, 수업참여 및 학업성취도의 구조적 관계. 아시아교육연구, 15(1), 93-113.

김종렬, 이은주 (2012). 초, 중학교급별 교실목표구조 기본심리욕구, 수업참여간의 구조적 관계 분석. 교육심리연구, 26(3), 817-835.

박소영 (2004). 학생의 자발적 참여 제고를 위한 학생변인과 교사변인. 교육행정학연구, 22(2), 91-108.

박승희 (2005). 아동의 학습동기 유형과 몰입과의 관계. 초등교육학연구, 12(2), 149-167.

백정은, 권혁진 (2007). 집단구성유형에 따른 또래교수가 고등학생들의 수학교과 학업성취도와 학습태도에 미치는 영향. 한국학교수학회논문집, 10(4), 487-504.

손승남 (2005). 교사의 수업전문성 관점에 본 교사교육의 발전방향. 한국교원교육연구, 22(1), 89-108.

안미경 (2009). 동료멘토링을 통한 수학 학습부진아의 일차함수 학습에 대한 사례연구. 이화여자대학교 교육대학원 석사학위 논문.

안병주 (2017). 학급 풍토를 고려한 세 가지 동료 멘토링 특징분석. 고려대학교 교육대학원 석사학위논문.

유한구 (2001). 수업 전문성의 두 측면. 한국교원교육연구, 18(1), 69-84.

윤보경, 김수연 (2011). 또래와의 수학적 의사소통이 학습부진학생의 수학 성취도와 자기효능감에 미치는 영향. 학습장애연구, 8(1), 65-84.

이금선, 강옥기 (2008). 수학교사의 전문성 신장을 위한 수업 반성에 대한 준거 제안. 학교수학, 10(2), 199-222.

이제행 (2010). 동료멘토링의 홀리스틱 교육적 활용과 전략 모색. 홀리스틱교육연구, 14(3), 1-20.

전성수 (2015). 자녀교육 혁명 하브루타. 서울: 두란노서원.

정현식 (2005). 동료 멘토링 기법을 이용한 수학학습이 학습 부진아에게 미치는 영향. 공주대학교 대학원 석사학위 논문.

조용호 (2011). 플랫폼 전쟁. 경기도 파주: 21세기북스.

조현철 (2011). 내외적 학습동기, 자기결정성, 목표지향, 자기지각, 지능관 및 자기조절학습전략 요인들의 학습태도, 학습행동 및 학업성취에 대한 효과. 교육심리연구, 25(1), 33-60.

차민정, 김창민, 권혜정, 조형대, 이주영, 정수정, 박은아, 문유, 왕몽, 서종원, 지종민, 장문, 박미선, 이예다나, 김규동, 이림, 박하식, 유세종, 김정주, 박인우 (2010). 학습자의 수업 참여 측정도구 개발. 교육방법연구, 22(1), 195-219.

최상호·하정미·김동중 (2016a). 학생 중심 동료 멘토링 교수법에서 수학적 과정에 대한 의사소통학적 접근. 수학교육 논문집, 30(3), 375-392.

최상호·하정미·김동중 (2016b). 동료 멘토링 교수법에서 교사의 수업 참여전략과 발문전략 분석. 한국학교수학회논문집, 19(2), 153-176.

차지혜, 최상호, 김동중 (2015). 또래교수법이 수학 문제해결과 수업 만족도에 미치는 영향. 한국학교수학회 논문집, 18(2), 203-221.

하정미 (2014). 두 가지 동료 멘토링 방법과 학습 참여의 특징. 고려대학교 교육대학원 석사학위논문.

하정숙, 박종호 (2010). 동료 멘토링이 초등학교 수학 학습장애아동의 사칙연산능력 및 학습태도에 미치는 영향. 한국초등교육, 21(2), 93-109.

한영숙, 현성용 (2010). 외적 보상, 내·외재동기, 과제유형이 문제 해결에 미치는 효과. 교육방법연구, 22(4), 21-42.

한정민, 박만구 (2010). 수학적 창의성 관점에서 본 교사의 발문 분석. 한국초등수학교육학회지, 14(3), 865-884.

현종익, 이학춘 (2002). 교육학 용어사전. 서울: 동남기획.

휴먼스토리 (2011). 스티브 잡스의 세상을 바꾼 말 한마디. 서울: 미르북컴퍼니.

황선욱, 황혜정, 이상구, 백석윤, 박경미, 박선화, 김동원, 강은주, 신항균, 장혜원, 이광호, 김태환, 최혜령, 류희찬, 조완영, 고호경, 고영미, 백장선, 반은섭, 박혜숙, 이재학, 계승혁, 김영록, 도종훈, 전철, 한연주, 고명희, 김경원, 강미현, 박원규, 황희숙, 박선영, 오은주 (2011). 창의 중심의 미래형 수학과 교과내용 개선 및 교육과정 개정 시안 연구. 한국과학창의재단.

Ames, C., & Archer, J. (1987). Mothers' beliefs about the role of ability and effort in school learning. *Journal of Educational Psychology*, *79*(4), 409-414.

Ames, C., & Archer, J. (1988). Achievement goals in the classroom: students' learning strategies and motivation processes. *Journal of Educational Psychology*, *80*(3), 260-267.

Ball, D. L., Thames, M. H., & Phelps, G. (2008). Contents knowledge for teaching: what makes it special? *Journal of Teacher education*, *59*(5), 389-407.

Boaler, J., & Brodie, K. (2004). The importance, nature and impact of teacher questions. *Proceedings of the 26th North American Chapter of the International Group for the Psychology of Mathematics Education*(pp. 774-783). Toronto, Canada.

Deci, E. L., & Ryan, R. M. (2000). The "What" and "Why" of goal pursuits: human needs and the self-determination of behavior. *Psychological Inquiry*, *11*(4), 227-268.

Dyer, J., Gregersen, H., & Christensen, C. (2009). *The innovator's DNA*. Watertown, MA: Harvard Business Review Press.

Fredricks, J. A., Blumenfeld, P. C., & Paris, A. H. (2004). School engagement: potential of the concept, state of the evidence. *Review of Educational Research*, *74*(1), 59-109.

Gagne, R. M. (1985). *The conditions of learning and theory of instruction* (4th ed.). New York: Holt, Rinehart & Winston.

Gallo, C. (2010). 스티브 잡스 무한 혁신의 비밀(박세연 옮김). 서울: 비즈니스북스.

Jang, H., Reeve, J., & Deci, E. (2010). Engaging students in learning activities: it is not autonomy support or structure but autonomy support and structure. *Journal of Educational Psychology*, *102*(3), 588-600.

Lobato, J., Rhodehamel, B., & Hohensee, C. (2012). "Noticing" as an alternative transfer of learning process. *Journal of the Learning Sciences*, *21*, 433-482.

Marks, H. M. (2000). Student engagement in instructional activity: patterns in the elementary, middle, and high school years. *American Educational Research Journal*, *37*(1), 153-184.

NCTM(2000). *Principles and standards for school mathematics*. Reston, VA: NCTM.

NCTM (2007). *Mathematics teaching today*. Reston, VA: NCTM.

Reeve, J., Jang, H., Carrell, D., Jeon, S., & Barch, J. (2004). Enhancing students' engagement by increasing teachers' autonomy support. *Motivation and Emotion*, *28*(2), 147-169.

Sawhney, M. S. (1998). Leveraged high-variety strategies: from portfolio thinking to platform thinking. *Journal of the Academy of Marketing Science*, *26*(1), 54-61.

Schwartz, C. (2015). Developing the practice of teacher questioning through a K-2 elementary mathematics field experience. *Investigations in Mathematics Learning*, *7*(3), 30-50.

Sfard, A. (1998). On two metaphors for learning and the dangers of choosing just one. *Educational Researcher*, *27*(2), 4-13.

Shulman, L. S. (1986). Those who understand: knowledge growth in teaching. *Educational Researcher*, *15*(2), 4-14.

Vallerand, R. J., Fortier, M. S., & Guay, F. (1997). Self-determination and persistence in a real-life setting: toward a motivational model of high school dropout. *Journal of Personality and Social Psychology*, *72*(5), 1161-1176.

Weaver, R. R., & Qi, J. (2005). Classroom organization and participation: college students' perceptions. *The Journal of Higher Education*, *76*(5), 570-601.

찾아보기

ㅂ

ㅅ

ㅇ